포켓북 왕초보 한영단어 사전

포켓북
왕초보 한영단어 사전

2022년 2월 13일 초판 1쇄 인쇄
2022년 2월 18일 초판 1쇄 발행

지은이 이서영
발행인 손건
편집기획 김상배, 장수경
마케팅 최관호, 김재명
디자인 박민주
제작 최승용
인쇄 선경프린테크

발행처 *LanCom* 랭컴
주소 서울시 영등포구 영등포동4가 146-5, 3층
등록번호 제 312-2006-00060호
전화 02) 2636-0895
팩스 02) 2636-0896
홈페이지 www.lancom.co.kr
이메일 elancom@naver.com

왕초보

포켓북

한영
KOREAN-ENGLISH
DICTIONARY

단어
사전

LanCom
Language & Communication

이 책의 구성과 특징

모든 외국어는 단어에서 비롯됩니다. 따라서 하나의 단어에서 외국어 학습의 문이 무한대로 열리는 것입니다. 이 때 가장 필요한 것이 사전입니다. 그러나 대부분의 사전은 한정된 지면에 최대한의 정보를 수록하기 때문에 보기 편하고, 찾기 쉬운 점에서는 문제가 있습니다. 또한 상세한 어구 해설이나 문법 설명 등이 들어 있어도 초급자에게는 오히려 단어 그 자체의 의미를 알기 어려운 경우도 많습니다. 이 책은 영어를 배우는 학생에서부터 실버 세대에 이르기까지 폭넓게 초보자의 입장을 고려하여 심혈을 기울여 다음과 같이 간편하게 엮었습니다.

가나다순으로 찾아보는 단어사전

학습자가 원하는 단어를 즉석에서 우리말 사전처럼 찾아 볼 수 있도록 한글 가나다순으로 엮어 모르는 단어가 나왔을 때 쉽고 빠르게 그 뜻을 찾아 볼 수 있습니다.

일상생활에 필요한 9,000여 한영단어 엄선수록

영어를 자유자재로 구사할 수 있도록 주로 일상생활에 쓰이는 9,000여 단어를 엄선하였으며, 우리말에 가까운 유사 표현의 단어도 함께 표기하였습니다.

원어민의 발음에 가깝게 한글로 발음표기

영어를 잘 모르더라도 누구나 쉽게 읽을 수 있도록 별도의 발음 기호를 표기하지 않고 영단어 옆에 원어민의 발음에 충실하여 한글로 표기해두었습니다. 한글 발음을 참조하되 전적으로 의존하지 말고 최대한 원음대로 발음할 수 있도록 노력한다면 학습에 많은 도움이 될 것입니다.

휴대가 간편한 포켓북 사이즈

이 책은 한손에 잡히는 아담한 사이즈로 언제 어디서나 들고 다니면서 쉽게 꺼내서 영어를 공부할 수 있는 휴대가 간편한 왕초보 사전입니다.

주제별 그림단어

학습자의 흥미를 돋우고 지루하지 않도록 중간 중간 주제별로 그림단어를 수록하여 그림과 함께 단어를 즐겁게 공부할 수 있습니다.

CONTENTS

주제별 영단어

- □ 가게 **store** 스토어 **shop** 샵
- □ 가격 **price** 프라이스 **value** 밸류
- □ 가격인상하다 **raise the price** 레이즈 더 프라이스
- □ 가격표 **price tag** 프라이스 택
- □ 가결 **approval** 어프루벌
- □ 가결하다 **approve** 어프룹
- □ 가계부 **household account book** 하우스홀드 어카운트북
- □ 가계 **family** 패밀리
- □ 가공 **processing** 프러세싱
- □ 가공하다 **process** 프러세스
- □ 가공의 **imaginary** 이미지너리
- □ 가구 **furniture** 퍼니춰
- □ 가극 **opera** 아퍼러
- □ 가까이 가다 **approach** 어프로취
- □ 가깝다 **near** 니어 **close to** 클로우즈투
- □ 가끔 **sometimes** 썸타임즈
- □ 가난하다 **poor** 푸어

8

□ 가늘다	**thin** 딘 **small** 스몰
□ 가능성	**possibility** 파서빌리티
□ 가능한	**possible** 파서블
□ 가다랑어	**bonito** 버니토우
□ 가다	**go** 고우 **come** 컴
□ 가도	**highway** 하이웨이 **road** 로드
□ 가동	**operation** 아퍼레이션
□ 가동하다	**operate** 아퍼레잇
□ 가두다	**shut** 셧 **imprison** 임프리즌
□ 가드레일	**guardrail** 가드레일
□ 가득	**tightly** 타잇리 ; **crammed** 크램드
□ 가득 차다	**be filled with be packed** 비 필드 윗 비 팩트
□ 가득 채우다	**fill** 필 **brim** 브림
□ 가라앉다〈마음〉	**calm down** 캄다운
□ 가라앉다	**sink** 씽크 **go down** 고우다운
□ 가락	**tune** 튠
□ 가랑비	**light rain** 라잇 레인
□ 가련한	**sad** 새드
□ 가렵다	**itchy** 이취
□ 가로〈거리〉	**street** 스트릿 **avenue** 애버뉴

□ 가로	**the width** 더 윗쓰
□ 가로놓다	**lay down** 레이다운
□ 가로등	**streetlight** 스트릿라이트
□ 가로수	**street trees** 스트릿 추리즈
□ 가로지르다	**cross** 크로스
□ 가로채다	**snatch** 스내취 **steal** 스틸
□ 가루	**powder** 파우더
□ 가르치다	**teach** 티치 **instruct** 인스트럭트
□ 가르침	**lesson** 렛슨 **teaching** 티칭
□ 가리다	**disguise** 디스가이즈
□ 가리비	**scallop** 스칼럽
□ 가리키다	**show** 쇼우 **indicate** 인디캐이트
	point to 포인투
□ 가마	**hair whirl** 헤어 휠
□ 가만히	**quietly** 콰이어틀리 **still** 스틸
□ 가망	**hope** 호웁 **expectation** 익스펙테이션
□ 가맹(하다)	**affiliation** 어필리에이션
□ 가면	**mask** 마스크
□ 가명	**fictitious name** 픽티셔스 네임
□ 가문	**family crest** 페밀리 크레스트

□ 가뭄	**drought** 드라웃	가
□ 가발	**wig** 윅	나
□ 가방	**bag** 백	
□ 가볍다	**light** 라잇　**slight** 슬라잇	다
□ 가사	**housework** 하우스워크	라
□ 가석방	**parole** 퍼로울	
□ 가설	**hypothesis** 하이파서시스	마
□ 가속	**acceleration** 엑셀러레이션	바
□ 가솔린	**gasoline** 개솔린　**gas** 개스	
□ 가수	**singer** 싱어	사
□ 가스	**gas** 개스	아
□ 가스중독	**gas-poisoning** 개스포이즈닝	자
□ 가슴	**breast** 브레스트 **chest** 체스트	
□ 가습기	**humidifier** 휴미디파이어	차
□ 가시	**thorn** 쏜	카
□ 가시밭길	**thorny path** 쏘니 패스	
□ 가업	**the family business** 더 페밀리 비즈니스	타
□ 가열(하다)	**heating** 히팅 **; heat** 히트	파
□ 가엾은	**pitiable** 피티어블　**poor** 푸어	하
□ 가옥	**house** 하우스　**building** 빌딩	

11

□ 가요	**song** 쏭
□ 가운	**gown** 가운
□ 가위	**scissors** 씨저즈
□ 가을	**autumn** 오텀 **fall** 폴
□ 가이드	**guide** 가이드
□ 가이드라인	**guidelines** 가이드라인즈
□ 가이드북	**guidebook** 가이드북
□ 가입(하다)	**join** 조인 **enter** 엔터
□ 가자미	**flatfish** 플랫피쉬 **flounder** 플라운더
□ 가장	**the head of a family** 더 헤드 어버 페밀리
□ 가장	**most** 모스트
□ 가장(하다)	**disguise** 디스가이즈
□ 가장자리	**edge** 에지 **brink** 브링크
□ 가장하다	**pretend** 프리텐드
□ 가정	**supposition** 서포지션
□ 가정	**home** 홈 **family** 페밀리
□ 가정교육	**home education** 홈 에주케이션
□ 가정법	**the subjunctive mood** 더 섭젝티브 무드
□ 가정환경	**home environment** 홈 인바이어런먼트

□ 가제	**gauze** 거즈	
□ 가져오다	**bring** 브링	
□ 가족	**family** 페밀리	
□ 가족수당	**family allowance** 페밀리 얼라우언스	
□ 가족제도	**the family system** 더 페밀리 시스템	
□ 가죽	**hide** 하이드 **leather** 레더 **far** 파	
□ 가지	**branch** 브랜취 **bough** 바우	
□ 가지〈채소〉	**eggplant** 엑플랜트	
	aubergine 오우버진	
□ 가지고 놀다	**play with** 플레이윗	
□ 가지고 다니다	**carry about** 캐리어바웃	
□ 가지고 달아나다	**go away with** 고우어웨이윗	
□ 가지고 오다	**carry in** 캘리인	
□ 가지고 나오다	**bring out** 브링아웃	
□ 가지다	**have** 햅 **possess** 퍼제스	
□ 가짜	**imitation** 이미테이션	
	counterfeit 카운터핏	
□ 가책	**reproach** 리프로취	
□ 가축	**livestock** 라이브스톡	
□ 가출(하다)	**run away from home** 런어웨이 프럼 홈	

가족 Family

① grandfather
그랜드파더

② grandmother
그랜드마더

③ father
파더

④ mother
마더

⑤ brother
브라더

⑥ sister
시스터

14

⑦ **husband**
허즈번드

⑧ **wife**
와이프

⑨ **child**
차일드

⑩ **baby**
베이비

① 할아버지　② 할머니　③ 아버지　④ 어머니　⑤ 남자형제
⑥ 여자형제　⑦ 남편　⑧ 부인　⑨ 어린이　⑩ 아기

□ 가치	**value** 밸류 **worth** 워쓰
□ 가해자	**assailant** 어쎄일런트
□ 가혹하다	**severe** 씨뷔어
□ 가혹한 처사	**terrible treatment** 테러블 트리트먼트
□ 각	**each** 이치
□ 각각	**respectively** 리스펙팁리
□ 각광을 받다	**be in the spotlight** 비 인더 스팟라이트
□ 각도	**angle** 앵글
□ 각료	**the Cabinet ministers** 더 캐비넷 미니스터즈
□ 각막	**cornea** 코녀
□ 각본	**play** 플레이 **drama** 드라머 **scenario** 씨네어리오우
□ 각본가	**playwright** 플레이라잇
□ 각설탕	**cube sugar** 큐브 슈거
□ 각오하다	**be prepared for** 비 프리페어드 포
□ 각자	**each** 이치
□ 각자부담	**splitting the cost** 스플리팅 더 코스트
□ 각자부담하다	**go Dutch for** 고우 더취 포

각주	**footnote** 풋노우트
각지	**each place** 이치 플레이스
간	**liver** 리붜
간격	**space** 스페이스 **interval** 인터벌
간결한	**brief** 브맆 **concise** 컨사이스
간과하다	**overlook** 오버룩 **miss** 미쓰
간단한	**simple** 씸플 **easy** 이지
간단한 식사	**light meal** 롸잇 밀
간단히 말하다	**put something briefly** 풋 섬씽 브맆리
간단히 하다	**abridge abbreviate** 어브리지 어브리비에잇
간담	**familiar talk** 퍼밀리어 톡
간담회	**round-table conference** 롸운드 테이블 컨퍼런스
간략함	**brief** 브맆
간병(하다)	**nursing** 너싱 ; **nurse** 너스 **look after** 룩애프터
간부	**the management** 더 매니쥐먼트
간부임원	**executive** 익젝큐팁
간사	**manager** 매니저 ; **organizer** 오거나이저

간선도로	**highway** 하이웨이
간섭	**intervention** 인터벤션
간소한	**simple** 씸플
간수	**guard** 가드 **jailer** 제일러
간식	**refreshments** 리프레쉬먼츠
	snack 스낵
간암	**liver cancer** 리버 캔서
간염	**hepatitis** 헤파티티스
간이시설	**simple facilities** 씸플 퍼실리티즈
간장	**soy sauce** 소이소스
간접	**indirect** 인다이렉트
간접세	**indirect tax** 인다이렉트 텍스
간접조명	**indirect lighting** 인다이렉트 롸이팅
간조	**ebb** 엡
간주곡	**intermezzo** 인터메초우
간지럽다	**ticklish** 틱리쉬
간질	**epilepsy** 에펄렙시
간질이다	**tickle** 티클
간척(하다)	**reclamation** 레클러메이션
간척지	**reclaimed land** 리클레임드 랜드

□ 간투사	**interjection** 인터젝션	가
□ 간판	**billboard** 빌보드 **signboard** 사인보드	
□ 간행(하다)	**publication** 퍼블리케이션 ;	나
	publish 퍼블리쉬	다
□ 간호(하다)	**nursing** 너싱 ; **nurse** 너스	
□ 간호사	**nurse** 너스	라
□ 갈다	**grind** 그라인드 **whet** 휏	마
□ 갈등	**complication** 캄플리케이션	바
□ 갈라지다	**crack** 크랙 **split** 스플리트	
□ 갈매기	**sea gull** 씨걸	사
□ 갈색	**brown** 브라운	아
□ 갈아타다	**transfer** 트랜스퍼	
□ 갈채	**cheers** 치어즈 **applause** 어플로즈	자
□ 갈치	**scabbard fish** 스캐버드피쉬	차
□ 감가상각	**depreciation** 디프리쉬에이션	카
□ 감각	**sense** 센스 **feeling** 필링	
□ 감금(하다)	**confinement** 컨파인먼트	타
□ 감기	**cold** 코울드 **flu** 플루	파
□ 감기 걸리다	**catch a cold** 캐취어 코울드	하
□ 감다	**roll** 롤	

□ 감독	**superintendent** 수퍼인텐던트	
□ 감독(하다)	**supervision** 수퍼비전 ;	
	supervise 수퍼바이즈	
□ 감동시키다	**move** 무브	**touch** 터취
□ 감동적인	**impressive** 임프레시브	**moving** 무빙
□ 감사(하다)	**inspection** 인스펙션	
□ 감사기관	**auditing agency** 오디팅 에이전시	
□ 감사위원	**inspector** 인스펙터	**auditor** 오디터
□ 감상	**appreciation** 어프리쉬에이션	
□ 감상	**sentiment** 센티먼트	
□ 감상문	**essay of one's impressions** 에세이 어브 원스 임프레션즈	
□ 감상적	**sentimental** 센티멘털	
□ 감세(하다)	**tax reduction** 텍스 리덕션	
□ 감소(하다)	**decrease** 디크리즈	
□ 감속(하다)	**slow down** 슬로우다운	
□ 감수성	**sensibility** 센서빌리티	
□ 감시(하다)	**surveillance** 서베일런스	
□ 감싸다	**wrap up** 랩업	
□ 감염	**infection** 인펙션	**contagion** 컨테이전
□ 감염되다	**catch** 캐취	

감옥	**prison** 프리즌
감자	**potato** 포테이토우
감점(하다)	**demerit mark** 디메리트 마크
감정	**feeling** 필링 **emotion** 이모우션
감정이입	**empathy** 엠퍼씨
감정적	**emotional** 이모우셔널
감촉	**touch** 터치 **feel** 필
감탄(하다)	**admiration** 어드머레이션 ;
	admire 어드마이어
감탄사	**exclamation** 익스클레메이션
갑각	**shell** 쉘
갑갑한	**narrow** 내로우 **tight** 타잇
갑상선	**thyroid gland** 사이로이드 글랜드
갑옷	**helmet** 헬멧 **armor** 아머
갑자기	**suddenly** 써든리 **abruptly** 업럽틀리
갑판	**deck** 덱
값	**price** 프라이스 **cost** 코스트
값싸다	**cheap** 칩 **flashy** 플레쉬
값어치	**value** 밸류 **merit** 메릿
값을 깎다	**bargain** 바건 **discount** 디스카운트

가
나
다
라
마
바
사
아
자
차
카
타
파
하

□ 값이 내림	**fall in price** 폴 인 프라이스
□ 값이 오름	**rise in price** 라이즈인 프라이스
□ 갓 구운 빵	**fresh bread** 프레쉬 브렛
□ 강	**river** 리버
□ 강간하다	**rape** 레입
□ 강낭콩	**kidney bean** 킷니 빈
□ 강당	**hall** 홀 **auditorium** 오디토리움
□ 강도	**robber** 라버 **burglar** 버글러
□ 강력한	**strong** 스트롱 **powerful** 파워펄
□ 강령	**program** 프로그램
□ 강매하다	**hardsell** 하드셀
□ 강바닥	**bed** 벳
□ 강사	**lecturer** 렉춰러 **instructor** 인스트럭터
□ 강습	**course** 코스
□ 강아지	**puppy** 퍼피
□ 강연(하다)	**lecture** 렉춰
□ 강요하다	**force** 포스 **compel** 컴펠
□ 강인한 정신력	**strong will** 스트롱 윌
□ 강제(하다)	**compulsion** 컴펄전 ; **compel** 컴펠
□ 강제수용소	**concentration camp** 컨센트레이션캠프

□ 강조(하다)	**emphasis** 엠퍼시스 ;	
	emphasize 엠퍼사이즈	
□ 강좌	**lecture** 렉춰	
□ 강철	**steel** 스틸	
□ 강하게나오다	**be aggressive** 비 어그레시브	
□ 강하다	**strong** 스트롱 **powerful** 파워펄	
□ 강화	**peace** 피스	
□ 강화(하다)	**strengthen** 스트렝슨	
□ 강화조약	**peace treaty** 피스 트리티	
□ 갖추다	**provide** 프러바이드 **equip** 이큅	
□ 갖추어지다	**become ready** 비컴 레디	
□ 같게 하다	**make even** 메이크 이븐	
□ 같다	**the same** 더 세임	
□ 같다	**be equal to** 비 이퀄 투	
□ 같은 동아리	**friends** 프렌즈 **comrades** 캄레즈	
□ 같은 모양의	**similar** 씨밀러	
□ 갚다	**compensate for** 컴펜세잇 포	
□ 개	**dog** 독	
□ 개관(하다)	**opening** 오프닝	
□ 개관시간	**opening time** 오프닝타임	

가
나
다
라
마
바
사
아
자
차
카
타
파
하

개구리	**frog** 프록
개구쟁이	**urchin** 어친
개그	**gag** 객
개나리	**forsythia** 포시씨아
개념	**notion** 노우션　**concept** 컨셉
개다〈날씨〉	**clear up** 클리어럽
개다〈접다〉	**fold up** 폴덥
개략〈概略〉	**outline** 아웃라인
	summary 써머리
개량(하다)	**improvement** 임프루브먼트
	reform 리폼
개런티	**guarantee** 개런티
개막(하다)	**the opening** 오프닝 ; **open** 오픈
개막전	**opening game** 오프닝게임
개미	**ant** 앤트
개발(하다)	**development** 디벨롭먼트
개발도상국	**developing country** 디벨로핑 컨추리
개방	**opening** 오프닝
개봉(하다)	**release** 릴리스
개봉관	**first-run theater** 퍼스트런 씨어터

□ 개선(하다)	**improvement** 임프루브먼트 ;	가
	improve 임프루브	
□ 개선문	**triumphal arch** 트라이엄펄 아치	나
□ 개설(하다)	**set up** 셋업 **establish** 이스태블리쉬	다
□ 개성	**personality** 퍼스널리티	
□ 개성적인	**unique** 유닉	라
□ 개시(하다)	**start** 스타트 **beginning** 비기닝	마
□ 개업(하다)	**starting a business** 스타팅 어 비즈니스	바
□ 개요	**outline** 아웃라인	
□ 개인	**individual** 인디비주얼	사
□ 개인적인	**individual** 인디비주얼	아
	personal 퍼스널	
□ 개인주의	**individualism** 인디비주얼리즘	자
□ 개입(하다)	**intervention** 인터벤션	차
□ 개점	**opening** 오프닝	
□ 개정(하다)	**revision** 리비전	카
	amendment 어멘드먼트	타
□ 개정판	**revised edition** 리바이즈드 에디션	
□ 개조(하다)	**remodel** 리마들	파
□ 개찰	**examination of tickets** 익재미네이션 어브 티키츠	하

□ 개찰구	**ticket gate** 티킷 게이트	
□ 개척(하다)	**cultivation** 컬티베이션 ;	
	open up 오픈 업	
□ 개척자	**pioneer** 파이어니어	
□ 개최	**hold** 홀드	**open** 오픈
□ 개최하다	**hold** 홀드	**give** 기브
□ 개축(하다)	**rebuilding** 리빌딩	
□ 개통(되다)	**be opened to traffic** 비 오픈드 투 트래픽	
□ 개혁(하다)	**reform** 리폼	
□ 개회(하다)	**opening** 오프닝 ; **open** 오픈	
□ 개회식	**opening ceremony** 오프닝 세레머니	
□ 객관	**objectiveness** 업젝티브니스	
□ 객관성	**objectivity** 업젝티비티	
□ 객관적인	**objective** 업젝티브	
□ 객석	**seat** 씨트	**stand** 스탠드
□ 객실	**room** 룸	**parlor** 팔러
□ 객차	**passenger car** 패신저 카	
□ 갯장어	**pike conger** 파이크 캉거	
□ 갱	**gang** 갱	**gangster** 갱스터
□ 갱신(하다)	**renewal** 리뉴얼 ; **renew** 리뉴	

26

□ 갸웃하다	**lean** 린 **incline** 인클라인
□ 거대한	**huge** 휴쥐 **gigantic** 자이갠틱
□ 거래(하다)	**transaction** 트렌섹션
□ 거르다	**omit** 오밋 **skip** 스킵
□ 거름	**manure** 머뉴어
□ 거리	**distance** 디스턴스
□ 거리끼다	**hesitate** 헤저테잇
□ 거리를 두다	**keep at a distance** 킵 앳어 디스턴스
□ 거만한	**arrogant** 애러건트
□ 거머리	**leech** 리취
□ 거무스름하다	**blackish** 블래키쉬
□ 거미	**spider** 스파이더
□ 거미집	**cobweb** 캅웹
□ 거부(하다)	**denial** 디나이얼 ; **deny** 디나이
□ 거부반응	**rejection** 리젝션
□ 거부하다	**refuse** 리퓨즈
□ 거북	**tortoise** 토토이스 **turtle** 터틀
□ 거스름돈	**change** 체인지
□ 거슬러 올라가다	**go up** 고우업
□ 거식증	**anorexia** 애너렉시어

□ 거실	**living room** 리빙룸	
□ 거역하다	**oppose** 어포우즈	
	go against 고우 어겐스트	
□ 거울	**mirror** 미러	**glass** 글래스
□ 거의	**about** 어바웃	**roughly** 러프리
□ 거인	**giant** 자이언트	
□ 거장	**great master** 그레잇 매스터	
□ 거절하다	**reject** 리젝트	**refuse** 리퓨즈
□ 거점	**base** 베이스	**stronghold** 스트롱홀드
□ 거주(하다)	**dwelling** 드웰링 **; reside** 리자이드	
□ 거주자	**resident** 레지던트	
	inhabitant 인해비턴트	
□ 거지	**beggar** 베거	
□ 거짓	**lie** 라이	**falsehood** 폴스훗
□ 거짓말쟁이	**liar** 라이어	
□ 거짓말하다	**tell a lie** 텔 어 라이	
□ 거짓웃음	**fake smile** 페이크 스마일	
□ 거칠다	**rough** 러프	
□ 거품	**bubble** 버블	**foam** 폼
□ 거행하다	**perform** 퍼폼	

□ 걱정	**apprehension** 어프리헨션		가
□ 걱정거리	**cause for worry** 코즈 포 워리		나
□ 걱정하다	**worry about** 워리 어바웃		
□ 건강	**health** 헬쓰		다
□ 건강미	**healthy beauty** 헬씨 뷰티		라
□ 건강보험	**health insurance** 헬쓰 인슈어런스		
□ 건강상태	**health condition** 헬쓰 컨디션		마
□ 건강진단	**health checkup** 헬쓰 첵컵		바
□ 건강한	**strong** 스트롱 **robust** 로우버스트		
□ 건강한 사람	**strong person** 스트롱 퍼슨		사
□ 건국(하다)	**found a country** 파운드어 컨추리		아
□ 건국기념일	**Foundation Day** 파운데이션 데이		자
□ 건너다	**cross** 크로스 **go over** 고우오버		
□ 건너편	**the opposite side** 디 어퍼짓 사이드		차
□ 건널목	**crossing** 크로싱		카
□ 건네다	**hand** 핸드		
□ 건물	**building** 빌딩		타
□ 건반	**keyboard** 키보드		파
□ 건방진 태도	**arrogant attitude** 애러건트 애티튜드		하
□ 건방짐	**insolence** 인설런스		

□ 건배(하다)	**toast** 토스트 ;
	drink a toast to 드링커 토스투
□ 건설	**construction** 컨스트럭션
□ 건설적	**constructive** 컨스트럭팁
□ 건성의	**absent-minded** 엡슨트마인딧
□ 건장하다	**sturdy** 스터디 **stout** 스타웃
□ 건재	**alive** 얼라이브
□ 건전지	**dry battery** 드라이배터리
□ 건전한	**sound** 사운드 **wholesome** 호울섬
□ 건조(하다)〈세우다〉	**construct** 컨스트럭트
□ 건조(하다)〈말리다〉	**dry** 드라이
□ 건조기	**drier** 드라이어
□ 건조기〈시기〉	**the dry season** 더 드라이시즌
□ 건초	**hay** 헤이
□ 건축(하다)	**building** 빌딩
	construction 컨스트럭션
□ 건축가	**architect** 아키텍트
□ 건축학	**architecture** 아키텍춰
□ 건포도	**raisin** 레이진
□ 걷다	**walk** 워크 **go on foot** 고우 온 풋

□ 걷어 올리다	**turn up** 턴 업
□ 걸다	**hang** 행 **suspend** 써스펜드
□ 걸레	**dustcloth** 더스트클로스
□ 걸리다〈술책〉	**get caught in** 겟 코트 인
□ 걸리다	**hang on〈from〉** 행온〈프럼〉
□ 걸쇠	**clasp** 클래습 **hook** 훅
□ 걸스카우트	**girl scout** 걸스카웃
□ 걸음	**walking** 워킹 **step** 스텝
□ 걸음을 옮기다	**make progress** 메이크 프라그레스
□ 걸작	**masterpiece** 매스터피스
□ 걸터앉다	**mount** 마운트
□ 걸프렌드	**girlfriend** 걸프렌드
□ 검다	**black** 블랙
□ 검도	**Japanese fencing** 재퍼니즈 펜싱
□ 검문(하다)	**checkup** 체컵
□ 검문소	**checkpoint** 첵포인트
□ 검사	**public prosecutor** 퍼블릭 프러시큐터
□ 검사(하다)	**examination** 익재미네이션
□ 검색(하다)	**retrieve** 리트리브
□ 검소(한)	**simple** 씸플 **frugal** 프루걸

31

□ 검소한 생활	**frugal living** 프루걸 리빙
□ 검역(하다)	**quarantine** 쿼런틴
□ 검열(하다)	**inspection** 인스펙션
	censorship 센서쉽
□ 검정	**black** 블랙
□ 검정시험	**licensing examination** 라이센싱 익제미네이션
□ 검정필	**approved** 어프루브드
□ 검정하다	**officially approve** 오피셜리 어프루브
□ 검진(하다)	**medical examination** 메디컬 익제미네이션
□ 검찰	**prosecution** 프러시큐션
□ 검찰관	**public prosecutor** 퍼블릭 프러시큐터
□ 검찰청	**public prosecutors office** 퍼블릭 프러시큐터즈 오피스
□ 검토(하다)	**examination** 익재미네이션
□ 겁이 많은	**cowardly** 카워들리　**timid** 티미드
□ 겁쟁이	**coward** 카워드
□ 겉	**outside** 아웃사이드
□ 겉치레	**show** 쇼우　**vanity** 베니티
□ 게	**crab** 크랩

□ 게다가	**moreover** 모어오버 **besides** 비사이즈	가
□ 게릴라	**guerrilla** 거릴러	
□ 게시(하다)	**notice** 노우티스 **bulletin** 불루틴	나
□ 게시판	**notice board** 노우티스 보드	다
□ 게시하다	**put up** 풋업 **post** 포스트	
□ 게양하다	**hoist** 호이스트	라
□ 게으름 피는	**lazy** 레이지	마
□ 게으름뱅이	**lazy person** 레이지 퍼슨	바
□ 게으름피우다	**be idle** 비 아이들	
□ 게을리 하다	**neglect** 니글렉트	사
□ 게재(하다)	**publish** 퍼블리쉬	아
□ 겨	**rice bran** 라이스 브렌	자
□ 겨냥	**aim** 에임	
□ 겨냥도	**sketch** 스케취	차
□ 겨드랑이	**armpit** 암핏	카
□ 겨루다	**compete** 컴피트	타
□ 겨우	**barely** 베얼리	
□ 겨울	**winter** 윈터	파
□ 겨자	**mustard** 머스타드	하
□ 격려(하다)	**encourage** 인커리지	

□ 격렬하다	**violent** 바이얼런트	**intense** 인텐스
□ 격식을 차리다	**be formal** 비 포멀	
□ 격언	**maxim** 맥심	
□ 격을 매김	**rating** 레이팅	
□ 격일로	**every other day** 에브리 아더 데이	
□ 격차	**difference** 디퍼런스	**gap** 갭
□ 격투(하다)	**fight** 파이트	
□ 격투기	**combatant sports** 컴배턴트 스포츠	
□ 견본	**sample** 샘플	
□ 견사	**silk thread** 실크 스레드	
□ 견습	**apprenticeship** 어프렌티스쉽	
□ 견실한	**steady** 스테디	
□ 견인차	**wrecker** 렉커	
□ 견적	**estimate** 에스티메이트	
□ 견직물	**silk goods** 실크 굿즈	
□ 견학(하다)	**inspect** 인스펙트	**visit** 비짓
□ 견해	**opinion** 오피니언	**view** 뷰
□ 결과	**result** 리절트	**consequence** 칸시퀜스
□ 결국	**after all** 애프터올	**in short** 인숏
□ 결근	**absence** 앱슨스	

□ 결단	**decision**	디시전
□ 결단하다	**take the plunge**	테이크 더 플런지
□ 결렬(되다)	**rupture**	럽춰
□ 결론	**conclusion**	컨클루전
□ 결말	**end** 엔드 **result**	리절트
□ 결말이 나다	**become calm**	비컴 캄
□ 결백	**innocence**	이너슨스
□ 결벽증의	**cleanly**	클린리
	fastidious	페스티디어스
□ 결부되다	**be tied up with**	비 타이드업 윗
□ 결부시키다	**tie together** 타이 투게더 **fasten** 페슨
□ 결산	**settlement of accounts** 세틀먼트 어브 어카운츠
□ 결석	**be absent from**	비 앱슨트 프럼
□ 결승전	**the finals**	더 화이널즈
□ 결승점	**the winning point**	더 위닝 포인트
□ 결심(하다)	**determination** 디터미네이션 ;
	decide 디사이드
□ 결의	**make up one's mind** 메이컵 원스 마인드
□ 결점	**fault** 폴트 **weak point** 위크 포인트

가
나
다
라
마
바
사
아
자
차
카
타
파
하

□ 결정	**crystal** 크리스털
□ 결정	**rule** 룰 **regulation** 레귤레이션
□ 결제(하다)	**settlement** 세틀먼트 ; **settle** 세틀
□ 결코	**absolutely** 앱설루틀리 **never** 네버
	by no means 바이 노우 민즈
□ 결핍(되다)	**lack** 렉 **shortage** 쇼티지
□ 결함	**defect** 디펙트 **fault** 폴트
□ 결합	**combination** 컴비네이션
□ 결합(하다)	**union** 유니언 ; **unite** 유나이트
□ 결핵	**tuberculosis** 튜버컬로우시스
□ 결혼	**wedding** 웨딩
□ 결혼기념일	**wedding anniversary** 웨딩 애너버서리
□ 결혼반지	**wedding ring** 웨딩링
□ 결혼식	**wedding ceremony** 웨딩 세러머니
□ 결혼신고	**marriage registration** 매리지 레지스트레이션
□ 겸손	**modesty** 마디스티 **humility** 휴밀리티
□ 겸손한	**humble** 험블
□ 겸하다	**combine with** 컴바인 윗
□ 겹치다	**be piled up** 비 파일드 업
	overlap 오버랩

□ 경감	**reduction** 리덕션	
□ 경계	**boundary** 바운더리	**border** 보더
□ 경계(하다)	**caution** 코션 ;	
	guard against 가드 어겐스트	
□ 경고(하다)	**warning** 워닝	**caution** 코션
□ 경공업	**light industries** 라잇 인더스트리즈	
□ 경과하다	**pass** 패스	**go by** 고우바이
□ 경기	**competition** 캄퍼티션	
□ 경기대회	**athletic competition** 어슬레틱 캄퍼티션	
□ 경도	**longitude** 란저튜드	
□ 경력	**career** 커리어	
□ 경련	**spasm** 스패점	**cramp** 크램프
□ 경로	**course** 코스	**route** 루트
□ 경리	**accounting** 어카운팅	
□ 경리부	**the accounting section** 디 어카운팅 섹션	
□ 경마	**horse racing** 호스 레이싱	
□ 경마장	**race track** 레이스 추렉	
□ 경매(하다)	**auction** 옥션	
□ 경멸(하다)	**contempt** 컨템트 ; **despise** 디스파이즈	

37

□ 경박한	**frivolous** 프리벌러스	
□ 경범죄	**minor offense** 마이너 오펜스	
□ 경보	**walking race** 워킹 레이스	
□ 경보	**warning** 워닝	**alarm** 얼람
□ 경보기	**alarm** 얼람	
□ 경비	**expenses** 익스펜시즈	
□ 경비(하다)	**defense** 디펜스	**guard** 가드
□ 경비원	**security guard** 씨큐리티 가드	
□ 경사	**slope** 슬로웁	**incline** 인클라인
□ 경사스럽다	**good** 굿	**happy** 해피
□ 경사진	**slant** 슬랜트	**oblique** 업리크
□ 경솔하다	**careless** 케얼리스	
□ 경시하다	**make light of** 메이크 라이트 어브	
□ 경어	**honorific** 아너리픽	
□ 경영	**management** 매니지먼트	
□ 경영자	**manager** 매니저	
□ 경우	**case** 케이스	**occasion** 어케이전
□ 경유하여	**by way of** 바이 웨이 어브	**via** 바이어
□ 경음악	**light music** 라잇 뮤직	
□ 경의	**respect** 리스펙트	

38

□ 경이	**wonder** 원더	가
□ 경쟁	**competition** 캄퍼티션	나
□ 경쟁력	**competitiveness** 컴페터티브니스	
□ 경쟁하다	**contest** 컨테스트	다
□ 경제	**economy** 이카너미 **finance** 파이낸스	라
□ 경제적인	**economical** 이커나미컬	
□ 경제학	**economics** 이커나믹스	마
□ 경제학자	**economist** 이카너미스트	바
□ 경종	**warning** 워닝	
□ 경주(하다)	**race** 레이스 ; **run a race** 러너 레이스	사
□ 경찰	**the police** 더 펄리스	아
□ 경찰관	**police officer** 폴리스 오피서	자
□ 경찰서	**police station** 펄리스테이션	
□ 경첩	**hinge** 힌쥐	차
□ 경축일	**national holiday** 내셔널 할러데이	카
□ 경치	**scenery** 씨너리 **view** 뷰	
□ 경칭	**title of honor** 타이틀 어브 아너	타
□ 경쾌한	**light** 라잇	파
□ 경품	**premium** 프리미엄	하
□ 경합(하다)	**compete** 컴피트	

□ 경향	**tendency** 텐던시	
□ 경험(하다)	**experience** 익스피리언스	
□ 경험론	**empiricism** 엠피러시즘	
□ 경험자	**experienced person** 익스피리언스드 퍼슨	
□ 경호원	**guard** 가드	
□ 경화	**coin** 코인	
□ 곁	**by the side of** 바이 더 사이드 어브	
□ 곁눈질하다	**look elsewhere** 룩 엘스웨어	
□ 곁들임	**garnish** 가니쉬	
□ 계간지	**quarterly issue** 쿼털리 이슈	
□ 계급	**class** 클래스	**rank** 랭크
□ 계기	**chance** 챈스	**opportunity** 아퍼튜니티
□ 계단	**stairs** 스테어즈	
□ 계단의 층계참	**landing** 랜딩	
□ 계란	**egg** 엑	
□ 계란프라이	**sunny-side up** 써니사이드 업	
□ 계략〈전략〉	**stratagem** 스트레터점	
□ 계량	**measurement** 매저먼트	
□ 계량기	**meter** 미터	**gauge** 게이지
□ 계모	**stepmother** 스텝마더	

40

□ 계몽	**enlightenment** 인라이튼먼트	
□ 계보	**genealogy** 지니얼러지	
□ 계산(하다)	**calculation** 컬큘레이션	
□ 계산기	**calculator** 컬큘레이터	
□ 계산서	**bill** 빌	
□ 계속	**sequel** 씨퀄	
□ 계속되다	**continue** 컨티뉴 **last** 래스트	
□ 계속해서	**continuously** 컨티뉴어슬리	
□ 계승(하다)	**succession** 석세션 ;	
	succeed to 석시드 투	
□ 계승자	**successor** 석세서	
□ 계약(하다)	**contract** 컨트랙트	
□ 계약금	**deposit** 디파짓	
□ 계약서	**contract** 컨트랙트	
□ 계엄령	**martial law** 마셜 로	
□ 계율	**commandment** 커멘드먼트	
□ 계장	**chief clerk** 칩 클럭	
□ 계절	**season** 시즌	
□ 계절풍	**seasonal winds** 시즈널 윈즈	
□ 계좌	**bank account** 뱅크 어카운트	

□ 계좌번호	**the number of one's account** 더 넘버러브 원스 어카운트	
□ 계집애	**girl** 걸	**daughter** 도터
□ 계층	**class** 클라스	**stratum** 스트레이텀
□ 계통	**system** 시스템	
□ 계통적	**systematic** 시스터메틱	
□ 계획(하다)	**plan** 플랜	**project** 프러젝트
□ 고가	**high price** 하이 프라이스	
□ 고개	**pass** 패스	
□ 고객	**customer** 커스터머	**client** 클라이언트
□ 고고학	**archaeology** 아키알러지	
□ 고구마	**sweet potato** 스윗 포테이토우	
□ 고국	**native land** 네이팁 랜드	
□ 고군분투	**solitary struggle** 살리테리 스트러글	
□ 고귀한	**noble** 노우블	
□ 고글	**goggles** 고글즈	
□ 고금	**old and new** 올드 앤 뉴	
□ 고급	**high-class** 하이클래스	
□ 고급관리	**high-ranking official** 하이랭킹 오피셜	
□ 고기	**flesh** 플레쉬	**meat** 미트

□ 고기압	**high atmospheric pressure** 하이 앳머스페릭 프레저	가
□ 고기잡이	**fishing** 피싱	나
□ 고뇌(하다)	**suffering** 서퍼링	다
□ 고대	**ancient** 에인션트	
□ 고도	**altitude** 앨터튜드	라
□ 고독한	**solitary** 살리테리	마
□ 고동치다	**beat** 비트 **pulsation** 펄세이션	
□ 고드름	**icicle** 아이씨컬	바
□ 고등법원	**high court** 하이 코트	사
□ 고등어	**mackerel** 맥커럴	
□ 고등학교	**high school** 하이스쿨	아
□ 고등학생	**high school student** 하이스쿨 스튜던트	자
□ 고딕체	**Gothic** 고딕	차
□ 고래	**whale** 훼일	
□ 고래잡이	**whale fishing** 훼일 피싱	카
□ 고려(하다)	**consider** 컨시더	타
□ 고령	**advanced age** 어드밴스드 에이지	파
□ 고리	**circle** 써클 **ring** 링	
□ 고릴라	**gorilla** 거릴러	하

☐ 고립되다	**be isolated** 비 아이솔레이팃	
☐ 고막	**eardrum** 이어드럼	
☐ 고맙다	**thankful** 쌩크펄	**grateful** 그레잇펄
☐ 고무	**rubber** 러버	
☐ 고무밴드	**rubber band** 러버 밴드	
☐ 고문	**adviser** 어드바이저	
	counselor 카운슬러	
☐ 고문(하다)	**torture** 토춰	
☐ 고민하다	**suffer from** 써퍼 프럼	
☐ 고발(하다)	**accusation** 어큐제이션 ;	
	accuse 어큐즈	
☐ 고백	**confession** 컨페션	
☐ 고백하다	**tell** 텔 **confess** 컨페스	
☐ 고비	**climax** 클라이맥스	
☐ 고삐	**rein** 레인 **bridle** 브라이들	
☐ 고삐를 잡다	**take the reins** 테이크 더 레인즈	
☐ 고상하다	**noble** 노우블 **dignified** 딕니파이드	
☐ 고생(하다)	**troubles** 트러블즈 ; **work hard** 웍 하드	
☐ 고소하다〈맛〉	**fragrant** 프렉런트	
☐ 고속	**high speed** 하이 스피드	

□ 고속도로	**expressway** 익스프레스웨이	가
□ 고속버스	**intercity bus services** 인터시티 버서비시즈	나
□ 고슴도치	**hedgehog** 헤지학	다
□ 고시(하다)	**announce** 어나운스	
□ 고아	**orphan** 올펀	라
□ 고안(하다)	**device** 디바이스 ; **devise** 디바이즈	마
□ 고약	**plaster** 플레스터	
□ 고양이	**cat** 캣	바
□ 고어	**archaic word** 아캐익 워드	사
□ 고용	**employment** 엠플로이먼트 ;	아
	employ 엠플로이	
□ 고용인	**employee** 엠플로이	자
□ 고용주	**employer** 엠플로이어	차
□ 고원	**plateau** 플레토우	
□ 고유의	**peculiar to** 피큘리어 투	카
□ 고음	**high tone** 하이톤	타
□ 고자질하다	**tell on** 텔 온	
□ 고장	**breakdown** 브레익다운	파
	trouble 트러블	하
□ 고장 나다	**break down** 브레익다운	

텔레비전 시청 Watching TV

① announcer
어나운서

② news
뉴스

③ microphone
마이크러포운

④ channel
채널

⑤ commercial
커머셜

① 아나운서 ② 뉴스 ③ 마이크 ④ 채널 ⑤ 광고방송

고전	**classic** 클래식
고전문학	**classical literature** 클래시컬 리터러춰
고정(시키다)	**fix** 픽스
고정자본	**fixed capital** 픽스트 캐피털
고정자산	**fixed assets** 픽스트 애쎗
고지(하다)	**notice** 노우티스 ; **notify** 노우티파이
고집	**backbone** 백보운
고집(하다)	**persistence** 퍼시스턴스 ;
	persist 퍼시스트
고집이 세다	**tenacious** 터네이셔스
	obstinate 압스터닛
고찰(하다)	**consideration** 컨시더레이션
고체	**solid** 솔리드
고쳐 쓰다	**rewrite** 리라이트
고쳐지다	**be repaired** 비 리페어드
고추	**red pepper** 레드페퍼
고층빌딩	**high rise** 하이라이즈
	skyscraper 스카이스크래이퍼
고치다	**correct** 커렉트 **reform** 리폼
	repair 리페어 **mend** 멘드

□ 고통	**pain** 페인　**pang** 팽
□ 고통스럽다	**hard** 하드　**painful** 페인펄
□ 고통을 주다	**cause pain** 코즈 페인
□ 고통을 참다	**withstand** 윗스탠드
□ 고풍스럽다	**old-fashioned** 오울드페션드
□ 고하다	**tell** 텔　**inform** 인펌
□ 고학년	**upper grade** 어퍼 그레이드
□ 고향	**home** 홈　**hometown** 홈타운
□ 고혈압	**high blood pressure** 하이 블럿 프레셔
□ 고형	**solid** 솔리드
□ 고형물	**solids** 솔리즈
□ 고환	**testicles** 테스티컬즈
□ 곡	**tune** 튠　**piece** 피스
□ 곡괭이	**pickax** 픽엑스
□ 곡물	**grain** 그레인　**cereals** 씨리얼즈
□ 곡선	**curve** 커브
□ 곡선미	**voluptuous beauty** 볼럽추어스 뷰티
□ 곡예	**acrobat** 애크러벳
□ 곡해(하다)	**distort** 디스토트
□ 곤돌라	**gondola** 간덜러

□ 곤란	**difficulty** 디프컬티	가
□ 곤충	**insect** 인섹트	나
□ 곤충채집	**insect collecting** 인섹트 컬렉팅	
□ 곤혹	**embarrassment** 임배러스먼트	다
□ 곧	**soon** 순 **at once** 앳 원스	라
	immediately 이미디에이틀리	
□ 곧바르게 하다	**straighten** 스트레이튼	마
□ 골	**goal** 골	바
□ 골격	**frame** 프레임 **build** 빌드	
□ 골동품	**curio** 큐어리오우 **antique** 앤티크	사
□ 골목길	**alley** 앨리 **lane** 레인	아
□ 골수	**marrow** 마로우	
□ 골인하다	**reach the goal** 리치 더 고울	자
□ 골절	**fracture** 프렉춰	차
□ 골키퍼	**goalkeeper** 고울키퍼	
□ 골판지	**corrugated paper** 코러게이티드 페이퍼	카
□ 골프	**golf** 골프	타
□ 골프장	**golf links** 골프 링크스	
□ 곪다	**fester** 페스터 **mature** 머추어	파
□ 곰	**bear** 베어	하

□ 곰곰이	**slowly and carefully** 슬로우 앤 캐어펄리
□ 곰팡이	**mold** 몰드
□ 곱셈	**multiplication** 멀티플리케이션
□ 곱슬머리	**curly hair** 컬리 헤어
□ 곱하다	**multiply** 멀터플라이
□ 곳	**place** 플레이스 **spot** 스팟
□ 공	**ball** 볼
□ 공간	**space** 스페이스 **room** 룸
□ 공갈	**blackmail** 블랙메일
□ 공감(하다)	**sympathy** 심퍼씨
□ 공개(하다)	**open... to the public** 오픈... 투더 퍼블릭
□ 공격하다	**attack** 어택 **assault** 어쏠트
□ 공고(하다)	**public announcement** 퍼블릭 어나운스먼트
□ 공고한	**firm** 펌 **solid** 솔리드
□ 공공	**public** 퍼블릭 **common** 커먼
□ 공공시설	**public facilities** 퍼블릭 퍼씰리티즈
□ 공공연하게	**openly** 오픈리 **publicly** 퍼블릭리
□ 공공요금	**public utility charges** 퍼블릭 유틸리티 차쥐즈

□ 공공주택단지	**public housing complex** 퍼블릭 하우징 컴플렉스	가
□ 공교롭게도	**unfortunately** 언퍼추니틀리	나
□ 공구	**tool** 툴 **implement** 임플먼트	다
□ 공군	**air force** 에어 포스	
□ 공급(하다)	**supply** 서플라이	라
□ 공기	**air** 에어	마
□ 공동	**cooperation** 코우아퍼레이션	
□ 공동소유	**joint-ownership** 조인트 오우너쉽	바
□ 공동작업	**group work** 그룹워크	사
□ 공들여	**laboriously** 레이버리어슬리	
□ 공략(하다)	**capture** 캡춰	아
□ 공로	**merits** 메리츠	자
□ 공로자	**distinguished person** 디스팅귀쉬드 퍼슨	차
□ 공론	**public opinion** 퍼블릭 오피니언	카
□ 공룡	**dinosaur** 다이너소어	타
□ 공립	**public** 퍼블릭	
□ 공명심	**ambition** 앰비션	파
□ 공무	**official duties** 오피셜 듀티즈	하
□ 공무원	**public officer** 퍼블릭 오피서	

□ 공문서	**official document** 오피셜 도큐먼트
□ 공민권	**civil rights** 시빌 라이츠
□ 공백	**blank** 블랭크
□ 공범	**complicity** 컴플리서티
□ 공범자	**accomplice** 어컴플리스
□ 공복	**hunger** 헝거
□ 공부(하다)	**study** 스터디 **work** 워크
□ 공부방	**study** 스터디
□ 공사	**work** 워크
	construction 컨스트럭션
□ 공산당	**the Communist Party** 더 커뮤니스트 파티
□ 공산주의	**communism** 커뮤니즘
□ 공상(하다)	**fancy** 펜시
□ 공상과학소설	**science fiction** 사이언스 픽션
□ 공석	**vacant seat** 베이컨트 씨트
	vacancy 베이컨시
□ 공소(하다)	**appeal** 어필
□ 공손하게	**politely** 펄라이틀리
	courteously 커티어슬리
□ 공수(하다)	**air transport** 에어 트랜스포트

□ 공습(하다)	**air raid** 에어 레이드
□ 공습경보	**air raid warning** 에어 레이드 워닝
□ 공식	**formula** 포뮬러
□ 공식적인	**official** 오피셜
□ 공업	**industry** 인더스트리
□ 공업지대	**industrial area** 인더스트리얼 에어리어
□ 공예	**craft** 크래프트
□ 공용	**official business** 오피셜 비즈니스
□ 공용(하다)	**share** 쉐어
□ 공원	**park** 파크
□ 공원〈工員〉	**factory worker** 펙터리 워커
□ 공원묘지	**cemetery** 시메트리
□ 공을 세우다	**achieve great feats** 어취브 그레이트 피츠
□ 공인하다	**officially recognize** 오피셜리 레컥나이즈
□ 공작〈새〉	**peacock** 피칵
□ 공작기계	**machine tool** 머신 툴
□ 공작하다	**maneuver** 머뉴버
□ 공장	**factory** 펙터리 **plant** 플랜트
□ 공장실습	**factory training** 펙터리 트레이닝

□ 공적	**exploit** 엑스플로이트
□ 공전의	**unprecedented** 언프리시던티드
□ 공정한	**just** 저스트 **fair** 페어
□ 공제(하다)	**deduction** 디덕션 ; **deduct** 디덕트
□ 공존(하다)	**coexistence** 코익지스턴스 ;
	coexist 코익지스트
□ 공주	**princess** 프린세스
□ 공중도덕	**public morality** 퍼블릭 모럴리티
□ 공중변소	**public lavatory** 퍼블릭 래버토리
□ 공중전화	**pay phone** 페이 폰
□ 공중제비	**somersault** 서머솔트
□ 공증인	**notary** 노우터리
□ 공터	**unoccupied land** 언아큐파이드 랜드
□ 공통인	**common** 커먼
□ 공통점	**point in common** 포인트 인 커먼
□ 공판	**public hearing** 퍼블릭 히어링
□ 공평한	**fair** 페어 **impartial** 임파셜
□ 공포	**fear** 피어 **fright** 프라이트
	terror 테러
□ 공포심	**sense of fear** 센스 어브 피어

□ 공표(하다)	**announce** 어나운스	
□ 공학	**engineering** 엔지니어링	
□ 공항	**airport** 에어포트	
□ 공해	**pollution** 펄루션	
□ 공허	**emptiness** 엠티니스	
□ 공헌하다	**contribute** 컨트리뷰트	
□ 공화국	**republic** 리퍼블릭	
□ 공황	**panic** 패닉	
□ 곶	**cape** 캐입	
□ 과〈科〉	**family** 페밀리	
□ 과〈課〉	**lesson** 레슨	
□ 과	**section** 섹션	**division** 디비전
□ 과거	**the past** 더 패스트	
□ 과거시제	**the past tense** 더 패스트 텐스	
□ 과대망상	**megalomania** 메걸로우매이니어	
□ 과도	**excess** 익세스	
□ 과로	**overwork** 오우버웍	
□ 과목	**subject** 섭젝트	
□ 과묵한	**reticent** 레터선트	**taciturn** 태시턴
□ 과밀한	**tight** 타잇	**heavy** 헤비

가 나 다 라 마 바 사 아 자 차 카 타 파 하

□ 과반수	**majority** 머조리티	
□ 과부	**widow** 위도우	
□ 과세(하다)	**taxation** 텍세이션	
□ 과수	**fruit tree** 프룻 추리	
□ 과수원	**orchard** 오처드	
□ 과시하다	**show off** 쇼우 오프	
□ 과실〈過失〉	**fault** 폴트	**error** 에러
□ 과실치사	**involuntary manslaughter** 인발런터리 맨슬로터	
□ 과언	**exaggeration** 익재저레이션	
□ 과연	**indeed** 인디드	
□ 과일	**fruit** 프루트	
□ 과일가게	**fruit store** 프루트 스토어	
□ 과잉	**excess** 익세스	**surplus** 서플러스
□ 과자	**confectionery** 컨펙셔너리	
	cake 케익	
□ 과장	**section manager** 섹션 매니저	
□ 과장(하다)	**exaggeration** 익제저레이션	
□ 과정	**course** 코스	
□ 과제	**subject** 섭젝트	**theme** 씸
□ 과즙	**fruit juice** 프루트 주스	

56

한국어	영어	발음
□ 과학	**science**	사이언스
□ 과학자	**scientist**	사이언티스트
□ 관〈널〉	**coffin**	커핀
□ 관	**tube** 튜브 **pipe** 파입	
□ 관개	**irrigation**	이러게이션
□ 관객	**spectator**	스펙테이터
□ 관계〈연결〉	**connection**	커넥션
□ 관계〈관련〉	**relation**	릴레이션
□ 관계되다	**be concerned in**	비 컨선드 인
□ 관광	**sightseeing**	사이트씨잉
□ 관광객	**tourist**	투어리스트
□ 관광버스	**sightseeing bus**	사이트씨잉 버스
□ 관광안내소	**tourist information center** 투어리스트 인포메이션 센터	
□ 관념	**idea** 아이디어 **conception** 컨셉션	
□ 관념론	**idealism**	아이디얼리즘
□ 관념적	**conceptual**	컨셉추얼
□ 관대한	**tolerant** 탈러런트 **generous** 제너러스	
□ 관대한 처벌	**lenient punishment** 리니언트 퍼니시먼트	
□ 관람석	**seat** 씻 **stand** 스탠드	

가
나
다
라
마
바
사
아
자
차
카
타
파
하

□ 관련(되다)	**relation** 릴레이션 ;
	be related to 비 릴레이팅 투
□ 관례	**law** 로 **rule** 룰
□ 관록	**dignity** 딕니티
□ 관료	**government official** 가버먼트 오피셜
	bureaucrat 뷰러크랫
□ 관료적	**custom** 커스텀 **usage** 유시쥐
□ 관료제	**bureaucratic** 뷰러크래틱
□ 관료주의	**bureaucratism** 뷰러크래티즘
□ 관리	**management** 매니지먼트
□ 관리〈官吏〉	**government official** 가버먼트 오피셜
□ 관리인	**caretaker** 케어테이커 **janitor** 재니터
□ 관리직	**administrative post** 엇미니스트레이팁 포스트
□ 관목	**shrub** 쉬럽
□ 관사	**article** 아티클
□ 관상	**physiognomy** 피지악너미
□ 관세	**customs** 커스텀즈 **duty** 듀티
□ 관심	**concern** 컨선 **interest** 인터레스트
□ 관심 있는	**interested in** 인터레스팃 인

한국어	영어	발음
□ 관악기	**wind instrument**	윈드 인스트루먼트
□ 관여(하다)	**participate**	파티시페이트
□ 관용구	**idiom**	이디엄
□ 관자놀이	**temple**	템플
□ 관장제	**enema**	에너머
□ 관저	**official residence**	오피셜 레지던스
□ 관절	**joint**	조인트
□ 관절염	**arthritis**	아쓰라이티스
□ 관절을 삐다	**sprain**	스프레인
□ 관점	**viewpoint**	뷰포인트
□ 관제탑	**control tower**	컨트롤 타워
□ 관중	**spectator**	스펙테이터
	audience	오디언스
□ 관찰(하다)	**observation**	옵저베이션 ;
	observe	옵저브
□ 관청	**public office**	퍼블릭 오피스
□ 관측소	**observatory**	옵저베이토리
□ 관통하다	**pierce** 피어스 **penetrate** 페네트레이트	
□ 관하여	**on** 온 **about** 어바웃	
□ 관할	**jurisdiction**	주리스딕션

가

나

다

라

마

바

사

아

자

차

카

타

파

하

□ 관할구역	**district of jurisdiction** 디스트릭트 어브 주리스딕션
□ 관행	**custom** 커스텀 ; **practice** 프렉티스
□ 관현악	**orchestral music** 오케스트럴 뮤직
□ 관현악단	**orchestra** 오케스트라
□ 괄호	**bracket** 브렉킷
	parenthesis 퍼렌서시스
□ 광경	**spectacle** 스펙터클 **scene** 씬
□ 광고	**advertisement** 애드버타이즈먼트
□ 광고〈텔레비전〉	**commercial** 커머셜
□ 광고지	**leaflet** 리프릿 **handbill** 핸빌
□ 광년	**light-year** 라잇이어
□ 광대뼈	**cheekbone** 칙본
□ 광대한	**vast** 붸스트 **immense** 이멘스
□ 광도	**brightness** 브라이트니스
	luminosity 루미너시티
□ 광맥	**vein of ore** 베인 어브 오어
□ 광명	**light** 라잇
□ 광물	**mineral** 미네럴
□ 광산	**mine** 마인
□ 광석	**ore** 오어

□ 광선	**ray** 레이 **beam** 빔
□ 광업	**mining** 마이닝
□ 광엽수	**broad-leaf tree** 브로드-립 추리
□ 광을 내다	**polish** 폴리쉬
□ 광장	**open space** 오픈 스페이스
□ 광택	**luster** 러스터 **gloss** 글로스
□ 광학	**optics** 옵틱스
□ 괜찮은	**safe** 세입 **secure** 씨큐어
□ 괴기	**mystery** 미스터리
□ 괴로움	**anxiety** 앵자이어티 **worry** 워리 **pain** 페인
□ 괴롭다	**painful** 페인펄 **hard** 하드
□ 괴롭히다	**torment** 토먼트 **worry** 워리
□ 괴물	**monster** 먼스터
□ 괴어 있는	**stagnant** 스텍넌트
□ 괴짜	**eccentric person** 익센트릭 퍼슨
□ 굉장하다	**wonderful** 원더펄 **great** 그레잇
□ 교가	**school song** 스쿨 송
□ 교감	**vice-principal** 바이스프린서펄
□ 교과	**subject** 섭젝트

가
나
다
라
마
바
사
아
자
차
카
타
파
하

☐ 교과서	**textbook** 텍스트북
☐ 교내	**in the school** 인더 스쿨 ;
	on campus 온 캠퍼스
☐ 교단	**platform** 플렛펌
☐ 교단에 서다	**stand on the platform** 스탠 온더 플렛펌
☐ 교대(하다)	**shift** 쉬프트 ; **take turns** 테익 턴즈
☐ 교도소	**prison** 프리즌
☐ 교류(하다)	**exchange** 익스체인지
☐ 교묘한	**skillful** 스킬펄 **dexterous** 덱스터러스
☐ 교묘한 거짓말	**crafty lie** 크래프티 라이
☐ 교묘한 수법	**cunning ploy** 커닝 플로이
☐ 교문	**school gate** 스쿨 게잇
☐ 교미(하다)	**copulation** 코펄레이션
☐ 교부(하다)	**issue** 이슈
☐ 교사	**teacher** 티처
☐ 교섭(하다)	**negotiation** 니고우쉬에이션
☐ 교수	**professor** 프로페서
☐ 교습소	**training school** 트레이닝 스쿨
☐ 교실	**classroom** 클래스룸
☐ 교양	**culture** 컬춰 **education** 에주케이션

□ 교외	**suburbs** 서법즈
□ 교육(하다)	**education** 에주케이션 ;
	educate 에주케이트
□ 교장	**principal** 프린서펄
□ 교재	**teaching material** 티칭 머티리얼
□ 교제	**association** 어소시에이션
□ 교제(하다)	**associate with** 어소시에잇 위드
□ 교제하다	**keep company with** 킵 컴퍼니 위드
□ 교직	**the teaching profession** 더 티칭 프로페션
□ 교직자가 되다	**enter the teaching profession** 엔터 더 티칭 프로페션
□ 교차(하다)	**cross** 크로스 **intersect** 인터섹트
□ 교차점	**crossing** 크로싱
	crossroads 크로스로즈
□ 교차하다	**cross** 크로스
□ 교체하다	**replace** 리플레이스
□ 교칙	**school regulations** 스쿨 레귤레이션즈
□ 교통	**traffic** 트래픽
□ 교통규제	**traffic regulation** 트래픽 레귤레이션
□ 교통기관	**transportation** 트렌스포테이션

가
나
다
라
마
바
사
아
자
차
카
타
파
하

교통사고	**traffic accident** 트레픽 엑시던트
교통이 불편한	**out-of-the-way** 아우럽더웨이
교통편이 좋은	**convenient** 컨비년트
교통표지	**traffic sign** 트래픽 사인
교향곡	**symphony** 심포니
교환(하다)	**exchange** 익스체인지
교활하다	**cunning** 커닝 **sly** 슬라이
교황	**the Pope** 더 포우프
교회	**church** 처취
교훈	**lesson** 레슨
구	**ward** 워드 **district** 디스트릭트
구간	**section** 섹션
구걸	**begging** 베깅
구경(하다)	**sight-seeing** 사이트씨잉
구경거리	**show** 쇼우
구근	**bulb** 벌브
구급차	**ambulance** 앰뷸런스
구기	**ball game** 볼게임
구내	**premises** 프레미시스
구내매점	**kiosk** 키아스크

□ 구더기	**worm** 웜 **maggot** 매것
□ 구도	**composition** 컴퍼지션 **design** 디자인
□ 구독	**subscription** 섭스크립션
□ 구독료	**subscription fee** 섭스크립션 피
□ 구동(시키다)	**drive** 드라이브
□ 구두닦이	**shoe polishing** 슈 팔리슁
□ 구두	**oral** 오럴 **verbal** 버벌
□ 구두끈	**shoestring** 슈스트링
□ 구두약	**shoe polish** 슈 팔리쉬
□ 구두점	**punctuation marks** 펑추에이션 막스
□ 구두점을 찍다	**punctuate** 펑추에이트
□ 구둣주걱	**shoehorn** 슈혼
□ 구레나룻	**whiskers** 휘스커즈
□ 구르다	**roll** 롤
□ 구름	**cloud** 클라우드
□ 구매(하다)	**buy** 바이 **purchase** 퍼처스
□ 구매력	**buying power** 바잉파워
□ 구멍	**hole** 홀 **opening** 오프닝
□ 구명	**life-saving** 라이프세이빙
□ 구명동의	**life jacket** 라이프 재킷

가
나
다
라
마
바
사
아
자
차
카
타
파
하

65

□ 구명하다	**investigate** 인베스티게이트
□ 구문〈構文〉	**construction** 컨스트럭션
□ 구별	**separate** 세퍼레이트
□ 구별(하다)	**distinction** 디스팅션
□ 구부러지다	**bend** 벤드 　**curve** 커브
□ 구부리다	**bend** 벤드
□ 구분〈區分〉	**partition** 파티션
□ 구분(하다)	**division** 디비전
□ 구사하다	**make good use of** 메이크 굿 유즈 어브
□ 구상(하다)	**plan** 플랜 　**conception** 컨셉션
□ 구석	**nook** 누크 　**corner** 코너
□ 구석구석까지	**every nook and cranny** 에브리 누크 앤 크래니
□ 구성(하다)	**composition** 컴포지션 ; **compose** 컴포우즈
□ 구성요소	**formation** 포메이션
□ 구속영장	**arrest warrant** 어레스트 워런트
□ 구술(하다)	**oral statement** 오럴 스테이트먼트
□ 구술시험	**oral examination** 오럴 익제미네이션
□ 구식	**old style** 올드 스타일
□ 구실	**pretext** 프리텍스트 　**excuse** 익스큐즈

□ 구실을 만들다	**make an excuse** 메이컨 익스큐즈
□ 구약성서	**the Old Testament** 디 올드 테스터먼트
□ 구어	**colloquial language** 컬로우퀴얼 랭귀지
□ 구역	**area** 에어리어 **zone** 존
□ 구역질	**nausea** 노시어
□ 구역질나다	**feel nauseous** 필 노셔스
□ 구워지다	**be roasted** 비 로스티드
	be broiled 비 브로일드
□ 구원(하다)	**relief** 릴리프 **rescue** 레스큐
□ 구월	**September** 셉템버
□ 구인(하다)	**job offer** 잡 오퍼
□ 구인광고	**wanted** 원티드
□ 구입(하다)	**purchase** 퍼춰스 **; buy** 바이
□ 구입처	**supplier** 서플라이어
□ 구입하다	**purchase** 퍼춰스
□ 구장	**ball park** 볼파크
□ 구제(하다)	**relief** 릴리프 **aid** 에이드
□ 구제의 손길	**helping hand** 헬핑핸드
□ 구조	**structure** 스트럭처
□ 구조(하다)	**rescue** 레스큐 **save** 세이브

□ 구조조정	**restructuring** 리스트럭춰링
□ 구조하다	**help** 헬프 **save** 세이브
□ 구직(하다)	**job hunt** 잡 헌트
□ 구직활동	**job hunting** 잡 헌팅
□ 구차한 변명	**poor excuse** 푸어 익스큐즈
□ 구체적인	**concrete** 컨크리트
□ 구충제	**vermifuge** 버머퓨쥐
□ 구토(하다)	**vomit** 붜밋
□ 구하다	**help** 헬프 **relieve** 릴리브
□ 구혼(하다)	**proposal** 프러포우즈
□ 구획	**division** 디비전
□ 구획 짓다	**divide** 디바이드
□ 구획정리	**rezoning** 리조우닝
□ 국가	**national anthem** 내셔널 앤섬
□ 국가	**state** 스테이트
□ 국가원수	**sovereign** 사버린
□ 국경	**frontier** 프런티어
□ 국경일	**national holiday** 내셔널 할러데이
□ 국고	**the Treasury** 더 트레저리
□ 국교	**diplomatic relations** 디플로매틱 릴레이션즈

국기	**national flag** 내셔널 플렉
국기〈國技〉	**national sport** 내셔널 스포트
국내	**domestic** 도메스틱
국내선	**the domestic airline service** 더 도메스틱 에어라인 서비스
국도	**national road** 내셔널 로드
국력	**national strength** 내셔널 스트렝스
국립	**national** 내셔널
국민	**nation** 네이션 **people** 피플
국민건강보험	**national health insurance** 내셔널 헬스 인슈어런스
국방	**national defense** 내셔널 디펜스
국보	**national treasure** 내셔널 트레저
국비	**government expense** 가버먼트 익스펜스
국산	**domestic** 도메스틱
국세조사	**census** 센서스
국어	**the national language** 더 내셔널 랭귀지
국영	**state-operated** 스테잇오퍼레이티드
국왕	**king** 킹 **monarch** 모나크
국외	**abroad** 어브로드

가
나
다
라
마
바
사
아
자
차
카
타
파
하

□ 국유의	**national**	내셔널
□ 국익	**national interest**	내셔널 인터레스트
□ 국자	**ladle**	래들
□ 국적	**nationality**	내셔널리티
□ 국제	**international**	인터내셔널
□ 국제결혼	**mixed marriage**	믹스트 매리지
□ 국제법	**international law**	인터내셔널 로우
□ 국제선	**international air line** 인터내셔널 에어 라인	
□ 국제연합	**the United Nations** 유나이팃 내이션즈	
□ 국제운전면허증	**international driving license** 인터내셔널 드라이빙 라이센스	
□ 국제전화	**overseas telephone call** 오버씨즈 텔러펀 콜	
□ 국토	**national land**	내셔널 랜드
□ 국화	**chrysanthemum**	크리센서멈
□ 국회	**the Diet**	더 다이엇
	national assembly	내셔널 어셈블리
□ 국회의원	**member of the national assembly** 멤버 업 더 내셔널 어셈블리	
□ 군〈행정구획〉	**county**	카운티

□ 군	**army** 아미	**forces** 포시즈
□ 군대	**army** 아미	**troops** 추룹스
□ 군도〈群島〉	**archipelago** 아치펠라고	
□ 군법회의	**court-martial** 코트마셜	
□ 군비	**armaments** 아머먼츠	
□ 군사	**military affairs** 밀리터리 어페어즈	
□ 군사정권	**military regime** 밀리터리 레이짐	
□ 군인	**soldier** 솔저	**serviceman** 서비스맨
□ 군주	**monarch** 머나크	**sovereign** 사버린
□ 군중	**crowd** 크라우드	
□ 군축	**armaments reduction** 아머먼츠 리덕션	
□ 군축회의	**disarmament conference** 디스아머먼트 컨퍼런스	
□ 군침이 돌다	**have a watering mouth** 해버 워터링 마우스	
□ 굳다	**harden** 하든	
□ 굴	**oyster** 오이스터	
□ 굴뚝	**chimney** 침니	
□ 굴레	**bond** 반드	
□ 굴절(되다)	**refraction** 리프렉션	
□ 굵기	**thickness** 씩니스	

□ 굵다	**big** 빅　**thick** 씩
□ 굵은 글씨	**bold type** 볼드 타입
□ 굶주리다	**go hungry** 고우 헝그리　**starve** 스타브
□ 굽다	**roast** 로스트
□ 굽히다	**bend** 벤드
□ 굽히다	**stoop** 스툽
□ 궁리(하다)	**device** 디바이스　**idea** 아이디어
□ 궁수자리	**Sagittarius** 쌔지테리어스
□ 궁전	**palace** 팰리스
□ 궁정	**the Court** 더 코트
□ 궁지	**difficult situation** 디프컬트 시추에이션
□ 궁지에 몰리다	**be driven into a corner** 비 드라이븐 인투 어 코너
□ 권	**volume** 볼륨　**copy** 카피
□ 권력	**power** 파워　**authority** 오쏘리티
□ 권리	**right** 롸잇
□ 권위	**authority** 오쏘리티
□ 권유	**invitation** 인바이테이션
□ 권유(하다)	**solicitation** 썰리서테이션
	solicit 썰리시트

□ 권유하다	**invite** 인바이트	
□ 권총	**pistol** 피스톨	**revolver** 리볼버
□ 권태	**weariness** 위어리니스	**ennui** 안위
□ 권하다	**advise** 어드바이즈	
□ 권한	**competence** 캄퍼턴스	
□ 궤도	**orbit** 오빗	
□ 귀	**ear** 이어	
□ 귀가하다	**return home** 리턴 홈	
□ 귀걸이	**pierced earrings** 피어스트 이어링즈	
□ 귀금속	**precious metals** 프레셔스 메탈즈	
□ 귀뚜라미	**cricket** 크리켓	
□ 귀로	**the way home** 더 웨이 홈	
□ 귀를 기울이다	**listen to** 리슨투	
□ 귀마개	**ear plugs** 이어플럭스	
□ 귀신	**ogre** 오우거	**demon** 데먼
□ 귀여워하다	**love** 러브 **pet** 펫 **caress** 커레스	
□ 귀엽다	**lovely** 러블리	**charming** 차밍
□ 귀이개	**earpick** 이어픽	
□ 귀족	**noble** 노우블	
	aristocrat 아리스토크래트	

□ 귀중품	**valuables** 밸류어블즈	
□ 귀중하다	**noble** 노우블	
□ 귀중한	**precious** 프레셔스	**valuable** 밸류어블
□ 귀찮은	**troublesome** 트러블섬	
	nuisance 뉴이슨스	
□ 귀향	**homecoming** 홈커밍	
□ 귓불	**lobe** 로브	
□ 규모	**scale** 스케일	
□ 규모가 큰	**big** 빅	**major** 메이저
□ 규범	**norm** 놈	
□ 규약	**agreement** 어그리먼트	
	contract 컨트렉트	
□ 규율	**order** 오더	**discipline** 디시플린
□ 규정(하다)	**regulation** 레귤레이션	
□ 규칙적인	**regular** 레귤러	
□ 균열	**crack** 크랙	
□ 균일한	**uniform** 유니폼	
□ 균형	**balance** 밸런스	
□ 균형을 잡다	**keep one's balance** 킵 원스 밸런스	
□ 귤	**mandarin orange** 맨더린 어린지	

□ 그〈사람〉	**he** 히	
□ 그〈사물〉	**that** 댓	
□ 그 당시	**at that time** 엣 댓 타임	
□ 그 대신	**instead** 인스테드	
□ 그 뒤	**after that** 애프터 댓	
□ 그 사람들	**they** 데이	
□ 그 외	**and so on** 앤 소우 온	
□ 그 정도	**that much** 댓 머치	
□ 그 후	**after since** 애프터 신스	
□ 그건 그렇고	**meanwhile** 민와일	
□ 그것	**it** 잇 **that** 댓	
□ 그네	**swing** 스윙	
□ 그녀	**she** 쉬	
□ 그늘	**shade** 쉐이드	
□ 그늘지다	**darken** 다큰	
□ 그때까지	**till then** 틸 덴	
□ 그랑프리	**grand prix** 그랑프리	
□ 그래서	**and** 앤드 **then** 덴	
□ 그래프	**graph** 그래프	
□ 그래픽	**graphic** 그래픽	

□ 그랜드피아노	**grand piano** 그랜드 피애노우	
□ 그램	**gram** 그램	
□ 그러나	**but** 벗 **however** 하우에버	
□ 그러면	**if so** 입소우 **in that case** 인 댓 케이스	
□ 그러므로	**because** 비코즈 **so** 소우	
□ 그럭저럭	**somehow** 섬하우 **barely** 베얼리	
□ 그런	**such** 서취	
□ 그런데	**by the way** 바이더 웨이	
□ 그런데도	**but** 벗 **nevertheless** 네버더리스	
□ 그렇다하더라도	**still** 스틸 **for all that** 포 올 댓	
□ 그렇지 않으면	**otherwise** 아더와이즈	
□ 그로부터	**since then** 신스 덴	
□ 그로테스크한	**grotesque** 그로우테스크	
□ 그루터기	**stump** 스텀프	
□ 그룹	**group** 그룹 **team** 팀	
□ 그릇	**vessel** 베슬	
□ 그리고	**and** 앤	
□ 그리다	**draw** 드로 **paint** 페인트	
□ 그리스	**Greece** 그리스	
□ 그리스도	**Christ** 크라이스트	

□ 그리스어	**Greek** 그리크
□ 그리워하다	**long for** 롱포
□ 그린	**green** 그린
□ 그릴	**grill** 그릴
□ 그림	**picture** 픽춰 **figure** 피겨
□ 그림물감	**paints** 페인츠 **colors** 컬러즈
□ 그림엽서	**picture postcard** 픽춰 포스트카드
□ 그림의 떡	**prize beyond one's reach** 프라이즈 비연드 원스 리치
□ 그림자	**shadow** 쉐도우 **silhouette** 실루엣
□ 그림책	**picture book** 픽처 북
□ 그립다	**be longed for** 비 롱드 포
□ 그만두다	**resign** 리자인 **leave** 리브 **stop** 스탑
□ 그물	**net** 넷
□ 그밖에	**besides** 비사이즈 **else** 엘스
□ 그을다	**become sooty** 비컴 수티
□ 그을음	**soot** 수트
□ 그저께	**the day before yesterday** 더 데이 비포 예스터데이
□ 그쪽	**that way** 댓웨이 **there** 데어
□ 극〈연극〉	**play** 플레이

□ 극단	**theatrical company** 씨애트리컬 컴퍼니	
□ 극단적인	**extreme** 익스트림	**excessive** 익세시브
□ 극동	**the Far East** 더 파 이스트	
□ 극락	**paradise** 패러다이스	
□ 극락왕생하다	**die peacefully** 다이 피스펄리	
□ 극복(하다)	**overcome** 오버컴	
□ 극작가	**dramatist** 드라마티스트	
	playwright 플레이라이트	
□ 극장〈연극〉	**theater** 씨어터	
□ 극장〈영화관〉	**cinema theater** 시네마 씨어터	
□ 극한	**limit** 리밋	
□ 극한상황	**extreme situation** 익스트림 시추에이션	
□ 극히	**extremely** 익스트림리	
□ 근	**root** 루트	
□ 근거	**foundation** 파운데이션	
	ground 그라운드	
□ 근거지	**base** 베이스	
□ 근거하다	**be based on** 비 베이스드 온	
□ 근대	**modern ages** 모던 에이지즈	

□ 근래(에)	**in recent years** 인 리슨트 이어즈	가
□ 근력	**muscular power** 머스큘러 파워	나
□ 근로(하다)	**labor** 레이버 **work** 워크	
□ 근면한	**industrious** 인더스트리어스	다
	diligent 딜리전트	라
□ 근무	**business** 비즈니스 **work** 워크	
□ 근무(하다)	**service** 서비스 **; serve** 서브	마
	work 워크	바
□ 근무처	**office** 오피스	
	place of work 플레이스 어브 워크	사
□ 근본	**foundation** 파운데이션	아
□ 근본적인	**basic** 베이직	자
	fundamental 펀더멘틀	
□ 근성	**nature** 네이춰	차
□ 근세	**early modern ages** 얼리 모던 에이지즈	카
□ 근시	**near-sightedness** 니어사이팃니스	타
□ 근시안	**myopia** 마이오우피어	
□ 근원	**source** 소스	파
□ 근육	**muscle** 머슬	하
□ 근육질	**muscularity** 머스큘러리티	

근육통	**muscle pain** 머슬 페인
근절(하다)	**eradicate** 이레디케이트
근처	**neighborhood** 네이버훗
	nearby 니어바이
근하신년	**Happy New Year** 해피뉴이어
근해	**inshore** 인쇼어
글	**sentence** 센텐스
글라스	**glass** 글래스
글라이더	**glider** 글라이더
글로벌	**global** 글로벌
글자	**letter** 레터 **character** 캐릭터
글피	**two days after tomorrow** 투데이즈 애프터 터머로우
긁다	**scratch** 스크래치 **rake** 레이크
긁어 부스럼	**waking a sleeping dog** 웨이킹 어 슬리핑 독
금〈균열〉	**crack** 크랙
금〈광석〉	**gold** 골드
금고	**safe** 세이프 **vault** 볼트
금관악기	**brass instrument** 브래스 인스트루먼트
금리	**interest rates** 인터레스트 레이츠

□ 금메달	**gold medal** 골드 메달
□ 금발	**fair hair** 페어 헤어
□ 금붕어	**goldfish** 골드피시
□ 금성	**Venus** 비너스
□ 금세	**in an instant** 이넌 인스턴트
□ 금속	**metal** 메털
□ 금액	**amount** 어마운트 **sum** 썸
□ 금연(하다)	**No Smoking** 노우 스모킹 ; **give up smoking** 기브업 스모킹
□ 금연석	**nonsmoking seat** 넌스모킹 씨트
□ 금요일	**Friday** 프라이데이
□ 금욕	**stoicism** 스토이시즘
□ 금욕적인	**stoic** 스토익
□ 금욕주의	**asceticism** 애스세티시즘
□ 금융	**finance** 파이넨스
□ 금의환향하다	**return home triumphantly** 리턴 홈 트라이엄펀틀리
□ 금이 가다	**become cracked** 비컴 크랙트
□ 금전	**money** 머니
□ 금전감각	**sense of money values** 센스 어브 머니 밸류즈

가
나
다
라
마
바
사
아
자
차
카
타
파
하

☐ 금주(하다)	**abstinence** 앱스터넌스
☐ 금지	**prohibition** 프러히비션
☐ 금품을 걸다	**bet on** 벳 온
☐ 금하다	**forbid** 포빗 **prohibit** 프러히빗
☐ 금혼식	**golden wedding** 골든 웨딩
☐ 급격한	**sudden** 서든 **abrupt** 업럽트
☐ 급등(하다)	**sudden rise** 서든 라이즈 ; **jump** 점프
☐ 급료	**pay** 페이 **salary** 셀러리
☐ 급성	**acute** 어큐트
☐ 급성폐렴	**acute pneumonia** 어큐트 뉴모우니어
☐ 급소를 누르다	**get the knack of** 겟 더 넥어브
☐ 급속한	**rapid** 레피드 **prompt** 프럼프트
☐ 급수(하다)	**water supply** 워러 서플라이
☐ 급식	**school lunch** 스쿨런치
☐ 급여	**salary** 셀러리 **pay** 페이
☐ 급유(하다)	**refueling** 리퓨얼링
☐ 급진적인	**radical** 레디컬
☐ 급한 성질	**quick temper** 퀵 템퍼
☐ 급한 용무	**urgent business** 어전트 비즈니스
☐ 급행	**hurry** 허리

□ 급행열차	**express** 익스프레스
□ 급환	**sudden illness** 서든 일니스
□ 긍정(하다)	**affirmation** 어퍼메이션 ; **affirm** 어펌
□ 기〈깃발〉	**flag** 플랙　**banner** 배너
□ 기간	**period** 피리어드　**term** 텀
□ 기간산업	**key industries** 키 인더스트리즈
□ 기계	**machine** 머신　**apparatus** 어패러터스
□ 기계공학	**mechanical engineering** 머캐니컬 엔지니어링
□ 기관	**engine** 엔진　**machine** 머신
□ 기관사	**engineer** 엔지니어
□ 기관사	**engineer** 엔지니어
	engine driver 엔진 드라이버
□ 기관지	**bronchus** 브랑커스
□ 기관지염	**bronchitis** 브론치티스
□ 기관차	**locomotive** 로코모티브
□ 기관총	**machine gun** 머신건
□ 기교	**technique** 테크닉　**art** 아트
□ 기구	**balloon** 벌룬
□ 기구	**utensil** 유텐실　**implement** 임플먼트
□ 기근	**famine** 페민

가
나
다
라
마
바
사
아
자
차
카
타
파
하

기금	**fund** 펀드
기꺼이	**with pleasure** 위드 플레저
기껏해야	**at most** 앳 모스트
기념	**commemoration** 커메머레이션
기념비	**monuement** 마뉴먼트
기념일	**memorial day** 메모리얼 데이
기능	**function** 펑션
기다	**crawl** 크롤 **creep** 크립
기다리게 하다	**keep waiting** 킵 웨이팅
기다리다	**wait** 웨이트
기대	**expectation** 익스펙테이션
기대다	**lean on** 린 온
기대하다	**hope** 호우프 **expect** 익스펙트
기도	**prayer** 프레이어
기독교	**Christianity** 크리스채니티
기독교신자	**Christian** 크리스천
기동	**maneuver** 머뉴버 **mobility** 모빌리티
기동대	**riot police** 라이어트 펄리스
기둥	**pillar** 필러 **post** 포스트
기력	**spirit** 스피리트 **grit** 그리트

□ 기록(하다)	**record** 레코드	
□ 기록을 깨다	**break the record** 브레이크 더 레코드	
□ 기류	**air current** 에어 커런트	
□ 기르다	**cultivate** 컬티베이트	**foster** 포스터
	grow 그로우	
□ 기름	**oil** 오일	
□ 기린	**giraffe** 지래프	
□ 기립(하다)	**stand up** 스탠드업	**rise** 라이즈
□ 기말시험	**term-end examination** 텀엔드 익제미네이션	
□ 기명(하다)	**sign one's name** 사인 원스 네임	
□ 기명투표	**open ballot** 오픈 벨럿	
□ 기묘하다	**strange** 스트레인지	**queer** 퀴어
□ 기민한	**smart** 스마트	**quick** 퀵
□ 기밀	**secrecy** 시크러시	**secret** 시크리트
□ 기반	**base** 베이스	**foundation** 파운데이션
□ 기발함	**originality** 오리지낼러티	
□ 기법	**performance** 퍼포먼스	
□ 기본	**basis** 베이시스	**standard** 스탠더드
□ 기본적인	**basic** 베이직	**fundamental** 펀더멘틀
□ 기부(하다)	**donation** 도우네이션	

85

□ 기분	**feeling** 필링	**sensation** 센세이션
	mood 무드	
□ 기분이 좋다	**comfortable** 컴퍼터블	
□ 기분전환	**pastime** 페스타임	**diversion** 디버전
□ 기뻐하다	**be glad** 비 글래드	
	be pleased 비 플리즈드	
□ 기쁘게 하다	**please** 플리즈	**delight** 디라이트
□ 기쁘다	**happy** 해피	**delightful** 딜라이트펄
□ 기쁨	**joy** 조이	**delight** 딜라이트
□ 기사	**article** 아티클	
□ 기사	**engineer** 엔지니어	
□ 기색	**air** 에어	
□ 기생충	**parasite** 패러사이트	
□ 기선	**steamer** 스티머	
□ 기성	**ready-made** 레디메이드	
□ 기세가 꺾이다	**be discouraged** 비 디스커리지드	
□ 기소(하다)	**prosecution** 프러시큐션 ;	
	prosecute 프러시큐트	
□ 기수	**rider** 라이더	
□ 기숙사	**dormitory** 도미터리	

□ 기술	**technique** 테크닉
	technology 테크놀로지
□ 기술(하다)	**description** 디스크립션
□ 기술제휴	**technical tie-up** 테크니컬 타이업
□ 기아	**hunger** 헝거
□ 기압	**atmospheric pressure** 앳모스피어릭 프레셔
□ 기압계	**barometer** 버라미터
□ 기압골	**trough of low pressure** 트로프 어브 로우 프레셔
□ 기억(하다)	**memory** 메머리 ; **memorize** 메머라이즈
□ 기억력	**memory** 메머리
□ 기업	**enterprise** 엔터프라이즈
□ 기업가	**entrepreneur** 앙트러프러너
□ 기온	**temperature** 템퍼러춰
□ 기와	**tile** 타일
□ 기울다	**lean** 린 **incline** 인클라인
□ 기원〈基源〉	**origin** 오리진
□ 기원하다	**pray to** 프레이 투
□ 기입(하다)	**write in** 라이트 인
□ 기자회견	**press interview** 프레스 인터뷰

가 나 다 라 마 바 사 아 자 차 카 타 파 하

□ 기장〈機長〉	**captain** 캡틴	
□ 기저귀	**diaper** 다이어퍼	
□ 기적	**miracle** 미러클	**wonder** 원더
□ 기적적인	**miraculous** 미러큘러스	
□ 기절(하다)	**faint** 페인트	
□ 기준	**standard** 스탠더드	**basis** 베이시스
□ 기증(하다)	**donation** 도우네이션	
□ 기지	**base** 베이스	
□ 기진맥진	**exhausted** 익조스티드	
□ 기질	**character** 캐릭터	
□ 기차	**train** 트레인	
□ 기척	**sign** 사인	**indication** 인디케이션
□ 기체	**gaseous body** 개시어스 바디	
	gas 개스	
□ 기초	**base** 베이스	**foundation** 파운데이션
□ 기초적인	**fundamental** 펀더멘털	**basic** 베이직
□ 기초하다	**draft** 드래프트	
□ 기침	**cough** 코프	
□ 기침약	**cough remedy** 코프 레머디	
□ 기타	**guitar** 기타	

□ 기특한	**admirable** 애드머러블	
□ 기품	**grace** 그레이스 **dignity** 딕니티	
□ 기하	**geometry** 지오메트리	
□ 기한	**term** 텀 **deadline** 데드라인	
□ 기호	**taste** 테이스트	
□ 기호	**mark** 마크 **sign** 사인	
□ 기혼	**married** 매리드	
□ 기회	**opportunity** 오퍼튜니티 **chance** 챈스	
□ 기획(하다)	**plan** 플랜 **project** 프러젝트	
□ 기후	**climate** 클라이밋 **weather** 웨더	
□ 기후	**weather** 웨더	
	meteorology 미티어럴로지	
□ 긴급	**emergency** 이머전시	
□ 긴급사태	**emergency situation** 이머전시 시추에이션	
□ 긴급조치	**emergency measures** 이머전시 메저즈	
□ 긴장	**tension** 텐션	
□ 긴축	**retrenchment** 리트렌치먼트	
□ 긴축예산	**reduced budget** 리듀스트 버짓	
□ 길	**way** 웨이 **road** 로드	

□ 길게 하다	**lengthen** 렝슨 **extend** 익스텐드
□ 길다	**long** 롱
□ 길모퉁이	**street corner** 스트릿 코너
□ 길을 막다	**close off the road** 클로우즈 오프 더 로드
□ 길을 잃다	**lose one's way** 루즈 원스 웨이
□ 길이	**length** 렝스
□ 김	**steam** 스팀 **vapor** 베이퍼
□ 김〈해초〉	**laver** 레이버
□ 깁스	**plaster cast** 플래스터 캐스트
□ 깊다	**deep** 딥 **profound** 프러파운드
□ 깊어지다	**deepen** 디픈
□ 깊이	**depth** 뎁스
□ 까다롭다	**complicated** 컴플리케이티드
□ 까마귀	**crow** 크로우
□ 까지	**to** 투 **as far as** 애즈 파 애즈
□ 까칠까칠하다	**rough** 러프 **coarse** 코어스
□ 깎아주다	**discount** 디스카운트
□ 깔끔히	**exactly** 익젝틀리
	accurately 애큐리틀리
□ 깔다	**lay** 레이 **spread** 스프레드

깔보다	**despise** 디스파이즈	가
깜박이다	**wink** 윙크　**blink** 블링크	나
깜빡 잊다	**slip from one's memory** 슬립 프럼 원스 메머리	
깜빡이	**blinker** 블링커	다
깜빡하여	**carelessly** 케어리스리	라
깡마른	**skinny** 스키니	마
깡통	**empty can** 엠티 캔	
깡통따개	**can opener** 캔 오프너	바
깨	**sesame** 세서미	사
깨끗한 마음	**pure heart** 퓨어 하트	아
깨끗한	**clean** 클린	
깨다	**break** 브레익　**crack** 크랙	자
깨닫다	**realize** 리얼라이즈　**notice** 노우티스	차
깨뜨리다	**tear** 테어	
깨지기 쉬운	**fragile** 프레절	카
꺼내다	**draw out** 드로 아웃	타
	take out 테이크 아웃	파
꺼림칙하다	**disgusting** 디스거스팅	
꺾다	**break** 브레익　**snap** 스냅	하
껌	**chewing gum** 추잉검	

□ 껍질	**skin** 스킨　**bark** 바크　**peel** 필
□ 껍질을 벗기다	**peel** 필
□ 껴안다	**hold...in one's arms** 홀드 인 원스 암즈
□ 꼬리	**tail** 테일
□ 꼬리표	**tag** 택
□ 꼬집다	**pinch** 핀치　**nip** 닙
□ 꼬챙이	**spit** 스핏
□ 꼭	**just** 저스트　**exactly** 익잭틀리
	surely 슈어리
□ 꼭 맞다	**fit into** 핏 인투
□ 꼭두각시	**puppet** 퍼핏
□ 꼭지	**tap** 탭　**faucet** 포싯
□ 꼴사납다	**unsightly** 언사이틀리
□ 꼴찌	**the last** 더 래스트
□ 꼼꼼한	**exact** 이그잭트　**methodical** 메소디컬
□ 꽁치	**saury** 소리
□ 꽃	**flower** 플라워
□ 꽃가루	**pollen** 폴런
□ 꽃꽂이	**flower arrangement** 플라워 어레인지먼트
□ 꽃다발	**bouquet** 부케

□ 꽃무늬	**floral pattern** 플로럴 패턴	가
□ 꽃병	**vase** 베이스	나
□ 꽃봉오리	**bud** 벗	
□ 꽃을 따다	**pick flowers** 픽 플라워즈	다
□ 꽃잎	**petal** 페털	
□ 꽃집	**flower shop** 플라워 샵	라
□ 꽉 쥐다	**grasp tightly** 그래습 타이틀리	마
□ 꽤	**fairly** 페어리 **pretty** 프리티	바
□ 꾀다	**entice** 인타이스	
□ 꾀병	**feigned illness** 페인드 일니스	사
□ 꾸다	**borrow** 바로우 **rent** 렌트	아
□ 꾸러미	**package** 패키지 **parcel** 파슬	자
□ 꾸미다	**decorate** 데코레이트	
	ornament 오너먼트	차
□ 꾸짖다	**scold** 스콜드 **blame** 블레임	카
	reproach 리프로치	타
□ 꿀	**honey** 허니	
□ 꿀벌	**honeybee** 허니비	파
□ 꿈	**dream** 드림	하
□ 꿩	**pheasant** 페전트	

□ 꿰매다	**sew** 소우　**stitch** 스티치
□ 끄다	**put out** 풋아웃
	extinguish 익스팅기쉬
□ 끈	**string** 스트링　**cord** 코드
□ 끈기	**patience** 페이션스
□ 끈기 있게	**patiently** 페이션틀리
□ 끈덕지다	**tenacious** 터네이셔스
	persistent 퍼시스턴트
□ 끈적끈적한	**sticky** 스티키
□ 끊다	**cut off** 컷오프
□ 끊어지다	**cease** 씨즈　**break** 브레익
	stop 스탑
□ 끊임없이	**constantly** 컨스턴틀리
	endlessly 엔들리스리
□ 끌어당기다	**pull** 풀　**draw** 드로　**attract** 어트렉트
□ 끌어올리다	**pull up** 풀업　**raise** 레이즈
□ 끓다	**boil** 보일
□ 끔찍하다	**cruel** 크루얼
□ 끝	**bounds** 바운즈　**limits** 리미츠
	the end 디 엔드

□ 끝나다	**end** 엔드 **close** 클로우즈
	be completed 비 컴플리티드
□ 끝내다	**finish** 피니쉬
□ 끝없다	**endless** 엔들리스 **limitless** 리미틀리스
□ 끼다	**join** 줏인 **take part in** 테익 파트 인
□ 끼얹다	**pour on** 포어 온
□ 끼워 넣다	**insert** 인서트
□ 끼이다	**get in between** 겟 인 비튄

건물 Building

① station
스테이션

② bank
뱅크

③ hotel
호우텔

④ movie theater
무비 씨어터

⑤ restaurant
레스터런트

①역 ②은행 ③호텔 ④극장 ⑤음식점

⑥ school
스쿨

⑦ library
라이브러리

⑧ park
파크

⑨ swing
스윙

⑩ slide
슬라이드

⑪ fountain
파운틴

⑥ 학교　⑦ 도서관　⑧ 공원　⑨ 그네　⑩ 미끄럼틀　⑪ 분수

- □ **나〈인칭〉** **I** 아이
- □ **나가다** **go out** 고우 아웃
- □ **나그네** **traveler** 추레벌러
- □ **나긋나긋한** **flexible** 플렉서블
- □ **나누다** **divide** 디바이드 **part** 파트

  share with 쉐어 위드
- □ **나눗셈** **division** 디비전
- □ **나눠주다** **distribute** 디스트리뷰트
- □ **나돌다** **circulate** 써큘레이트

  be around 비 어라운드
- □ **나라** **country** 컨추리
- □ **나르시시즘** **narcissism** 나르시시점
- □ **나른하다** **feel heavy** 필 헤비 **be dull** 비 덜
- □ **나머지** **the rest** 더 레스트
- □ **나무** **tree** 추리
- □ **나무그늘** **the shade of a tree**
  더 쉐이드 어브 어 추리
- □ **나무딸기** **raspberry** 라스프베리

□ 나무랄 데 없는	**perfect** 퍼펙트 **ideal** 아이디얼
□ 나뭇잎	**leaf** 리프
□ 나방	**moth** 모쓰
□ 나병	**Hansen's disease** 한센스 디지즈
□ 나비	**butterfly** 버터플라이
□ 나비넥타이	**bow tie** 보우타이
□ 나빠지다	**go wrong** 고우 렁
□ 나쁘다	**bad** 뱃 **naughty** 노티
□ 나쁜 놈	**bad guy** 뱃가이 **villain** 빌런
□ 나사	**screw** 스크루
□ 나선	**spiral** 스파이어럴
□ 나아가다	**go forward** 고우포워드
□ 나오다	**come out** 컴아우트
□ 나이	**age** 에이지
□ 나이트가운	**dressing gown** 드레싱가운
□ 나이트클럽	**nightclub** 나이트클럽
□ 나일론	**nylon** 나일런
□ 나중에	**later** 레이터
□ 나체	**naked** 네이키드 **nude** 누드
□ 나침반	**compass** 컴퍼스

☐ 나타나다	**come out** 컴아웃	**appear** 어피어
☐ 나태한	**lazy** 레이지	
☐ 나트륨	**sodium** 소우디엄	
☐ 나팔	**trumpet** 트럼펫	
☐ 나팔꽃	**morning-glory** 모닝글로리	
☐ 나프탈렌	**naphthalene** 내프설린	
☐ 낙관(하다)	**optimism** 옵티미즘	
☐ 낙관적인	**optimistic** 옵티미스틱	
☐ 낙농	**dairy** 데어리	
☐ 낙농가	**dairy farmer** 데어리 파머	
☐ 낙담하다	**lose heart** 루즈 하트	
☐ 낙도	**isolated island** 아이솔레이티드 아일런드	
☐ 낙서(하다)	**scribble** 스크리블	**graffiti** 그래피티
☐ 낙엽	**fallen leaf** 폴른 리프	
☐ 낙엽수	**deciduous tree** 디시주어스 추리	
☐ 낙오(되다)	**drop out of** 드랍 아우러브	
☐ 낙오자	**dropout** 드랍아웃	
☐ 낙원	**paradise** 패러다이스	
☐ 낙제(하다)	**fail** 페일	
☐ 낙착되다	**be settled** 비 세틀드	

□ 낙천적인	**optimistic** 옵티미스틱	
□ 낙천주의	**optimism** 옵티미즘	
□ 낙타	**camel** 캐멀	
□ 낙태(하다)	**abortion** 어보션	
□ 낙하(하다)	**drop** 드랍 **fall** 폴	
□ 낙하산	**parachute** 패러슈트	
□ 낚다	**fish** 피쉬	
□ 낚시	**fishing** 피슁	
□ 낚싯대	**fishing rod** 피슁 로드	
□ 낚싯바늘	**fishing hook** 피싱 훅	
□ 낚싯줄	**line** 라인	
□ 난간	**handrail** 핸드레일	
□ 난국	**difficult situation** 디피컬트 시추에이션	
□ 난로	**fireplace** 파이어플레이스	
□ 난류	**warm current** 웜 커런트	
□ 난민	**refugees** 레퓨지즈	
□ 난민구제	**refugee aid** 레퓨지 에이드	
□ 난방	**heater** 히터	
□ 난방	**heating** 히팅	
□ 난색	**disapproval** 디스어프루벌	

가
나
다
라
마
바
사
아
자
차
카
타
파
하

□ 난센스	**nonsense** 넌센스
□ 난소	**ovary** 오버리
□ 난시	**astigmatism** 애스틱머티즘
□ 난자	**egg** 엑 **ovum** 오범
□ 난잡한	**disorderly** 디스오더리
□ 난처하게 하다	**embarrass** 임배러스 **annoy** 어노이
□ 난청	**difficulty in hearing** 디프컬티 인 히어링
□ 난초	**orchid** 오키드
□ 난치병	**incurable disease** 인큐어러블 디지즈
□ 난투	**confused fight** 컨퓨즈드 파이트
□ 난파당하다	**be wrecked** 비 렉트
□ 난폭	**violence** 바이얼런스
□ 난폭하게 굴다	**do violence** 두 바이얼런스 **behave violently** 비헤이브 바이얼런틀리
□ 난폭한	**oppressive** 오프레시브
□ 난해한	**very difficult** 베리 디피컬트
□ 난황	**yolk** 요울크
□ 날	**edge** 에지 **blade** 블레이드
□ 날개	**wing** 윙

□ 날개 치다	**flutter** 플러터　**flap** 플랩
□ 날개 펴다	**spread wings** 스프레드 윙즈
□ 날개깃	**feather** 페더　**plume** 플룸
□ 날것	**uncooked food** 언쿡드 푸드
□ 날다	**fly** 플라이　**soar** 소어
□ 날씨	**weather** 웨더
□ 날씬한 몸매	**slim figure** 슬림 피겨
□ 날아가다	**fly away** 플라이 어웨이
□ 날인(하다)	**seal** 씰
□ 날짜	**day** 데이　**date** 데이트
□ 날카롭다	**sharp** 샵　**pointed** 포인티드
□ 날품팔이	**day laborer** 데이 레이버러
□ 남〈타인〉	**others** 아더즈　**other people** 아더 피플
□ 남(쪽)	**the south** 더 사우쓰
□ 남극	**the South Pole** 서 사우스 포울
□ 남극해	**the Antarctic Ocean** 디 앤타틱 오우션
□ 남기다	**leave behind** 리브 비하인드　**save** 세이브
□ 남녀	**man and woman** 맨 앤 우먼
□ 남녀노소	**men and women of all ages** 멘 앤 위민 어브 올 에이쥐즈
□ 남다	**remain** 리매인　**stay** 스테이

103

☐ 남동(쪽)	**the southeast** 더 사우쓰이스트
☐ 남동생	〈**younger**〉 **brother** 〈영거〉 브라더
☐ 남미	**South America** 사우쓰 어메리카
☐ 남반구	**the Southern Hemisphere** 더 서던 헤미스피어
☐ 남부	**the southern part** 더 서던 파트
☐ 남북	**north and south** 노스 앤 사우스
☐ 남서(쪽)	**the southwest** 사우스이스트
☐ 남성적	**manly** 맨리
☐ 남용(하다)	**abuse** 어뷰즈
☐ 남의 일	**other people's affairs** 아더 피플스 어페어
☐ 남자	**man** 맨 **male** 메일
☐ 남자아이	**boy** 보이
☐ 남자애인	**boyfriend** 보이프렌드
☐ 남존여비	**man's domination over woman** 맨즈 다머네이션 오버 우먼
☐ 남편	**husband** 허즈번드
☐ 남회귀선	**the tropic of Capricorn** 더 트로픽 어브 캐프리콘
☐ 납〈금속〉	**lead** 리드
☐ 납〈밀랍〉	**wax** 왁스

□ 납기	**the delivery date** 더 딜리버리 데이트
□ 납득하다	**be convinced** 비 컨빈스드
□ 납세	**payment of taxes** 페이먼트 어브 텍시즈
□ 납인형	**wax doll** 왁스 돌
□ 납입하다	**pay** 페이
□ 납치(하다)	**take away** 테이크 어웨이
□ 납품	**delivery of goods** 딜리버리 어브 굿즈
□ 납품전표	**delivery statement** 딜리버리 스테이트먼트
□ 낫다〈좋아지다〉	**get well** 겟 웰
□ 낫다〈우월하다〉	**preferable** 프리퍼러블
□ 낭독(하다)	**reading** 리딩 ; **read** 리드
□ 낭떠러지	**cliff** 클립
□ 낭만주의	**romanticism** 로맨티시즘
□ 낭비(하다)	**waste** 웨이스트
□ 낭비벽	**wasteful habit** 웨이스트펄 해비트
□ 낮	**daytime** 데이타임
□ 낮다	**low** 로우
□ 낮잠	**afternoon nap** 애프터눈 냅
□ 낮추다	**pull down** 풀 다운 **lower** 로우어
	drop 드랍

□ 낯가림(하다)	**be shy** 비 샤이
□ 낯선	**strange** 스트레인지
	unfamiliar 언퍼밀리어
□ 낯선 사람	**stranger** 스트레인저
□ 낯익다	**get used to** 겟 유스투
□ 낳다	**bear** 베어
□ 내각	**Cabinet** 캐비닛 **Ministry** 미니스트리
□ 내과의사	**physician** 피지션
□ 내구성	**durability** 듀러빌리티
□ 내기	**gambling** 갬블링
□ 내기하다	**gamble** 갬블 ; **bet** 벳
□ 내년	**next year** 넥스트 이어
□ 내놓다	**take out** 테이크 아웃
□ 내던지다	**throw out** 스로우 아웃
□ 내레이션	**narration** 내레이션
□ 내레이터	**narrator** 내레이터
□ 내려가다	**fall** 폴 **drop** 드랍 **come down** 컴 다운
□ 내려다보다	**look down** 룩 다운
□ 내리다	**get off** 겟오프 **get out of** 겟아우러브
□ 내면	**inside** 인사이드

□ 내밀	**secret** 씨크리트
□ 내밀다	**hold out** 홀드 아웃
□ 내버리다	**throw away** 스로우 어웨이
□ 내복약	**internal medicine** 인터널 메디신
□ 내부사정	**internal affairs** 인터널 어페어즈
□ 내분	**internal trouble** 인터널 트러블
□ 내비게이터	**navigator** 내비게이터
□ 내빈	**guest** 게스트
□ 내빈석	**visitors' seats** 비지터스 시츠
□ 내성	**tolerance** 탈러런스
□ 내성적인	**shy** 샤이 **timid** 티미드
□ 내세	**afterlife** 애프터라이프
□ 내셔널리즘	**nationalism** 내셔널리즘
□ 내수	**domestic demand** 도메스틱 디멘드
□ 내수성	**water-resistant** 워터리지스턴트
□ 내심	**at heart** 앳 하트
□ 내열	**heat-resist** 히트 리지스트
□ 내열성	**heat-resistance** 히트 리지스턴스
□ 내용	**contents** 컨텐츠
□ 내의	**underwear** 언더웨어

□ 내일	**tomorrow** 터모로우
□ 내장	**the internal organs** 더 인터널 오건스
□ 내재(성)	**immanence** 이머넌스
□ 내적	**inner** 이너 **internal** 인터널
□ 내정	**domestic affairs** 도메스틱 어페어즈
□ 내정(되다)	**unofficial decision** 언오피셜 디시전
□ 내조	**internal aid** 인터널 에이드
□ 내진	**earthquake-proof** 어쓰퀘이크프룹
□ 내출혈	**internal bleeding** 인터널 블리딩
□ 내향	**introversion** 인트로버전
□ 내향적인 성격	**introverted** 인트로버티드
□ 내후년	**the year after next** 더 이어 애프터 넥스트
□ 냄비	**pan** 팬
□ 냄새	**smell** 스멜 **odor** 오더
□ 냄새 맡다	**smell** 스멜 **sniff** 스니프
□ 냄새나다	**stink** 스팅크
□ 냇가	**riverside** 리버사이드
□ 냉각(하다)	**refrigeration** 리프리제레이션 ; **cool** 쿨
□ 냉기	**chill** 칠
□ 냉난방	**air conditioning** 에어 컨디셔닝

□ 냉담한	**cold** 콜드	**indifferent** 인디퍼런트
□ 냉대(하다)	**treat coldly** 트리트 콜드리	
□ 냉동(하다)	**freezing** 프리징 ; **freeze** 프리즈	
□ 냉동고	**freezer** 프리저	
□ 냉동식품	**frozen food** 프로즌 푸드	
□ 냉방	**air conditioning** 에어 컨디셔닝	
□ 냉장고	**refrigerator** 리프리제레이터	
□ 냉전	**cold war** 콜드워	
□ 냉정한	**cool** 쿨	**calm** 캄
□ 냉해	**damage from cold weather** 데미지 프럼 콜드 웨더	
□ 냉혹한	**cruel** 크루얼	
□ 너	**you** 유	
□ 너구리	**raccoon dog** 래쿤독	
□ 너덜너덜한	**ragged** 래기드	
□ 넋을 잃다	**be absent-minded** 비 앱슨트마인디드	
□ 넌지시 비치다	**hint** 힌트	**suggest** 서제스트
□ 널리 알려지다	**become well known** 비컴 웰노운	
□ 널빤지	**board** 보드	
□ 넓다	**wide** 와이드	**broad** 브로드
□ 넓이	**width** 윗쓰	

가
나
다
라
마
바
사
아
자
차
카
타
파
하

□ 넓이 뛰기	**broad jump** 브로드 점프
□ 넓적다리	**thigh** 싸이
□ 넓히다	**spread** 스프레드
□ 넘겨주다	**hand over** 핸드오버 **surrender** 서렌더
□ 넘겨줌	**delivery** 딜리버리
□ 넘다	**exceed** 익시드 **pass** 패스
□ 넘어뜨리다	**knock down** 녹다운
□ 넘어지다	**tumble down** 텀블다운 **fall** 폴
□ 넘치는	**full** 풀
□ 넘치다	**overflow** 오버플로우 **flood** 플러드
□ 넙치	**flatfish** 플랫피쉬
□ 넝마	**rags** 랙스
□ 넣다	**put...in** 풋 인
□ 네글리제	**night gown** 나잇가운
□ 네덜란드	**Holland** 홀랜드
	the Netherlands 더 네덜런즈
□ 네온	**neon** 니안
□ 네팔	**Nepal** 니폴
□ 넥타이	**necktie** 넥타이 **tie** 타이
□ 넥타이핀	**tiepin** 타이핀

□ 노〈배〉	**oar** 오어	
□ 노골적으로	**openly** 오픈리	**publicly** 퍼블릭리
□ 노골적인	**plain** 플레인	**blunt** 블런트
□ 노년	**old age** 올드 에이지	
□ 노동(하다)	**labor** 레이버	**work** 워크
□ 노동력	**manpower** 맨파워	**labor** 레이버
□ 노동시간	**working hours** 워킹아워즈	
□ 노동자	**laborer** 레이버러	**worker** 워커
□ 노동쟁의	**labor dispute** 레이버 디스퓨트	
□ 노동조합	**labor union** 레이버 유니언	
□ 노랑	**yellow** 옐로우	
□ 노래	**song** 쏭	
□ 노래 부르다	**sing** 씽	
□ 노래방	**karaoke** 카라오케	
□ 노려보다	**glare at** 글레어엣	
□ 노력	**effort** 에퍼트	**labor** 레이버
	endeavor 인데버	
□ 노력(하다)	**effort** 에포트	
□ 노력가	**enthusiast** 인수지애스트	
□ 노령인구	**the elderly population** 디 엘더리 파퓰레이션	

□ 노르웨이	**Norway** 노어웨이
□ 노를 젓다	**pull an oar** 풀 언 오어
□ 노리다	**aim at** 에임 앳
□ 노사	**labor and management** 레이버 앤 매니지먼트
□ 노사분쟁	**labor dispute** 레이버 디스퓨트
□ 노새	**mule** 뮬
□ 노선	**route** 루트　**line** 라인
□ 노쇠	**senility** 씨나일리티
□ 노스탤지어	**nostalgia** 노스탤저
□ 노여움	**anger** 앵거　**rage** 레이지
□ 노여움을 사다	**excite anger** 익사이트 앵거
□ 노예	**slave** 슬레이브
□ 노이로제	**neurosis** 뉴어로우시스
□ 노이즈	**noise** 노이즈
□ 노인	**old man** 올드맨
□ 노점	**stall** 스톨　**booth** 부쓰
□ 노출(하다)	**exposure** 익스포져 ; **expose** 익스포우즈
□ 노코멘트	**No comment.** 노우 코멘트
□ 노크(하다)	**knock** 녹
□ 노트	**notebook** 노트북

□ 노파	**old woman** 올드 우먼
□ 노하우	**know-how** 노우하우
□ 노화(하다)	**senility** 씨닐러티 **; age** 에이지
□ 노후	**old age** 올드에이지
□ 녹	**rust** 러스트
□ 녹다	**melt** 멜트 **dissolve** 디절브
□ 녹색	**green** 그린
□ 녹슬다	**rust** 러스트 **become rusty** 비컴 러스티
□ 녹아웃	**knockout** 노카우트
□ 녹음재생	**playback** 플레이백
□ 녹음하다	**record** 레코드
□ 녹차	**green tea** 그린티
□ 녹초가 되다	**become exhausted** 비컴 익조스티드
□ 녹화	**videotape recording** 비디오테입 레코딩
□ 논	**rice field** 라이스 필드
□ 논리	**logic** 라직
□ 논리적인	**logical** 라지컬
□ 논리학	**logic** 라직
□ 논문	**essay** 엣세이
□ 논밭	**fields** 필즈 **farm** 팜

☐ 논스톱	**non-stop** 넌스탑	
☐ 논의	**argument** 아규먼트	
	discussion 디스커션	
☐ 논쟁하다	**argue** 아규	**dispute** 디스퓨트
☐ 논픽션	**nonfiction** 넌픽션	
☐ 놀다	**play** 플레이	
☐ 놀라게 하다	**surprise** 서프라이즈	
	astonish 어스타니시	
☐ 놀라다	**be surprised** 비 서프라이즈드	
☐ 놀람	**surprise** 서프라이즈	
☐ 놀리다	**make fun of** 메이크 펀 어브	
☐ 놀리다	**tease** 티즈	
☐ 놋쇠	**brass** 브래스	
☐ 농가	**farmhouse** 팜하우스	
☐ 농경	**farming** 파밍	
☐ 농구	**basketball** 배스킷볼	
☐ 농기구	**farming tool** 파밍툴	
☐ 농담	**joke** 조우크	**jest** 제스트
☐ 농담하다	**tell a joke** 텔 어 조우크	
☐ 농도	**density** 덴서티	

□ 농민	**peasant** 페전트 **farmer** 파머
□ 농산물	**farm product** 팜 프러덕트
□ 농아	**deaf-mute** 데프뮤트
□ 농약	**agricultural chemicals** 애그리컬추럴 케미컬즈
□ 농어	**perch** 퍼치
□ 농업	**agriculture** 애그리컬춰
□ 농원	**farm** 팜 **plantation** 플렌테이션
□ 농장	**farm** 팜
□ 농지	**agricultural land** 애그리컬추럴 랜드
□ 농촌	**farm village** 팜 빌리지
□ 농축(하다)	**concentration** 컨센트레이션
□ 농후한	**thick** 식 **dense** 덴스
□ 높다	**high** 하이 **tall** 톨
□ 높아지다	**rise** 라이즈
□ 높이	**height** 하이트 **altitude** 앨티튜드
□ 높이다	**raise** 레이즈
□ 높이뛰기	**high jump** 하이점프
□ 높이 평가하다	**appreciate** 어프리쉬에이트
□ 놓다	**free** 프리 **release** 릴리스
□ 놓아주다	**let go** 렛 고우 **set free** 셋 프리

□ 놓치다	**miss** 미스
□ 뇌	**brain** 브레인
□ 뇌리	**inside the mind** 인사이드 더 마인드
□ 뇌물	**bribery** 브라이버리　**bribe** 브라이브
□ 뇌염	**encephalitis** 인세펄라이티스
□ 뇌졸중	**apoplexy** 애퍼플렉시
□ 뇌진탕	**concussion of the brain** 컨커션 어브 더 브레인
□ 뇌출혈	**cerebral hemorrhage** 세러브럴 헤모리지
□ 누구	**who** 후
□ 누군가	**someone** 썸원　**somebody** 썸바디
□ 누나	**elder sister** 엘더 시스터
□ 누르다	**push** 푸시　**press** 프레스
□ 누름단추	**push button** 푸시버튼
□ 누설하다	**let out** 리크 아웃
□ 누에	**silkworm** 실크웜
□ 누적(되다)	**accumulation** 어큐멀레이션
□ 누차〈수차례〉	**often** 오픈
□ 눈〈동물〉	**eye** 아이
□ 눈〈자연〉	**snow** 스노우

□ 눈가리개	**blindfold** 블라인드폴드	
□ 눈금	**graduation** 그래주에이션	나
□ 눈금	**sign** 사인　**mark** 마크	
□ 눈꺼풀	**eyelid** 아이리드	다
□ 눈곱	**eye mucus** 아이머커스	라
□ 눈동자	**pupil** 퓨필	
□ 눈뜨다	**awake** 어웨이크	마
□ 눈매	**eyes** 아이즈　**look** 룩	바
□ 눈물	**tears** 티어즈	
□ 눈보라	**snowstorm** 스노우스톰	사
□ 눈부시다	**glaring** 글레어링　**brilliant** 브릴런트	아
□ 눈사태	**avalanche** 애벌란쉬	
□ 눈썹	**eyebrow** 아이브라우	자
□ 눈알	**eyeball** 아이볼	
□ 눈에 거슬리는	**eyesore** 아이소어	차
□ 눈에 띄게	**remarkably** 리마커블리	카
□ 눈을 감다	**close one's eyes** 클로우즈 원스 아이즈	타
□ 눈치 채다	**notice** 노우티스	
□ 눕다	**lie down** 라이 다운	파
□ 뉘앙스	**nuance** 뉘앙스	하

117

□ 뉘우침	**regret** 리그렛 **remorse** 리모스
□ 뉴스	**news** 뉴즈
□ 뉴질랜드	**New Zealand** 뉴질런드
□ 느끼다	**feel** 필
□ 느끼하다	**greasy** 그리지 **fatty** 패티
□ 느낌	**feeling** 필링 **impression** 임프레션
□ 느릅나무	**elm** 엘름
□ 느리다	**sluggish** 슬러기쉬 **slow** 슬로우
□ 느슨하게 하다	**loosen** 루슨 **unfasten** 언패슨
□ 느슨한	**loose** 루스
□ 느티나무	**zelkova** 젤커버
□ 늑골	**rib** 립
□ 늑막	**the pleura** 플루어러
□ 늑막염	**pleurisy** 플루어리시
□ 늘다	**increase in** 인크리즈 인
□ 늘어놓다	**arrange** 어레인지
□ 늘어뜨리다	**hang down** 행다운
□ 늘어서다	**line up** 라인업
□ 늙다	**grow old** 그로우 올드
□ 능가(하다)	**surpass** 서패스

□ 능동성	**activity** 액티비티
□ 능동적인	**active** 액티브
□ 능동태	**the active voice** 디 액티브 보이스
□ 능력	**ability** 어빌리티 **capacity** 커패서티
□ 능률	**efficiency** 이피션시
□ 능률적인	**efficient** 이피션트
□ 능숙한	**healthy** 헬씨
□ 능숙함	**skill** 스킬 **proficiency** 프라피션시
□ 늦다	**be late for** 비 레잇 포
	be delayed 비 딜레이드
□ 늦잠자다	**oversleep** 오버슬립
□ 늦추다	**slow down** 슬로우 다운
□ 늪	**marsh** 마쉬 **bog** 복
□ 니스	**varnish** 바니쉬
□ 니켈	**nickel** 니컬
□ 니코틴	**nicotine** 니코틴
□ 니트웨어	**knitwear** 니트웨어

음악감상 Listening to Music

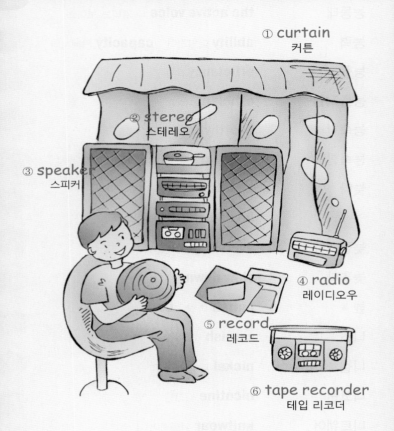

① curtain
커튼

② stereo
스테레오

③ speaker
스피커

④ radio
레이디오우

⑤ record
레코드

⑥ tape recorder
테입 리코더

① 커튼 ② 스테레오 ③ 스피커 ④ 라디오 ⑤ 레코드
⑥ 녹음기

□ **다가가다** **approach** 어프로치

□ **다국적** **multinational** 멀티내셔널

□ **다국적기업** **multinational company** 멀티내셔널 컴퍼니

□ **다니다** **commute to** 커뮤투 **attend** 어텐드

□ **다다음주** **the week after next** 더 위크 애프터 넥스트

□ **다도** **tea ceremony** 티 셀러머니

□ **다듬다** **polish** 펄리시

□ **다락** **garret** 개럿 **attic** 애틱

□ **다람쥐** **squirrel** 스쿼럴

□ **다랑어** **tuna** 튜너

□ **다루다** **handle** 핸들 **treat** 트릿

□ **다르다** **differ from** 디퍼 프럼

□ **다리** **leg** 렉

□ **다리<교각>** **bridge** 브리지

□ **다리를 꼬다** **cross one's legs** 크로스 원스 렉즈

□ **다리미** **iron** 아이언

□ 다만	**but** 벗	**however** 하우에버
□ 다발	**bundle** 번들	**bunch** 번치
□ 다방면의	**all-around** 올어라운드	
□ 다소	**some** 썸	**a little** 어리틀
□ 다수	**majority** 머저리티	
□ 다수결	**decision by majority** 디시전 바이 머저리티	
□ 다스	**dozen** 더즌	
□ 다스리다	**rule** 룰	**govern** 거번
□ 다시 쓰다	**rewrite** 리롸이트	
□ 다시 한 번	**again** 어겐	**once more** 원스 모어
□ 다시마	**kelp** 켈프	**tangle** 탱글
□ 다시하다	**try again** 트라이 어겐	
□ 다운로드(하다)	**download** 다운로드	
□ 다음	**the next one** 더 넥스트원	
□ 다음기회	**next time** 넥스타임	
□ 다음날	**the next day** 더 넥스트 데이	
□ 다음달	**next month** 넥스트 먼쓰	
□ 다이빙	**diving** 다이빙	
□ 다이아몬드	**diamond** 다이어먼드	
□ 다이어트	**diet** 다이엇	

122

□ 다이옥신	**dioxin** 다이악신	
□ 다진 고기	**minced meat** 민스트 미트	
□ 다채로운	**multicolor** 멀티컬러 **various** 베리어스	
□ 다큐멘터리	**documentary** 다켜멘터리	
□ 다투다	**fight** 파이트 **quarrel** 쿼럴	
□ 다툼	**trouble** 트러블	
□ 다하다	**serve** 서브 **endeavor** 인데버	
□ 다행	**happiness** 해피니스	
□ 다혈질	**sanguine character** 생귄 캐릭터	
□ 닦다	**wipe** 와이프	
□ 단거리	**short distance** 숏 디스턴스	
□ 단결(하다)	**union** 유니언	
	cooperation 코오퍼레이션	
□ 단계	**step** 스텝 **stage** 스테이지	
□ 단골	**customer** 커스터머	
	frequenter 프리퀜터	
□ 단기	**short term** 숏텀	
□ 단념하다	**give up** 기법 **abandon** 어밴던	
□ 단단하다	**hard** 하드 **solid** 솔리드	
□ 단독	**single** 싱글	

가
나
다
라
마
바
사
아
자
차
카
타
파
하

☐ 단락	**paragraph** 패러그래프
☐ 단련	**physical training** 피지컬 트레이닝
☐ 단면	**section** 섹션　**phase** 페이즈
☐ 단면도	**cross-section** 크로스섹션
☐ 단명	**short life** 숏라이프
☐ 단백질	**protein** 프로테인
☐ 단세포	**single-cell** 싱글셀
☐ 단속적으로	**intermittently** 인터미턴트리
☐ 단속하다	**control** 컨트롤　**regulate** 레귤레이트
☐ 단수	**singular** 싱귤러
☐ 단순한	**mere** 미어　**simple** 심플
☐ 단식요법	**starvation cure** 스터베이션 큐어
☐ 단식하다	**fast** 패스트
☐ 단신	**single** 싱글　**alone** 얼론
☐ 단어	**word** 워드
☐ 단어장	**wordbook** 워드북
☐ 단언(하다)	**assertion** 어서션 ; **assert** 어서트
☐ 단위	**unit** 유닛
☐ 단절	**extinction** 익스팅션
☐ 단점	**shortcoming** 숏커밍

□ 단정(하다)	conclusion 컨클루전 ;
	conclude 컨클루드
□ 단정하게	neatly 니트리
□ 단조로운	monotonous 모노터너스 dull 덜
□ 단체	party 파티
	organization 오거나이제이션
□ 단체생활	group living 그룹 리빙
□ 단체여행	group tour 그룹 투어
□ 단추	button 버튼
□ 단축(하다)	shorten 쇼튼
□ 단층	fault 폴트
□ 단파	shortwave 숏웨이브
□ 단파방송	shortwave broadcast 숏웨이브 브로드캐스트
□ 단편	fragment 프랙먼트
□ 단편소설	short story 숏스토리
□ 단풍	red leaves 레드 리브즈 maple 메이플
□ 단호히	resolutely 레절루트리 firmly 펌리
□ 닫다	shut 셧 close 클로우즈
□ 달	moon 문 month 먼쓰
□ 달걀	egg 엑

□ 달걀부침	**omelet** 오믈렛	
□ 달다	**sweet** 스윗	
□ 달라붙다	**stick to** 스틱투	**cling to** 클링투
□ 달래다	**calm** 캄	**soothe** 수쓰
□ 달러	**dollar** 달러	
□ 달려들다	**jump at** 점프 앳	
□ 달력	**calendar** 캘린더	
□ 달리다	**run** 런	**dash** 대쉬
□ 달밤	**moonlight night** 문라잇 나이트	
□ 달변의	**talkative** 토커티브	
□ 달성하다	**accomplish** 어컴플리시	
	achieve 어취브	
□ 달팽이	**snail** 스네일	
□ 달하다	**reach** 리치	**arrive at** 어라이브 앳
□ 닭	**fowl** 파울	**chicken** 치킨
□ 닭고기	**chicken** 치킨	
□ 닭장	**coop** 쿱	**hen-house** 헨하우스
□ 닮다	**resemble** 리젬블	
□ 닳아 떨어지다	**wear out** 웨어라웃	
□ 담	**phlegm** 플렘	

□ 담	**wall** 월 **fence** 펜스
□ 담그다	**soak in** 소우킨 **dip in** 디핀
□ 담다	**dish up** 디쉬업
□ 담당(하다)	**take charge of** 테익 차쥐 어브
□ 담당자	**person-in-charge** 퍼슨인차쥐
□ 담배	**tobacco** 터배코우
□ 담배 피우다	**smoke** 스모우크
□ 담배꽁초	**cigarette end** 시거렛엔드
□ 담배를 끊다	**quit smoking** 큇 스모킹
□ 담백한	**frank** 프랭크 **indifferent** 인디퍼런트
□ 담보	**mortgage** 모기지
□ 담석	**bilestone** 바일스토운
□ 담수	**fresh water** 프레쉬 워터
□ 담쟁이덩굴	**ivy** 아이비
□ 담화(하다)	**talk** 토크 **conversation** 칸버세이션
□ 답답하다	**gloomy** 글루미
	oppressive 오프레시브
□ 당〈黨〉	**party** 파티
□ 당구	**billiard** 빌리어드
□ 당국	**the authority** 디 오쏘리티

가
나
다
라
마
바
사
아
자
차
카
타
파
하

127

□ 당근	**carrot** 캐럿
□ 당기다	**take back** 테이크백
□ 당나귀	**ass** 애스 **donkey** 동키
□ 당뇨병	**diabetes** 다이어비티스
□ 당당한 태도	**dignified manner** 딕니파이드 매너
□ 당면	**for the present** 포더 프레젠트
□ 당번	**turn** 턴
□ 당분	**sugar** 슈거
□ 당분간	**for the time being** 포더 타임 빙
□ 당시	**at that time** 앳 댓 타임
□ 당신	**you** 유
□ 당연히	**naturally** 내추럴리
□ 당원	**party member** 파티멤버
□ 당일	**on that day** 온댓 데이
□ 당좌예금	**current deposit** 커런트 디파짓
□ 당첨(되다)	**hit** 히트 ; **win** 윈
□ 당혹	**embarrassment** 임배러스먼트
	confusion 컨퓨전
□ 닿다	**reach** 리치 **touch** 터치
□ 대〈對〉	**versus** 버서스

대가	**great master** 그레잇 매스터
	authority 오소리티
대강	**outline** 아웃라인 **summary** 서머리
대개	**generally** 제너럴리
대결(하다)	**confrontation** 컨프런테이션 ;
	confront 컨프런트
대구	**cod** 캇
대국	**great nation** 그레잇 내이션
대규모	**large-scale** 라지 스케일
대금	**price** 프라이스 **cost** 코스트
대기	**atmosphere** 앳모스피어
대기만성형	**late bloomer** 레잇부머
대기오염	**air pollution** 에어 펄루션
대나무	**bamboo** 뱀부
대뇌	**cerebrum** 시리브럼
대뇌피질	**cerebral cortex** 시리브럴 코텍스
대다수	**a large majority** 라지 머저리티
대단하다	**wonderful** 원더풀 **great** 그레잇
대담한	**bold** 볼드 **daring** 데어링
대답	**answer** 앤서 **reply** 리플라이

□ 대동맥	**aorta** 에이오터
□ 대등한	**equal** 이퀄　**even** 이븐
□ 대략	**about** 어바웃
□ 대량	**mass** 매스
	large quantities 라지 퀀터티즈
□ 대량생산	**mass production** 매스 프러덕션
□ 대량으로	**abundantly** 어번던틀리
□ 대륙	**continent** 컨티넌트
□ 대륙붕	**continental shelf** 컨티넌털 셸프
□ 대륙성기후	**continental climate** 컨티넨털 클라이밋
□ 대리	**agency** 에이전시
□ 대리인	**substitute** 섭스티튜트
□ 대리석	**marble** 마블
□ 대립(하다)	**opposition** 오퍼지션
□ 대마	**marijuana** 매러화너
□ 대만	**Taiwan** 타이완
□ 대망의	**long-awaited** 롱어웨이티드
□ 대매출	**sale** 세일
□ 대머리	**baldness** 볼드니스
□ 대면(하다)	**meet** 미트　**face** 페이스

□ 대명사	**pronoun** 프러넌	
□ 대문자	**capital letter** 캐피털 레터	
□ 대범한	**largehearted** 라지하티드	
□ 대법원	**the Supreme Court** 더 수프림 코트	
□ 대변	**feces** 피시즈	
□ 대변인	**spokesman** 스폭스먼	
□ 대본	**playbook** 플레이북	**script** 스크립트
□ 대부	**loan** 론	**credit** 크레딧
□ 대부분	**the greater part** 그 그레잇 파트	
□ 대비(하다)	**contrast** 컨트레스트	
□ 대사〈大使〉	**ambassador** 앰버서더	
□ 대사〈臺詞〉	**speech** 스피치	**dialogue** 다이얼로그
□ 대사관	**embassy** 엠버시	
□ 대상	**target** 타깃	
□ 대서양	**the Atlantic** 디 애틀랜틱	
□ 대세	**the general trend** 더 제너럴 트렌드	
□ 대수	**algebra** 앨지브러	
□ 대승	**grand victory** 그랜드 빅터리	
□ 대시(하다)	**dash** 대쉬	
□ 대신하다	**replace** 리플레이스	

가
나
다
라
마
바
사
아
자
차
카
타
파
하

□ 대안	**alternative** 올터너티브
□ 대야	**tub** 텁 **washtub** 워쉬텁
□ 대용으로	**instead of** 인스테드 어브 **for** 포
□ 대용품	**substitute** 섭스티튜트
□ 대우(하다)	**treatment** 트리트먼트 ; **treat** 트리트
□ 대응(하다)	**correspondence** 커레스판던스
□ 대인관계	**personal relations** 퍼스널 릴레이션즈
□ 대장	**commander** 커맨더 **captain** 캡틴
□ 대장	**the large intestine** 더 라지 인테스틴
□ 대장염	**colitis** 컬라이티스
□ 대전하다	**fight with** 파이트 위드
□ 대전성적	**win-loss records** 윈로스 레코즈
□ 대접하다	**entertain** 엔터테인
□ 대조(하다)	**contrast** 칸트래스트
□ 대조적인	**contrasting** 칸트래스팅
□ 대중	**the general public** 더 제너럴 퍼블릭
□ 대중성	**popularity** 파퓰레러티
□ 대중화	**popularization** 파퓰러리제이션
□ 대지	**the earth** 디 어쓰
	the ground 더 그라운드

□ 대차대조표	**balance sheet** 밸런스 쉬트	
□ 대책	**measures** 매저즈	
□ 대체〈代替〉	**transfer** 트랜스퍼	
□ 대추(나무)	**jujube** 주주브	
□ 대출	**lending** 렌딩	
□ 대통령	**president** 프레이지던트	
□ 대퇴	**thigh** 싸이	
□ 대패	**plane** 플레인	
□ 대패질하다	**plane** 플레인 ; **smooth** 스무쓰	
□ 대평원	**the Great Plains** 더 그레잇 플레인즈	
□ 대포	**gun** 건 **cannon** 캐넌	
□ 대표	**representative** 리프리젠터티브	
□ 대표단	**delegation** 딜리게이션	
□ 대표이사	**representative director** 리프리젠터티브 디렉터	
□ 대표적인	**representative** 리프리젠터티브	
□ 대피(하다)	**take shelter** 테이크 쉘터	
□ 대피소	**turnout** 턴아웃	
	passing-place 패싱플레이스	
□ 대하	**lobster** 랍스터	
□ 대학	**university** 유니버시티 **college** 칼리지	

□ 대학생	**university student** 유니버시티 스튜던트	
□ 대학원	**graduate school** 그레주잇 스쿨	
□ 대합	**clam** 클램	
□ 대합실	**waiting room** 웨이팅 룸	
□ 대항	**opposition** 오퍼지션	**rivalry** 라이벌리
□ 대행(하다)	**act for** 액트 포	
□ 대형	**large** 라지	
□ 대화(하다)	**dialogue** 다이얼로그	
□ 대회	**general meeting** 제너럴 미팅	
□ 댄서	**dancer** 댄서	
□ 댄스홀	**dance hall** 댄스홀	
□ 댐	**dam** 댐	
□ 더	**more** 모어	
□ 더 낫다	**better** 베터	
□ 더듬다	**search** 써치	**look for** 룩포
□ 더러움	**dirt** 더트	**stain** 스테인
□ 더러워지다	**become dirty** 비컴 더티	
□ 더럽다	**dirty** 더티	**soiled** 소일드
□ 더블	**double** 더블	
□ 더빙(하다)	**dubbing** 더빙 ; **dub** 덥	

134

□ 더욱더	**still more** 스틸모어	**further** 퍼더
□ 더하다	**add to** 애드 투	
□ 덕택	**help** 헬프	**favor** 페이버
□ 덕택에	**thanks to** 쌩스 투	
□ 던지다	**throw** 드로우	**cast** 캐스트
□ 덤	**premium** 프리미엄	
□ 덤불	**bush** 부쉬	
□ 덤핑(하다)	**dumping** 덤핑	
□ 덥다	**hot** 핫	
□ 덥수룩한	**shaggy** 쉐기	
□ 덧문	〈**sliding**〉 **shutter** 〈슬라이딩〉셔터	
□ 덧붙이다	**add** 애드	
□ 덧셈	**addition** 어디션	
□ 덧없는	**ephemeral** 이페머럴	
□ 덩굴	**vine** 봐인	
□ 덩어리	**lump** 럼프	**mass** 매스
□ 덫	**trap** 추랩	
□ 덫을 놓다	**set a trap** 셋어 추랩	
□ 덮개	**cover** 커버	
□ 덮는 이불	**quilt** 퀼트	**comforter** 컴포터

135

□ 덮다	**cover** 커버
□ 덮치다	**attack** 어택
□ 데다	**burn** 번 **get burned** 겟 번드
□ 데리고 가다	**take** 테이크
□ 데리고 나가다	**take out** 테이크 아웃
□ 데모	**demonstration** 데먼스트레이션
□ 데뷔(하다)	**debut** 데뷔
□ 데생	**sketch** 스케치
□ 데스크	**desk** 데스크
□ 데스크워크	**desk-work** 데스크웍
□ 데이터	**data** 데이터
□ 데이터베이스	**data base** 데이터베이스
□ 데이트(하다)	**date** 데이트
□ 데쳐지다	**be boiled** 비 보일드
□ 덴마크	**Denmark** 덴마크
□ 도	**degree** 디그리
□ 도감	**illustrated book** 일러스트레이티드 북
□ 도구	**tool** 툴
□ 도금(하다)	**plate** 플레이트 **gild** 길드
□ 도기	**earthenware** 어쓴웨어

도깨비	**bogy** 보기　**monster** 먼스터
도끼	**ax** 액스　**hatchet** 해칫
도난	**robbery** 라버리
도난당하다	**be burglarized** 비 버글러라이즈드
도난방지	**antitheft** 앤티쎄프트
도난보험	**burglary insurance** 버글러리 인슈어런스
도넛	**doughnut** 도우넛
도달(하다)	**arrival** 어라이벌 ; **arrive** 어라이브
도대체	**what on earth** 왓 온 어쓰
도덕	**morality** 모럴리티
도덕적인 판단	**moral judgment** 모럴 저지먼트
도둑	**thief** 씨프　**burglar** 버글러
도둑질	**theft** 쎄프트
도락	**hobby** 하비　**pastime** 패스타임
도랑	**ditch** 디치
도로	**road** 로드
도로교통법	**the Road Traffic Control Law** 더 로드 추래픽 컨트롤 로
도롱뇽	**salamander** 샐러맨더
도르래	**pulley** 풀리

가
나
다
라
마
바
사
아
자
차
카
타
파
하

□ 도리	**reason** 리즌
□ 도마	**cutting board** 커팅 보드
□ 도마뱀	**lizard** 리저드
□ 도망	**escape** 이스케이프
□ 도망가다	**run away** 런어웨이　**flee** 플리
□ 도매	**wholesale** 호울세일
□ 도맷값	**wholesale price** 호울세일 프라이스
□ 도면	**drawing** 드로잉
□ 도미	**sea bream** 씨 브림
□ 도미노	**domino** 다머노우
□ 도박	**gambling** 갬블링
□ 도보	**walking** 워킹
□ 도산	**bankruptcy** 뱅크럽트시
□ 도서	**book** 북
□ 도서관	**library** 라이브러리
□ 도시	**city** 시티　**town** 타운
□ 도시락	**lunch** 런치
□ 도안	**design** 디자인
□ 도약(하다)	**jump** 점프
□ 도예	**ceramics** 시레믹스

□ 도와주다	**help** 헬프	
□ 도움	**help** 헬프	**aid** 에이드
□ 도움닫기	**approach run** 어프로치 런	
□ 도움이 되다	**be useful** 비 유스펄	
□ 도입(하다)	**introduction** 인트러덕션	
□ 도자기	**pottery** 파터리	**ceramics** 시레믹스
□ 도장〈圖章〉	**seal** 씰	**stamp** 스템프
□ 도장〈塗裝〉	**painting** 페인팅	**coating** 코우팅
□ 도장을 찍다	**seal** 씰	
□ 도저히	**not at all** 낫앳올	
□ 도전(하다)	**challenge** 첼린지	
□ 도전자	**challenger** 첼린저	
□ 도제	**apprentice** 어프렌티스	
□ 도중	**on the way** 온더 웨이	
□ 도중하차(하다)	**stop over at** 스탑오버 엣	
□ 도착하다	**arrive at** 어라이브 엣	
□ 도청(하다)	**wiretapping** 와이어태핑	
□ 도취(되다)	**intoxication** 인탁시케이션	
□ 도치	**inversion** 인버전	
□ 도토리	**acorn** 에이콘	

□ 도판	**illustration** 일러스트레이션	
□ 도표	**chart** 차트	
□ 도피하다	**escape from** 이스케이프 프럼	
□ 도형	**figure** 피규어	**diagram** 다이어그램
□ 도화선	**fuse** 퓨즈	
□ 독	**poison** 포이전	
□ 독가스	**poison gas** 포이전 가스	
□ 독립	**independence** 인디펜던스	
□ 독방	**single room** 싱글룸	
□ 독사	**venomous snake** 베노머스 스네이크	
□ 독서(하다)	**reading** 리딩 ; **read** 리드	
□ 독선	**self-satisfaction** 셀프세티스팩션	
□ 독선적인	**selfish** 셀피쉬	
□ 독설	**spiteful tongue** 스파이트풀 텅	
□ 독수리	**eagle** 이글	
□ 독신	**unmarried person** 언매리드 퍼슨	
□ 독실	**private room** 프라이빗 룸	
□ 독일	**Germany** 저머니	
□ 독일어	**German** 저먼	
□ 독자	**only child** 온리 차일드	

독자	**reader** 리더
독자성	**uniqueness** 유닉니스
독재	**dictatorship** 딕테이터쉽
독재자	**dictator** 딕테이터
독점(하다)	**monopoly** 모노폴리
독창	**vocal solo** 보컬 솔로
독창적	**original** 어리저널
독촉(하다)	**press** 프레스 **urge** 어지
독촉장	**reminder** 리마인더
독특한	**unique** 유니크 **peculiar** 피큘리어
독특한 말투	**distinctive tone** 디스팅티브 톤
독학하다	**teach oneself** 티치 원셀프
독해력	**reading ability** 리딩 어빌러티
돈	**money** 머니
돈가스	**pork cutlet** 포크커틀릿
돈을 모으다	**save money** 세이브 머니
돈을 쓰다	**spend money on** 스펜드 머니 온
돈이 들다	**cost** 코스트
돋보기	**magnifying glass** 맥니파잉 글래스
돌	**stone** 스톤

☐ 돌고래	**dolphin** 돌핀
☐ 돌다	**turn round** 턴라운드 **spin** 스핀
☐ 돌려보내다	**send away** 센드 어웨이
☐ 돌리다	**turn** 턴 **spin** 스핀
☐ 돌발	**outbreak** 아웃브레이크
☐ 돌발사고	**sudden accident** 서든 액시던트
☐ 돌보다	**look after** 룩 애프터
☐ 돌보다	**take care** 테익케어
☐ 돌아가다	**go home** 고우 홈
☐ 돌아가시다	**die** 다이
☐ 돌아옴	**return** 리턴
☐ 돌연변이	**mutation** 뮤테이션
☐ 돌연히	**suddenly** 서든리
☐ 돌입(하다)	**rush into** 러쉬 인투
☐ 돌출하다	**stick out** 스틱 아웃 **project** 프러젝트
☐ 돌파(하다)	**break through** 브레익 스루
☐ 돔	**dome** 도움
☐ 돕다	**help** 헬프 **assist** 어시스트
☐ 동	**copper** 카퍼
☐ 동(쪽)	**the east** 디 이스트

□ 동감	**agreement** 어그리먼트
□ 동거(하다)	**live with** 리브 위드
□ 동격	**the same rank** 더 세임 랭크
□ 동경	**yearning** 여닝
□ 동경하다	**aspire to** 어스파이어 투　**long for** 롱 퍼
□ 동굴	**cave** 캐이브
□ 동그라미	**circle** 서클　**ring** 링
□ 동급생	**classmate** 클래스메이트
□ 동기〈動機〉	**motive** 모티브
□ 동남아시아	**Southeast Asia** 사우스이스트 애이저
□ 동년배	**the same age** 더 세임 에이지
□ 동등	**equality** 이퀄리티
□ 동등하다	**equal** 이퀄　**equivalent** 이퀴벌런트
□ 동력	**power** 파워
□ 동료	**colleague** 컬리그
□ 동맥	**artery** 아터리
□ 동맥경화	**arteriosclerosis** 아티어리오스클러로시스
□ 동맹(하다)	**alliance** 얼라이언스
□ 동맹파업	**union strike** 유니언 스트라이크
□ 동메달	**bronze medal** 브런즈 메덜

□ 동면(하다)	**hibernation** 하이버네이션	
□ 동물	**animal** 애니멀	
□ 동물원	**zoo** 주	
□ 동물학	**zoology** 주얼로지	
□ 동반(하다)	**bring** 브링	
□ 동반자	**company** 컴퍼니	
	companion 컴패니언	
□ 동반하다	**accompany** 어컴퍼니	**follow** 팔로우
□ 동백기름	**camellia oil** 커밀리어 오일	
□ 동백나무	**camellia** 커밀리어	
□ 동봉(하다)	**enclose** 인클로우즈	
□ 동부	**the eastern part** 디 이스턴 파트	
□ 동북	**the northeast** 더 노스이스트	
□ 동사	**verb** 버브	
□ 동사(하다)	**be frozen to death** 비 프로즌 투 데스	
□ 동산〈動産〉	**movables** 무버블즈	
□ 동상	**bronze statue** 브론즈 스태추	
□ 동서	**east and west** 이스트 앤 웨스트	
□ 동성	**the same sex** 더 세임 섹스	
□ 동성애	**homosexuality** 호모섹수얼리티	

144

□ 동시대의	**contemporary** 컨템퍼러리	
□ 동시통역	**simultaneous interpretation** 사이멀테이녀스 인터프리테이션	
□ 동양	**the East** 디 이스트	
	the Orient 디 오리엔트	
□ 동업	**the same profession** 더 세임 프러페션	
□ 동요하다	**be agitated** 비 애지테이티드	
□ 동원(하다)	**mobilization** 모빌리제이션	
□ 동의(하다)	**agree with** 어그리 위드	
	consent 컨센트	
□ 동의어	**synonym** 시너님	
□ 동일	**identity** 아이덴터티	
□ 동일시하다	**identify** 아이덴티파이	
□ 동작	**action** 액션	
□ 동전지갑	**coin purse** 코인 퍼스	
□ 동점	**tie** 타이	
□ 동정(하다)	**sympathy** 심퍼시	
□ 동정심	**consideration** 컨시더레이션	
□ 동조(하다)	**alignment** 어사인먼트	
□ 동지	**comrade** 캄래드	

145

□ 동지	**the winter solstice** 더 윈터 살스티스	
□ 동질	**homogeneity** 호모지니어티	
□ 동창생	**alumnus** 얼럼너스	
□ 동창회	**reunion** 리유니언	
□ 동포	**brethren** 브레스린	
□ 동행	**companion** 컴패니언	
□ 동행(하다)	**go together** 고우 투게더	
□ 동향	**trend** 트렌드	
□ 동화	**assimilation** 어씨멀레이션	
□ 동화	**fairy tale** 페어리테일	
□ 돛	**sail** 세일	
□ 돛대	**mast** 매스트	
□ 돛배	**sail boat** 세일 보우트	
□ 돼지	**pig** 픽	
□ 돼지고기	**pork** 포크	
□ 되는대로	**random** 랜덤	
□ 되다	**become** 비컴	
□ 되도록	**if possible** 이프 파서블	
□ 되돌리다	**return** 리턴	
□ 되돌아가다	**return** 리턴	**come back** 컴백

□ 되살아나다	**come back to life** 컴백 투 라이프
□ 되찾다	**take back** 테이크 백 **recover** 리커버
□ 된장국	**soybean paste soup** 소이빈 페이스트 수프
□ 두개골	**skull** 스컬
□ 두건	**hood** 후드
□ 두견새	**cuckoo** 쿠쿠
□ 두근두근하다	**beat** 비트 **throb** 스랍
□ 두꺼비	**toad** 토우드
□ 두꺼운	**thick** 씩
□ 두께	**thickness** 씩니스
□ 두뇌	**brain** 브레인 **intellect** 인털렉트
□ 두다	**put** **place** 플레이스
□ 두더지	**mole** 모울
□ 두드러기	**nettle rash** 네틀 래쉬 **hives** 하이브즈
□ 두드리다	**strike** 스트라이크 **hit** 히트
□ 두레박	**well bucket** 웰버킷
□ 두목	**boss** 보스 **chief** 칲
□ 두부	**bean curd** 빈커드
□ 두절되다	**stop** 스탑 **cease** 시즈
□ 두통	**headache** 헤데이크

□ 둑	**bank** 뱅크
□ 둔감한	**stupid** 스투핏 **dull** 덜
□ 둔하다	**dull** 덜 **blunt** 블런트
□ 둘	**two** 투
□ 둘러말하다	**say indirectly** 쎄이 인디렉틀리
□ 둘러보다	**look about** 룩어바웃
□ 둘러싸다	**surround** 서라운드
	enclose 인클로우즈
□ 둥그스름한	**roundish** 라운디쉬
□ 둥글다	**round** 라운드 **circular** 서큘러
□ 둥지	**nest** 네스트
□ 뒤	**later** 레이터 **after** 애프터
□ 뒤돌아보다	**turn to** 턴투 **look back** 룩 백
□ 뒤떨어지다	**be left behind** 비 레프트 비하인드
□ 뒤바뀌다	**reverse** 리버스
□ 뒤바뀜	**contrary** 컨트러리 **reverse** 리버스
□ 뒤섞다	**mix up** 믹스업
□ 뒤지다	**be inferior to** 비 인피리어 투
□ 뒤집다	**turn over** 턴오우버
□ 뒤쪽	**the back** 더 백

□ 뒤흔들다	**shake** 쉐이크	**move** 무브
□ 뒷골목	**back street** 백스트릿	
□ 뒷맛	**aftertaste** 애프터테이스트	
□ 듀엣	**duet** 듀엣	
□ 드디어	**at last** 앳래스트	
□ 드라마	**drama** 드러머	
□ 드라마틱한	**dramatic** 드라머틱	
□ 드라이버	**screwdriver** 스크류드라이버	
□ 드라이브(하다)	**drive** 드라이브	
□ 드라이클리닝	**dry cleaning** 드라이클리닝	
□ 드러냄	**bare** 베어	**naked** 네이키드
□ 드러눕다	**lie down** 라이다운	
□ 드럼	**drum** 드럼	
□ 드레스	**dress** 드레스	
□ 드레싱	**dressing** 드레싱	
□ 드리다	**give** 기브	**present** 프리젠트
□ 드리블	**dribble** 드리블	
□ 드릴	**drill** 드릴	
□ 드문	**rare** 레어	
□ 드물게	**rarely** 레얼리	**seldom** 셀덤

가
나
다
라
마
바
사
아
자
차
카
타
파
하

□ 득	**profit** 프라핏 **gain** 게인
□ 득점(하다)	**score** 스코어
□ 듣다	**listen to** 리슨투
□ 들것	**stretcher** 스트레처
□ 들국화	**wild chrysanthemum** 와일드 크리센서멈
□ 들다	**hold** 홀드
□ 들르다	**call at** 콜앳
□ 들새	**wild bird** 와일드 버드
□ 들어가다	**enter** 엔터 **go in** 고우인
□ 들어올리다	**lift** 리프트 **raise** 레이즈
□ 들여다보다	**peep** 피프
□ 들이대다	**point** 포인트 **thrust** 스러스트
□ 들이마시다	**breathe in** 브리쓰 인 **inhale** 인헤일
□ 들판	**field** 필드
□ 듬뿍	**fully** 풀리
□ 등	**the back** 더 백
□ 등	**and so on** 앤소우온 **etc.** 엣세터러
□ 등교	**school attendance** 스쿨 어텐던스
□ 등급	**class** 클래스 **grade** 그래이드
□ 등기	**registration** 리지스트레이션

□ 등나무	**wisteria** 위스티어리어	
□ 등대	**lighthouse** 라잇하우스	
□ 등대지기	**lighthouse keeper** 라잇하우스 키퍼	
□ 등돌리다	**avert** 어버트	
□ 등록(하다)	**register** 리지스터	
□ 등록상표	**registered trademark** 리지스터드 트레이드마크	
□ 등불	**light** 라잇	
□ 등뼈	**backbone** 백보운	
□ 등산(하다)	**mountain climbing** 마운틴 클라이밍	
□ 등심살	**fillet** 필렛	
□ 등유	**kerosene** 케러씬	
□ 등장(하다)	**enter** 엔터 **appear** 어피어	
□ 등장인물	**cast of characters** 캐스트 어브 캐릭터즈	
□ 등치다	**blackmail** 블랙메일	
□ 디스카운트	**discount** 디스카운트	
□ 디스코	**disco** 디스코 **discotheque** 디스코텍	
□ 디스크	**disk** 디스크	
□ 디스크자키	**disk jockey** 디스크자키	
□ 디자이너	**designer** 디자이너	

□ 디지털	**digital** 디지털	
□ 디플레이션	**deflation** 디플레이션	
□ 딜레마	**dilemma** 딜레마	
□ 따다	**pick** 픽	**pluck** 플럭
□ 따뜻하다	**warm** 왐	
□ 따뜻해지다	**get warm** 겟 왐	
□ 따라가다	**follow** 팔로우	**accompany** 어컴퍼니
□ 따라붙다	**catch up** 캐치업	
□ 따라서	**according to** 어코딩 투	
□ 따로	**separate** 세퍼릿	
	respective 리스펙티브	
□ 따르다	**conform to** 컨펌 투	
□ 따분하다	**boring** 보어링	**tedious** 티디어스
□ 따옴표	**quotation mark** 코테이션 마크	
□ 따지다	**rebuke** 리뷰크	**blame** 블레임
□ 딱따구리	**woodpecker** 우드페커	
□ 딱딱하고 어색하다	**awkward** 오쿼드	**clumsy** 클럼지
□ 딴 데로 돌리다	**avert** 어버트	**divert** 다이버트
□ 딸	**daughter** 도터	
□ 딸기	**strawberry** 스트로베리	

152

□ 딸꾹질	**hiccup** 히컵
□ 땀	**sweat** 스웻
□ 땀띠	**heat rash** 히트래쉬
□ 땀이 나다	**sweat** 스웻
□ 땅거미	**dusk** 더스크 **twilight** 트와이라잇
□ 땅딸막함	**dumpy** 덤피
□ 땅콩	**peanut** 피넛
□ 때〈더러움〉	**dirt** 더트
□ 때〈시간〉	**time** 타임 **hour** 아우어
□ 때늦음	**too late** 투레잇
□ 때려눕히다	**knock down** 녹다운
□ 때리다	**strike** 스트라이크 **beat** 비트
□ 땔감	**firewood** 파이어우드
□ 떠나다	**leave** 리브
□ 떠내다	**scoop** 스쿱
□ 떠돌다	**drift** 드리프트 **float** 플로우트
□ 떠밀어내다	**thrust out** 스러스트아웃
□ 떠오르다	**occur to** 어커투
□ 떡	**rice cake** 라이스케익
□ 떨다	**shake** 쉐이크 **tremble with** 트렘블위드

가
나
다
라
마
바
사
아
자
차
카
타
파
하

153

□ 떨리다	**tremble** 트렘블	**shiver** 쉬버
□ 떨어뜨리다	**drop** 드랍	**let fall** 렛 폴
□ 떨어져나가다	**leave** 리브	
	go away from 고우 어웨이 프럼	
□ 떨어지다	**fail** 페일	
□ 떫다	**astringent** 어스트린젠트	
□ 떼〈무리〉	**group** 그룹	**crowd** 크라우드
□ 떼다	**separate** 세퍼레이트	**detach** 디테취
□ 뗏목	**raft** 레프트	
□ 또	**again** 어겐	
□ 또는	**or** 오어	
□ 똑똑히	**clearly** 클리어리	
□ 똥	**excrement** 엑스크리먼트	**shit** 쉿
□ 뚜껑	**lid** 리드	
□ 뚜렷이	**remarkably** 리마커블리	
□ 뛰다	**jump** 점프	**leap** 리프
□ 뛰어나다	**surpass** 서패스	**excel** 엑셀
□ 뛰어들다	**jump into** 점프 인투	
	dive into 다이브 인투	
□ 뛰어오르다	**jump up** 점프 업	**leap** 리프

□ 뜨거운	**hot**
□ 뜨개바늘	**knitting needle** 니팅니들
□ 뜨다	**float** 플로우트
□ 뜰	**garden** 가든 **yard** 야드
□ 뜻	**will** 윌 **intention** 인텐션
□ 뜻밖의	**unexpected** 언익스펙티드
□ 뜻하다	**intend** 인텐드 **mean** 민
□ 띠	**belt** 벨트 **sash** 새쉬

교실 Classroom

① teacher
티처

② globe
글로읍

③ chalk
초크

④ pupil
퓨필

⑤ pencil
펜슬

⑥ eraser
이레이저

⑦ dictionary
딕셔너리

① 교사 ② 지구본 ③ 분필 ④ 학생 ⑤ 연필 ⑥ 지우개 ⑦ 사전

⑧ **blackboard**
블랙보드

⑨ **map**
맵

⑪ **chair**
체어

⑩ **desk**
데스크

⑫ **pencil sharpener**
펜슬 샤프너

⑬ **pencil case**
펜슬 케이스

⑧ 칠판　⑨ 지도　⑩ 책상　⑪ 의자　⑫ 연필깎이　⑬ 필통

□ 라디에이터　　**radiator** 레이디에이터

□ 라디오　　**radio** 레이디오우

□ 라마교　　**Lamaism** 라마이점

□ 라면　　**Chinese noodles** 차이니즈 누들즈

□ 라벤더　　**lavender** 라벤더

□ 라벨　　**label** 레이블

□ 라이벌　　**rival** 라이벌

□ 라이브　　**live** 라이브

□ 라이선스　　**license** 라이선스

□ 라이터　　**lighter** 라이터

□ 라이트급　　**lightweight** 라이트웨이트

□ 라이플총　　**rifle** 라이플

□ 라일락　　**lilac** 라일락

□ 라켓　　**racket** 래킷

□ 라틴　　**Latin** 래틴

□ 락음악　　**rock music** 락뮤직

□ 란제리　　**lingerie** 란저레이

□ 램프	**lamp** 램프	
□ 랩	**wrap** 랩	
□ 랩 음악	**lap music** 랩 뮤직	
□ 랭크	**rank** 랭크	
□ 러시아	**Russia** 러셔	라
□ 러시아어	**Russian** 러션	
□ 러시아워	**rush hour** 러시 아워	
□ 럭비	**rugby** 럭비	
□ 런던	**London** 런던	
□ 레귤러	**regular** 레귤러	
□ 레몬	**lemon** 레먼	
□ 레바논	**Lebanon** 레버넌	
□ 레버	**lever** 레버	
□ 레벨	**level** 레벌	
□ 레스토랑	**restaurant** 레스터런트	
□ 레슨	**lesson** 레슨	
□ 레슬링	**wrestling** 레슬링	
□ 레이더	**radar** 레이더	
□ 레이스〈경주〉	**race** 레이스	
□ 레이스〈옷〉	**lace** 레이스	

□ 레이아웃	**layout** 레이아웃	
□ 레이저	**laser** 레이저	
□ 레인지	**range** 레인지	
□ 레인코트	**raincoat** 레인코우트	
□ 레일	**rail** 레일	
□ 레저	**leisure** 리저	
□ 레즈비언	**lesbian** 레즈비언	
□ 레지스탕스	**resistance** 리지스턴스	
□ 레코드	**record** 레코드 **disk** 디스크	
□ 레크리에이션	**recreation** 리크리에이션	
□ 레퍼토리	**repertory** 리퍼터리	
□ 렌즈	**lens** 렌즈	
□ 렌터카	**rent-a-car** 렌터카	
□ 렌털	**rental** 렌털	
□ 로그	**logarithm** 로거리슴	
□ 로마	**Rome** 로움	
□ 로마교황	**Pope** 포우프	
□ 로마제국	**the Roman Empire** 더 로우먼 엠파이어	
□ 로맨스	**romance** 로우맨스	
□ 로맨티스트	**romanticist** 로우맨터시스트	

□ 로맨틱한	**romantic** 로우맨틱	
□ 로봇	**robot** 로우벗	
□ 로비	**lobby** 로비	
□ 로션	**lotion** 로션	
□ 로스	**sirloin** 서로인	
□ 로스트	**roast** 로스트	
□ 로열티	**royalty** 로열티	
□ 로케이션	**location** 로케이션	
□ 로켓	**rocket** 라킷	
□ 로큰롤	**rock'n'roll** 라컨로울	
□ 로터리	**rotary** 로터리	
	roundabout 라운드어바웃	
□ 로테이션	**rotation** 로우테이션	
□ 로프	**rope** 로우프	
□ 론	**loan** 론	
□ 롤러스케이트	**roller skating** 롤러스케이팅	
□ 루마니아	**Rumania** 루매이니어	
□ 루비	**ruby** 루비	
□ 루즈	**rouge** 루즈 **lipstick** 립스틱	
□ 루키	**rookie** 루키	

□ 루트	**route** 루트 **channel** 채널
□ 룰	**rule** 룰
□ 룰렛	**roulette** 룰렛
□ 룸	**room** 룸
□ 룸메이트	**roommate** 룸메이트
□ 류머티즘	**rheumatism** 류머티즘
□ 르네상스	**the Renaissance** 더 르네이슨스
□ 리그	**league** 리그
□ 리더	**leader** 리더
□ 리더십	**leadership** 리더쉽
□ 리드미컬	**rhythmical** 리드미컬
□ 리드하다	**lead** 리드
□ 리듬	**rhythm** 리듬
□ 리모컨	**remote control** 리모트 컨트롤
□ 리무진	**limousine** 리무진
□ 리본	**ribbon** 리본
□ 리사이틀	**recital** 리사이틀
□ 리셉션	**reception** 리셉션
□ 리스	**lease** 리스
□ 리스크	**risk** 리스크

□ 리스트	**list** 리스트	
□ 리시버	**receiver** 리시버	
□ 리어카	**trailer** 트레일러 **cart** 카트	
□ 리얼리즘	**realism** 리얼리즘	
□ 리얼리티	**reality** 리얼리티	
□ 리얼타임	**real time** 리얼타임	
□ 리조트	**resort** 리조트	
□ 리퀘스트	**request** 리퀘스트	
□ 리터	**liter** 리터	
□ 리포트	**report** 리포트	
□ 리프트	**lift** 리프트	
□ 리허설	**rehearsal** 리허설	
□ 린스(하다)	**rinse** 린스	
□ 린치	**lynch** 린치	
□ 릴레이	**relay** 릴레이	
□ 릴렉스	**relaxation** 릴렉세이션	
□ 림프	**lymph** 림프	
□ 림프선	**lymph gland** 림프 글랜드	
□ 링	**ring** 더 링	
□ 링크	**skating rink** 스케이팅 링크	

가
나
다
라
마
바
사
아
자
차
카
타
파
하

163

과일과 야채 Fruit & Vegetable

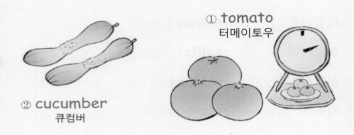

① **tomato**
터메이토우

② **cucumber**
큐컴버

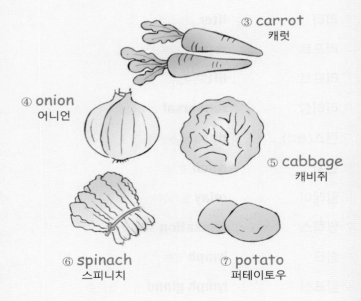

③ **carrot**
캐럿

④ **onion**
어니언

⑤ **cabbage**
캐비쥐

⑥ **spinach**
스피니치

⑦ **potato**
퍼테이토우

---

① 토마토 ② 오이 ③ 당근 ④ 양파 ⑤ 양배추 ⑥ 시금치
⑦ 감자

⑧ **lemon**
레먼

⑨ **cherry**
체리

⑩ **watermelon**
워터멜런

⑪ **banana**
버내너

⑫ **strawberry**
스트러베리

⑬ **grape**
그레이프

⑭ **peach**
피치

⑮ **chestnut**
췌스넛

⑯ **apple**
애플

⑰ **orange**
어린지

---

⑧ 레몬 ⑨ 체리 ⑩ 수박 ⑪ 바나나 ⑫ 딸기 ⑬ 포도
⑭ 복숭아 ⑮ 밤 ⑯ 사과 ⑰ 오렌지

- 마가린   **margarine** 마저린
- 마감   **closing** 클로우징
- 마감하다   **close** 클로우즈
- 마개   **stopper** 스토퍼   **plug** 플럭
- 마그네슘   **magnesium** 맥니지엄
- 마그마   **magma** 맥머
- 마네킹   **manikin** 매니킨
- 마녀   **witch** 위치
- 마늘   **garlic** 갈릭
- 마니아   **maniac** 매니액
- 마디   **joint** 조인트   **knuckle** 너클
- 마라톤   **marathon** 매러톤
- 마력   **horsepower** 호스파워
- 마루   **floor** 플로어   **bed** 베드
- 마르다   **dry** 드라이
- 마름모꼴   **rhombus** 람버스   **lozenge** 라진쥐
- 마리화나   **marijuana** 매러화너

□ 마마보이	**mother complex** 머더 캄플렉스
□ 마멀레이드	**marmalade** 마말레이드
□ 마멸(되다)	**defacement** 디페이스먼트 ;
	be defaced 비 디페이스드
□ 마무리 단계	**the final stage** 더 파이널 스테이지
□ 마법	**magic** 매직
□ 마분지	**cardboard** 카드보드
□ 마비(되다)	**paralysis** 패럴리시스
□ 마사지(하다)	**massage** 매사지
□ 마술사	**magician** 매지션
□ 마스코트	**mascot** 매스컷
□ 마스크	**mask** 매스크
□ 마시다	**drink** 드링크 **take** 테이크
	sip 십 **suck** 썩
□ 마약	**narcotic** 나코틱 **drug** 드럭
□ 마약중독	**drug addiction** 드럭 애딕션
□ 마요네즈	**mayonnaise** 메이어네이즈
□ 마우스	**mouse** 마우스
□ 마운드	**mound** 마운드
□ 마운틴바이크	**mountain bike** 마운틴바이크

가
나
다
라
마
바
사
아
자
차
카
타
파
하

□ 마을	**village** 빌리지	
□ 마음	**mind** 마인드	**heart** 하트
□ 마음 편한	**easy** 이지	**relaxed** 릴렉스드
□ 마음씨	**feelings** 필링즈	
□ 마음에 드는 것	**favorite** 페이버릿	
□ 마음에 들다	**be pleased with** 비 플리즈드 위드	
□ 마이너스	**minus** 마이너스	
□ 마이크	**microphone** 마이크로폰	
□ 마이크로버스	**minibus** 미니버스	
□ 마작	**mahjong** 마장	
□ 마주보다	**face** 페이스	
□ 마중가다	**meet** 미트	**receive** 리시브
□ 마지못해	**reluctantly** 릴럭턴틀리	
□ 마진	**margin** 마진	
□ 마차	**carriage** 캐리쥐	
□ 마찰(하다)	**friction** 프릭션 ;	
	rub against 럽 어겐스트	
□ 마천루	**skyscraper** 스카이스크레이퍼	
□ 마취	**anesthesia** 애너스씨저	
□ 마치다	**finish** 피니쉬	**complete** 컴플리트

□ 마침내	**at last** 앳 래스트	
□ 마카로니	**macaroni** 매커로우니	
□ 마케팅	**marketing** 마케팅	
□ 마피아	**Mafia** 마피어	
□ 막	**curtain** 커튼	
□ 막내	**the youngest child** 더 영기스트 차일드	
□ 막다	**defend** 디펜드	**protect** 프러텍트
□ 막다	**stop** 스톱	**block** 블록
□ 막다른 곳	**dead end** 데드엔드	
□ 막대한	**vast** 베스트	**immense** 이멘스
□ 막바지	**the last moment** 더 라스트 모우먼트	
□ 막연하게	**vaguely** 베이글리	
□ 막차	**the last train** 더 라스트 트레인	
□ 막히다	**be closed** 비 클로우즈드	
□ 만〈灣〉	**bay** 베이	**gulf** 걸프
□ 만〈萬〉	**ten thousand** 텐 싸우전드	
□ 만개하는	**in full blossom** 인 풀 블러섬	
□ 만국기	**flags of all nations** 프렉스 어브 올 내이션즈	
□ 만기	**expiration** 엑스퍼레이션	

가
나
다
라
마
바
사
아
자
차
카
타
파
하

□ 만끽하다	**enjoy fully** 인조이 풀리
□ 만나다	**meet** 미트　**come together** 컴 투게더
□ 만년	**last years** 라스트 이어즈
□ 만년필	**fountain pen** 파운틴펜
□ 만능	**all-purpose** 올 퍼퍼스
□ 만돌린	**mandolin** 맨더린
□ 만두	**chaotzu** 차우추
□ 만드는 법	**how to make** 하우투 메이크
□ 만들다	**make** 메이크
□ 만들어내다	**create** 크리에잇
□ 만만치 않다	**tough** 터프　**formidable** 포머더블
□ 만물	**all things** 올 씽즈
□ 만물박사	**well-informed person** 웰 인폼드 퍼슨
□ 만물의 영장	**the lord of creation** 더 로드 어브 크리에이션
□ 만보계	**pedometer** 피다미터
□ 만성	**chronic** 크라닉
□ 만세	**cheers** 치어스
□ 만약	**if** 이프
□ 만연하다	**spread** 스프레드
□ 만우절	**April Fool's Day** 에어프릴 풀스 데이

170

□ 만일의 경우	**in case of emergency** 인 케이스 어브 이머전시	
□ 만장일치로	**unanimously** 유네너머슬리	
□ 만점	**perfect mark** 퍼펙트 마크	
□ 만조	**high tide** 하이 타이드	
□ 만족시키다	**satisfy** 새티스파이	
□ 만족하다	**satisfaction** 새티스팩션	
□ 만지다	**finger** 핑거 **fumble** 펌블	
	touch 터치 **feel** 필	
□ 만찬	**dinner** 디너	
□ 만화	**cartoon** 카툰 **comics** 카믹스	
□ 만화경	**kaleidoscope** 칼레이도스코프	
□ 많다	**many** 매니	
□ 많든 적든	**more or less** 모어 오어 레스	
□ 말〈동물〉	**horse** 호스	
□ 말〈언어〉	**speech** 스피치	
□ 말괄량이	**tomboy** 톰보이	
□ 말기	**last stage** 래스트 스테이지	
□ 말다툼	**quarrel** 쿼럴	
□ 말다툼하다	**argue** 아규 **dispute** 디스퓨트	
□ 말대꾸하다	**answer back** 앤서백 **retort** 리토트	

□ 말똥말똥 보다	**stare at** 스테어 앳	
□ 말뚝	**stake** 스테이크	**pile** 파일
□ 말라리아	**malaria** 말라리아	
□ 말레이시아	**Malaysia** 말레이시아	
□ 말려들게 하다	**engulf** 인걸프	
□ 말리다	**dry** 드라이	
□ 말벌	**wasp** 와스프	**hornet** 호넷
□ 말을 걸다	**speak to** 스피크 투	**address** 어드레스
□ 말이 없는	**taciturn** 태시턴	**silent** 사일런트
□ 말하다	**say** 세이	**tell** 텔
□ 말하자면	**so to speak** 소우 투 스피크	
□ 맑다	**clean** 클린	**pure** 퓨어
□ 맑아지다	**become clear** 비컴 클리어	
□ 맑음	**fine weather** 파인 웨더	
□ 맛	**taste** 테이스트	
□ 맛보다	**taste** 테이스트	**relish** 렐리쉬
□ 맛있다	**delicious** 딜리셔스	
□ 망고	**mango** 맹고우	
□ 망년회	**year-end party** 이어엔드 파티	
□ 망령	**ghost** 고스트	

□ 망막	**retina** 레터너
□ 망명(하다)	**political asylum** 팔러티컬 어사일럼
□ 망보다	**watch** 워취
□ 망상	**delusion** 델루전
□ 망설이다	**hesitate** 헤저테이트
□ 망설임	**hesitation** 헤저테이션
□ 망연히	**blankly** 블랭클리
□ 망원경	**telescope** 텔리스코우프
□ 망원렌즈	**telephoto lens** 텔리포토 렌즈
□ 망치	**hammer** 해머
□ 망토	**mantle** 맨틀 **cloak** 클로우크
□ 망하다	**go bankrupt** 고우 뱅크럽트
□ 맞벌이	**double-income** 더블인컴
□ 맞붙다	**tackle** 태클
□ 맞서다	**face** 페이스 **confront** 컨프런트
□ 맞은쪽	**opposite side** 어퍼지트 사이드
□ 맞이하다	**meet** 미트 **welcome** 웰컴
□ 맞장구를 치다	**chime in** 차임 인
□ 맞춰보다	**adjust** 어저스트
□ 맞히다	**hit** 히트 **strike** 스트라이크

□ 맡기다	**leave** 리브 **entrust** 인트러스트
□ 맡다	**keep** 킵
	take charge of 테익 차지 어브
□ 매	**hawk** 호크
□ 매끈매끈한	**slippery** 슬리퍼리 **smooth** 스무쓰
□ 매너	**manners** 매너즈
□ 매너리즘	**mannerism** 매너리즘
□ 매년	**every year** 에브리이어
□ 매뉴얼	**manual** 매뉴얼
□ 매니저	**manager** 매니저
□ 매니큐어	**manicure** 매너큐어
□ 매다	**tie** 타이 **fasten** 패슨
□ 매달	**every month** 에브리 먼쓰
□ 매달다	**hang** 행 **suspend** 서스펜드
□ 매도(하다)	**abuse** 어뷰즈 ; **denounce** 디나운스
□ 매독	**syphilis** 시펄리스
□ 매듭	**knot** 놋
□ 매듭짓다	**settle** 세틀
□ 매력	**charm** 참
□ 매력적인	**charming** 차밍

174

□ 매료하다	**fascinate** 패서네이트	
□ 매매(하다)	**dealing** 딜링 ; **deal in** 딜린	
□ 매머드	**mammoth** 매머스	
□ 매미	**cicada** 시케이더	
□ 매번	**every time** 에브리 타임	
□ 매상	**the amount sold** 디 어마운트 소울드	
□ 매수하다	**buy out** 바이아웃	
□ 매스컴	**mass media** 매스미디어	
□ 매실	**plum** 플럼	
□ 매연	**smoke** 스모우크 **soot** 수트	
□ 매우	**very** 베리 **greatly** 그레이틀리	
□ 매운	**hot** 핫	
□ 매일	**everyday** 에브리데이	
□ 매장	**burial** 베리얼	
□ 매장하다	**bury** 베리	
□ 매점	**stall** 스톨 **stand** 스탠드	
□ 매점하다	**buy up** 바이업	
□ 매정한	**cruel** 크루얼 **hardhearted** 하드하티드	
□ 매진	**sold out** 솔드 아웃	
□ 매진되다	**be sold out** 비 솔드아웃	

매체	**medium** 미디엄
매춘	**prostitution** 프라스터튜션
매춘부	**prostitute** 프라스터튜트
매출	**bargain sale** 바긴 세일
매화나무	**plum tree** 플럼 추리
맥	**pulse** 펄스
맥아	**malt** 몰트
맥주	**beer** 비어
맨발	**bare feet** 베어 피트
맨살	**bare skin** 베어 스킨
맨얼굴	**face without makeup** 페이스 위다웃 메이컵
맹도견	**seeing-eye dog** 씨잉아이 독
맹렬한	**violent** 바이얼런트 **furious** 퓨리어스
맹목	**blindness** 블라인드니스
맹세하다	**vow** 봐우 **swear** 스웨어
맹수	**fierce animal** 피어스 애니멀
맹신(하다)	**believe blindly** 빌리브 블라인드리
맹장	**appendix** 어펜딕스
맹장염	**appendicitis** 어펜더사이티스
머리 감다	**wash one's hair** 와쉬 원스 헤어

□ 머리	**head** 헤드
□ 머리말	**preface** 프레피스
□ 머리카락	**hair** 헤어
□ 머물다	**stay with** 스테이 위드
□ 머스터드	**mustard** 머스타드
□ 머플러	**muffler** 머플러
□ 먹	**China ink** 차이나 잉크
□ 먹다	**eat** 이트 **have** 해브 **take** 테이크
□ 먹어치우다	**eat up** 이트 업
□ 먹이	**food** 푸드 **prey** 프레이
□ 먼지	**dust** 더스트 **dirt** 더트
□ 멀다	**far** 파 **distant** 디스턴트
□ 멀리하다	**keep away** 킵 어웨이
□ 멈추다	**stop** 스탑 **halt** 홀트
□ 멋을 부리다	**dress smartly** 드레스 스마틀리
□ 멋있다	**neat** 니트 **cool** 쿨
□ 멋쟁이	**dandy** 댄디
□ 멍	**bruise** 브루이즈
□ 멍들다	**be bruised** 비 브루이즈드
□ 메가폰	**megaphone** 메거폰

☐ 메기	**catfish** 캣피시	
☐ 메뉴	**menu** 메뉴	
☐ 메달	**medal** 메덜	
☐ 메뚜기	**grasshopper** 그래스하퍼	
☐ 메뚜기	**locust** 로커스트	
☐ 메리트	**merit** 메릿	
☐ 메모	**note** 노우트	
☐ 메모하다	**write down** 라이트 다운	
☐ 메슥거리다	**feel sick** 필 식	
☐ 메시지	**message** 메시지	
☐ 메아리	**echo** 에코우	
☐ 메우다	**fill in** 필 인	**fill up** 필 업
☐ 메추라기	**quail** 퀘일	
☐ 메카	**Mecca** 메커	
☐ 메커니즘	**mechanism** 메커니즘	
☐ 메트로놈	**metronome** 메트러노움	
☐ 멕시코	**Mexico** 멕시코우	
☐ 멜로드라마	**melodrama** 멜러드러머	
☐ 멜로디	**melody** 멜로디	
☐ 멜론	**melon** 멜런	

178

□ 멤버	**member** 멤버	
□ 멧돼지	**wild boar** 와일드 보어	
□ 며느리	**daughter-in-law** 도터인로	
□ 면	**cotton** 카튼	
□ 면담하다	**talk** 토크 **interview** 인터뷰	
□ 면도칼	**razor** 레이저	
□ 면목	**honor** 아너 **credit** 크레딧	
□ 면밀한	**close** 클로우즈 **minute** 마이뉴트	
□ 면세	**tax exemption** 택스 익젬션	
□ 면세점	**duty-free shop** 듀티프리 샵	
□ 면식	**acquaintance** 어퀘인턴스	
□ 면역	**immunity** 이뮤니티	
□ 면장	**village chief** 빌리지 칩	
□ 면적	**area** 에어리어	
□ 면접	**interview** 인터뷰	
□ 면접시험	**interview test** 인터뷰 테스트	
□ 면제(하다)	**exemption** 익젬션 ; **exempt** 익젬트	
□ 면직(되다)	**dismissal** 디스미설	
□ 면하다	**escape** 이스케이프	
□ 면허	**license** 라이선스	

가
나
다
라
마
바
사
아
자
차
카
타
파
하

179

□ 면회(하다)	**meet** 미트	**see** 씨
□ 멸망시키다	**ruin** 루인	**destroy** 디스트로이
□ 멸망하다	**fall down** 폴 다운	**perish** 페리쉬
□ 명곡	**famous piece of music** 페이머스 피스 어브 뮤직	
□ 명랑한	**cheerful** 치어풀	**bright** 브라이트
□ 명령	**instruction** 인스트럭션	**order** 오더
□ 명령(하다)	**order** 오더	**command** 커맨드
□ 명료한	**clear** 클리어	**plain** 플레인
□ 명물	**special product** 스페셜 프러덕트	
□ 명백하게	**clearly** 클리어리	
□ 명부	**list of names** 리스트 어브 네임즈	
□ 명사	**noun** 나운	
□ 명산물	**specialty** 스페셜티	
□ 명상(하다)	**meditation** 메디테이션	
□ 명성	**fame** 페임	**reputation** 레퓨테이션
□ 명세	**details** 디테일즈	
□ 명세서	**detailed statement** 디테일드 스테이트먼트	
□ 명소	**noted place** 노우티드 플레이스	
□ 명예	**honor** 아너	

□ 명예훼손	**libel** 라이벌	**slander** 슬렌더
□ 명왕성	**Pluto** 플루토	
□ 명의〈名義〉	**name** 네임	
□ 명인	**master** 매스터	**expert** 엑스퍼트
□ 명작	**masterpiece** 매스터피스	
□ 명중(하다)	**hit** 히트	
□ 명찰	**name tag** 네임택	
□ 명치	**pit** 핏	
□ 명칭	**name** 네임	**appellation** 애펄레이션
□ 명쾌한	**clear** 클리어	**lucid** 루시드
□ 명하다	**order** 오더	
□ 명함	**name card** 네임카드	
□ 몇 개	**how many** 하우 매니	
□ 모계	**the maternal line** 더 머터널 라인	
□ 모교	**alma mater** 앨머 마터	
□ 모국	**mother country** 머더 컨추리	
□ 모금	**fund raising** 펀드 레이징	
□ 모기	**mosquito** 모스키토우	
□ 모나코	**Monaco** 마너코우	
□ 모노레일	**monorail** 마너레일	

가
나
다
라
마
바
사
아
자
차
카
타
파
하

□ 모니터	**monitor** 마니터	
□ 모닥불	**bonfire** 반파이어	
□ 모던한	**modern** 마던	
□ 모델	**model** 마들	
□ 모델하우스	**model house** 마들 하우스	
□ 모뎀	**modem** 모우뎀	
□ 모독(하다)	**profanity** 프러페너티 ;	
	profane 프러페인	
□ 모두	**all** 올 **entirely** 인타이어리	
□ 모래	**sand** 샌드	
□ 모래사장	**beach** 비치 **seashore** 씨쇼어	
□ 모래시계	**hourglass** 아워글래스	
□ 모략	**plot** 플럿	
□ 모레	**the day after tomorrow** 더 데이 애프터 터머로우	
□ 모멸	**contempt** 컨템트	
□ 모바일	**mobile** 모바일	
□ 모반	**rebellion** 리벨리언	
□ 모발	**hair** 헤어	
□ 모방(하다)	**imitation** 이미테이션 ;	
	imitate 이미테이트	

□ 모범	**example** 익젬플　**model** 마들
□ 모사(하다)	**copy** 카피
□ 모서리	**corner** 코너
□ 모성	**motherhood** 마더후드
□ 모순	**contradiction** 컨트라딕션
□ 모습	**appearance** 어피어런스
	shape 쉐입
□ 모시조개	**clam** 클램
□ 모심기	**rice-planting** 라이스플랜팅
□ 모양	**pattern** 패턴　**design** 디자인
□ 모여들다	**swarm** 스웜　**crowd** 크라우드
□ 모욕	**insult** 인설트
□ 모욕하다	**humiliate** 휴밀리에잇　**insult** 인설트
□ 모유	**mother's milk** 머더스 밀크
□ 모으다	**gather** 게더　**collect** 컬렉트
	put together 풋 투게더
□ 모음	**vowel** 바우얼
□ 모이다	**gather** 게더　**come together** 컴 투게더
□ 모임	**meeting** 미팅　**party** 파티
□ 모자	**hat** 햇　**cap** 캡

☐ 모자라다	**be short of** 비 숏 어브	
☐ 모자이크	**mosaic** 모자익	
☐ 모조	**imitation** 이미테이션	
☐ 모종	**seeding** 씨딩	
☐ 모직물	**woolen goods** 울런 굿즈	
☐ 모집(하다)	**invite applications** 인바이트 어플리케이션즈	
☐ 모충	**caterpillar** 캐터필러	
☐ 모친	**mother** 머더	
☐ 모태	**mother's womb** 머더스 움	
☐ 모터	**motor** 모터	
☐ 모터보트	**motorboat** 모터보우트	
☐ 모포	**blanket** 블랭킷	
☐ 모피	**fur** 퍼	
☐ 모험(하다)	**adventure** 어드벤춰	
☐ 모형	**model** 마들	
☐ 목	**neck** 넥	
☐ 목(구멍)	**throat** 스로우트	
☐ 목각	**wooden** 우든	
☐ 목걸이	**necklace** 네클리스	
☐ 목격(하다)	**witness** 위트니스	

□ 목격자	**eyewitness** 아이위트니스	
□ 목관악기	**woodwind** 우드윈드	
□ 목금	**xylophone** 자이러포운	
□ 목록	**list** 리스트 **catalog** 캐털록	
□ 목마	**wooden horse** 우든호스	
□ 목면	**cotton** 카튼	
□ 목발	**crutches** 크러취즈	
□ 목사	**pastor** 패스터 **minister** 미니스터	
□ 목성	**Jupiter** 주피터	
□ 목수	**carpenter** 카펜터	
□ 목숨	**life** 라이프	
□ 목요일	**Thursday** 써즈데이	
□ 목욕탕	**bath** 배쓰	
□ 목욕하다	**take a bath** 테이커 배쓰	
□ 목장	**pasture** 패스춰 **ranch** 랜치	
□ 목재	**wood** 우드 **lumber** 럼버	
□ 목적	**purpose** 퍼퍼스	
□ 목적어	**object** 업젝트	
□ 목적지	**destination** 데스터네이션	
□ 목차	**contents** 컨텐츠	

가
나
다
라
마
바
사
아
자
차
카
타
파
하

□ 목초	**grass** 그래스
□ 목초지	**pasture** 패스춰 **meadow** 메도우
□ 목탄	**charcoal** 차코울
□ 목판화	**woodcut** 우드컷
□ 목표	**aim** 에임 **target** 타깃
□ 몫	**share** 쉐어
□ 몰두	**preoccupation** 프리아큐페이션
□ 몰락(하다)	**falling down** 폴링 다운
□ 몰수	**confiscation** 컨피스케이션
□ 몰수하다	**take away** 테이크 어웨이
□ 몰아넣다	**drive... into** 드라이브.. 인투
□ 몸	**body** 바디
□ 몸값	**ransom** 랜섬
□ 몸소〈직접〉	**personally** 퍼스널리 **in person** 인퍼슨
□ 몸짓	**gesture** 제스춰
□ 몸통	**body** 바디 **trunk** 트렁크
□ 몹시	**very** 베리 **extremely** 익스트림리
□ 못	**nail** 네일
□ 못〈피부의〉	**callus** 캘러스
□ 몽골	**Mongolia** 몽골리아

□ 몽유병	**somnambulism** 삼냄뷸리즘	
□ 몽타주	**montage** 만타쥐	
□ 묘	**grave** 그레이브	**tomb** 툼
□ 묘기	**wonderful skill** 원더풀 스킬	
□ 묘미	**charm** 참	**beauty** 뷰티
□ 묘사(하다)	**describe** 디스크라이브	
□ 묘안	**good idea** 굿 아이디어	
□ 묘지	**graveyard** 그레이브야드	
□ 묘한	**strange** 스트레인지	
□ 무	**radish** 레디쉬	
□ 무〈無〉	**nothing** 낫씽	
□ 무겁다	**heavy** 헤비	
□ 무게	**weight** 웨이트	
□ 무게중심	**the center of gravity** 더 센터 어브 그레비티	
□ 무관	**irrelevance** 이렐러번스	
□ 무관심한	**indifferent** 인디퍼런트	
□ 무국적	**stateless** 스테이트리스	
□ 무균	**germ-free** 점프리	
□ 무기	**arms** 암즈	**weapon** 웨펀
□ 무기〈無機〉	**inorganic** 인오개닉	

□ 무기력	**inactive** 인액티브　**lazy** 레이지
□ 무기물	**inorganic matter** 인오개닉 매터
□ 무기징역	**life imprisonment** 라이프 임프리즌먼트
□ 무기한	**indefinite** 인데퍼닛
□ 무난한	**safe** 세이프　**pretty good** 프리티 굿
□ 무너뜨리다	**pull down** 풀 다운　**break** 브레이크
□ 무너지다	**crumble** 크럼블　**collapse** 컬렙스
□ 무농약	**organic** 오개닉
□ 무능한	**incompetent** 인캄퍼턴트
□ 무늬	**pattern** 패턴　**design** 디자인
□ 무단으로	**without notice** 위다웃 노우티스
□ 무담보	**without security** 위다웃 씨큐리티
□ 무당벌레	**ladybug** 레이디벅　**ladybird** 레이디버드
□ 무대	**stage** 스테이지
□ 무대배경	**backdrop** 백드랍
□ 무덥다	**sultry** 설트리
□ 무드	**mood** 무드
□ 무뚝뚝한	**unsociable** 언소셔블
□ 무력〈武力〉	**military forces** 밀리터리 포시즈
□ 무력〈無力〉	**powerlessness** 파워리스니스

□ 무력감	**feeling of helplessness** 필링 어브 헬프리스니스	
□ 무례	**impoliteness** 임펄라이트니스	
□ 무례한	**impolite** 임펄라이트	
□ 무료	**free** 프리	
□ 무릎	**knee** 니 **lap** 랩	
□ 무릎을 꿇다	**kneel down** 닐 다운	
□ 무리한	**unreasonable** 언리즈너블	
□ 무명의	**nameless** 네임리스 **unknown** 언노운	
□ 무모한	**reckless** 렉리스	
□ 무미건조	**insipid** 인시피드 ;	
	uninteresting 언인터레스팅	
□ 무분별	**indiscretion** 인디스크리션	
□ 무사	**warrior** 워리어	
□ 무사히	**safely** 세이프리	
□ 무상	**gratis** 그레이티스 **voluntary** 발런터리	
□ 무색	**colorless** 컬러리스	
□ 무서워하다	**fear** 피어	
	be scared at 비 스캐어드 앳	
□ 무선	**wireless** 와이어리스	
□ 무섭다	**fearful** 피어펄 **awful** 오펄	

가
나
다
라
마
바
사
아
자
차
카
타
파
하

□ 무성하다	**grow thick** 그로우 씩
□ 무수한	**innumerable** 이뉴머러블
□ 무시하다	**ignore** 익노어
□ 무신경	**insensibility** 인센서빌리티
□ 무신경한	**insensible** 인센서블
□ 무신론	**atheism** 에이시즘
□ 무심한	**indifferent** 인디퍼런트
□ 무언	**silence** 사일런스
□ 무엇	**what** 왓
□ 무엇보다	**above all** 어버브 올
□ 무역하다	**trade** 트레이드　**commerce** 커머스
□ 무용	**dance** 댄스
□ 무용지물	**useless thing** 유즈리스 씽
□ 무의미	**meaningless** 미닝리스
□ 무의식	**unconsciousness** 언칸쉬어스니스
□ 무의식적으로	**unconsciously** 언칸쉬어스리
□ 무익	**useless** 유즈리스
	uneconomical 언이카나미컬
□ 무인도	**desert island** 데저트 아일런드
□ 무일푼의	**penniless** 페니리스

무임승차하다	**steal a ride** 스틸 어 라이드
무자비한	**merciless** 머시리스
무장(하다)	**armaments** 아머먼트 ; **arm** 암
무장해제	**disarmament** 디스아머먼트
무정한	**heartless** 하트리스 **cold** 코울드
무제한의	**free** 프리
	unrestricted 언리스트릭티드
무조건의	**unconditional** 언컨디셔널
무좀	**athlete's foot** 어슬레츠 푸트
무죄	**innocence** 이너슨스
무지	**ignorance** 익노런스 ;
	ignorant 익노런트
무지개	**rainbow** 레인보우
무직	**jobless** 잡리스
	unemployed 언엠플로이드
무진장	**inexhaustible** 인익조스터블
무찌르다	**beat** 비트 **defeat** 디피트
무참한	**miserable** 미저러블 **cruel** 크루얼
무책임	**irresponsibility** 이리스판서빌리티
무책임한	**irresponsible** 이리스판서블

□ 무첨가	**additive-free** 애더티브프리
□ 무한	**infinite** 인피니트
□ 무해	**harmless** 함리스
□ 무형	**intangible** 인탠저블
□ 무화과	**fig** 픽
□ 무효	**invalidity** 인벌리더티 **; invalid** 인벌리드
□ 묵다	**stay at** 스테이 앳
□ 묵묵히	**silently** 사일런트리
□ 묵비권	**the right of silence** 더 라이트 어브 사일런스
□ 묵인(하다)	**tacit consent** 태싯 컨센트
□ 묶다	**tie** 타이 **bind** 바인드
□ 문	**gate** 게이트 **door** 도어
□ 문고	**library** 라이브러리
□ 문고판	**pocket book** 포켓북
□ 문구〈文句〉	**expression** 익스프레션
	phrase 프레이즈
□ 문단속	**locking up** 라킹업
□ 문맥	**context** 컨텍스트
□ 문맹	**illiteracy** 일리터러시
□ 문명	**civilization** 시빌라이제이션

□ 문방구	**stationery** 스테이셔너리
□ 문법	**grammar** 그래머
□ 문병	**inquiry** 인콰이어리
□ 문서	**document** 다큐먼트
□ 문신	**tattoo** 태투
□ 문어	**literary language** 리터레리 랭귀지
□ 문어	**octopus** 악터퍼스
□ 문어체	**literary style** 리터레리 스타일
□ 문예	**arts and literature** 아츠 앤 리터러춰
□ 문예부흥	**the Renaissance** 더 르네이선스
□ 문의	**inquiry** 인콰이어리
□ 문의하다	**inquire** 인콰이어
□ 문자	**letter** 레터
□ 문장	**sentence** 센텐스
□ 문제	**question** 퀘스천 **problem** 프라블럼
□ 문제를 풀다	**solve the problem** 살브 더 프라블럼
□ 문지르다	**rub** 럽 **chafe** 체이프
□ 문체	**style** 스타일
□ 문패	**doorplate** 도어플레이트
□ 문호	**great writer** 그레잇 라이터

□ 문화	**culture** 컬춰
□ 문화적인	**cultural** 컬추럴
□ 묻다	**ask** 애스크 **inquire** 인콰이어
□ 물	**water** 워터
□ 물가	**prices** 프라이시즈
□ 물가	**waterside** 워터사이드
□ 물가지수	**price index** 프라이스 인딕스
□ 물개	**fur seal** 퍼 씰
□ 물건	**article** 아티클 **goods** 굿즈
□ 물고기	**fish** 피쉬
□ 물고기자리	**the Fishes** 더 피쉬즈
□ 물구나무서기	**handstand** 핸드스탠드
□ 물다	**bite** 바이트
□ 물들이다	**dye** 다이 **color** 컬러
□ 물러나다	**retreat** 리트리트 **go back** 고우 백
□ 물레방아	**water mill** 워터 밀
□ 물려받다	**succeed to** 석시드 투
□ 물론	**of course** 업 코스
□ 물류	**distribution** 디스트리뷰션
□ 물리	**physics** 피직스

□ 물리치다	**drive back** 드라이브 백
□ 물리학자	**physicist** 피지시스트
□ 물물교환(하다)	**barter** 바터
□ 물방울	**drop** 드랍
□ 물방울무늬	**polka dots** 폴카 닷츠
□ 물병	**pitcher** 피쳐
□ 물병자리	**Aquarius** 애쿼리어스
□ 물보라	**spray** 스프레이
□ 물빛	**light blue** 라이트 블루
□ 물새	**waterfowl** 워터파울
□ 물색(하다)	**look for** 룩 포
□ 물소	**water buffalo** 워터 버펄로우
□ 물안경	**goggles** 고글즈
□ 물에 뜨다	**float** 플로우트
□ 물에 빠지다	**be drowned** 비 드라운드
□ 물엿	**millet jelly** 밀릿 젤리
□ 물음표	**question mark** 퀘스천 마크
□ 물자	**goods** 굿즈　**supplies** 서플라이즈
□ 물질	**matter** 매터　**substance** 섭스턴스
□ 물질적인	**material** 머티어리얼

물집	**blister** 블리스터
물체	**matter** 매터
물탱크	**water tank** 워터탱크
물통	**water bottle** 워터 바틀 **canteen** 캔틴
물품	**article** 아티클 **goods** 굿즈
묽게 하다	**thin** 씬 **dilute** 다일루트
묽은	**watery** 워터리 **diluted** 다일루티드
뭍	**land** 랜드
뭔가	**something** 썸씽
뮤지션	**musician** 뮤지션
뮤지컬	**musical** 뮤지컬
미〈美〉	**beauty** 뷰티
미각	**taste** 테이스트 **palate** 팰리트
미개한	**primitive** 프리머티브
미개지	**undeveloped land** 언디벨롭드 랜드
미국인	**American** 어메리컨
미궁	**labyrinth** 레비린쓰
미꾸라지	**loach** 로우치
미끄러지다	**slip** 슬립 **slide** 슬라이드 **glide** 글라이드
미나리	**Japanese parsley** 재퍼니즈 파슬리

미납	**unpaid** 언페이드
미네랄	**mineral** 미네럴
미니	**mini** 미니
미니멈	**minimum** 미니멈
미니스커트	**mini** 미니
미덕	**virtue** 버추
미들급	**middleweight** 미들웨이트
미디어	**media** 미디어
미래	**future** 퓨처
미량	**a small amount** 어 스몰 어마운트
미련	**attachment** 어태취먼트
	regret 리그렛
미로	**maze** 메이즈
미리	**beforehand** 비포핸드
	in advance 인 어드밴스
미만	**under** 언더 **less than** 레스 댄
미망인	**widow** 위도우
미명	**before daybreak** 비포 데이브레이크
미모	**beauty** 뷰티
미묘한	**delicate** 델리킷

☐ 미분	**differential calculus** 디퍼런셜 캘큘러스	
☐ 미사	**mass** 매스	
☐ 미사일	**missile** 미슬	
☐ 미생물	**microorganism** 마이크로오개니즘	
☐ 미성년	**minority** 마이너리티	
☐ 미소	**smile** 스마일	
☐ 미소 짓다	**smile at** 스마일 앳	
☐ 미수	**attempted** 어템티드	
☐ 미숙한	**inexperienced** 인익스피리언스드	
	unripe 언라이프	
☐ 미술	**art** 아트	**the fine arts** 더 파인 아츠
☐ 미술관	**art museum** 아트 뮤지엄	
☐ 미스	**Miss** 미쓰	
☐ 미스터리	**mystery** 미스터리	
☐ 미시적	**microscopic** 마이크로스코우픽	
☐ 미식가	**gourmet** 궈메이	
☐ 미신	**superstition** 수퍼스티션	
☐ 미싱	**sewing machine** 소우잉 머신	
☐ 미아	**lost child** 로스트 차일드	
☐ 미역	**seaweed** 씨위드	

□ 미열	**slight fever** 슬라이트 피버	
□ 미완성	**unfinished** 언피니쉬드	
□ 미용	**beauty** 뷰티	
□ 미용사	**beautician** 뷰티션	
□ 미움	**hatred** 헤이트리드	
□ 미워하다	**hate** 헤이트	
□ 미이라	**mummy** 머미	
□ 미인	**beauty** 뷰티	
□ 미장원	**beauty salon** 뷰티 설란	
□ 미정	**undecided** 언디사이디드	
□ 미지근하다	**tepid** 테피드	**lukewarm** 루크왐
□ 미지수	**unknown quantity** 언노운 콴터티	
□ 미치다	**go mad** 고우 매드	
□ 미치다	**reach** 리치	**amount to** 어마운트 투
□ 미터	**meter** 미터	
□ 미풍	**breeze** 브리즈	
□ 미학	**aesthetics** 애스쎄틱	
□ 미해결의	**unresolved** 언살브드	
□ 미행(하다)	**tail** 테일	
□ 미혼	**unmarried** 언매리드	**single** 싱글

☐ 미화	**beautification** 뷰티피케이션	
☐ 믹서	**mixer** 믹서	
☐ 민간	**private** 프라이빗	**civil** 시빌
☐ 민간전승	**folk tradition** 포크 트래디션	
☐ 민감한	**sensitive** 센서티브	
☐ 민권	**civil rights** 시빌 라이츠	
☐ 민들레	**dandelion** 댄더라이언	
☐ 민박	**tourist home** 투어리스트 홈	
☐ 민법	**the civil law** 더 시빌 로	
☐ 민사소송	**civil action** 시빌 액션	
☐ 민속	**folk customs** 포크 커스텀즈	
☐ 민영	**private management** 프라이빗 매니지먼트	
☐ 민예품	**folk-art article** 포크-아트 아티클	
☐ 민완의	**shrewd** 쉬루드	
☐ 민요	**folk song** 포크 송	
☐ 민족	**race** 레이스	**nation** 내이션
☐ 민족성	**racial characteristics** 레이셜 캐리터리스틱스	
☐ 민주주의	**democracy** 디마크러시	
☐ 민주화	**democratization** 디마크러티제이션	

200

□ 민중	**people** 피플 **public** 퍼블릭
□ 민첩한	**agile** 에이절
□ 믿다	**believe** 빌리브
□ 믿음	**reliance** 릴라이언스 **trust** 트러스트
□ 믿음직스럽다	**reliable** 릴라이어블
□ 밀	**wheat** 휘트
□ 밀가루	**flour** 플라우어
□ 밀고하다	**inform against** 인폼 어겐스트
□ 밀도	**density** 덴서티
□ 밀리그램	**milligram** 밀리그램
□ 밀리미터	**millimeter** 밀리미터
□ 밀림	**dense forest** 덴스 포리스트
□ 밀매	**illicit sale** 일리싯 세일
□ 밀수하다	**smuggle** 스머글
□ 밀실	**secret room** 씨크릿 룸
□ 밀약	**secret agreement** 씨크릿 어그리먼트
□ 밀어 넣다	**push in** 푸쉬 인 **stuff into** 스텁 인투
□ 밀월	**honeymoon** 허니문
□ 밀접한	**close** 클로우즈 **intimate** 인티밋
□ 밀집(하다)	**crowd** 크라우드

날씨 Weather

① sun
썬

② cloud
클라우드

③ snow
스노우

④ wind
윈드

① 태양 ② 구름 ③ 눈 ④ 바람

⑤ **rainbow**
레인보우

⑥ **thunder**
썬더

⑦ **rain**
레인

⑨ **umbrella**
엄브렐러

⑧ **rainboots**
레인부츠

⑩ **raincoat**
레인코우트

---

⑤ 무지개　⑥ 천둥　⑦ 비　⑧ 장화　⑨ 우산　⑩ 비옷

□ 밀짚	**straw** 스트로
□ 밀크	**milk** 밀크
□ 밀크셰이크	**milk shake** 밀크쉐이크
□ 밀폐(하다)	**close up** 클로우즈 업
□ 밀회	**clandestine meeting** 클렌데스턴 미팅
□ 밉다	**hateful** 헤이트펄
	detestable 디테스터블
□ 밍크	**mink** 밍크
□ 및	**and** 앤
□ 밑바탕	**groundwork** 그라운드워크
□ 밑천	**capital** 캐피털　**fund** 펀드

□ 바〈술집〉　　　　**bar** 바

□ 바겐세일　　　　**bargain sale** 바긴 세일

□ 바구니　　　　　**basket** 배스킷　**cage** 케이지

□ 바깥쪽　　　　　**outside** 아웃사이드

□ 바꾸다　　　　　**exchange** 익스체인지

　　　　　　　　　replace 리플레이스

□ 바꿔 말하다　　　**say in other words** 세이 아더 워즈

□ 바꿔 타다　　　　**transfer** 트랜스퍼

□ 바나나　　　　　**banana** 버내너

□ 바늘　　　　　　**needle** 니들

□ 바닐라　　　　　**vanilla** 버닐러

□ 바다　　　　　　**sea** 씨　**ocean** 오우션

□ 바다거북　　　　**turtle** 터틀

□ 바다낚시　　　　**sea fishing** 씨 피싱

□ 바다표범　　　　**seal** 씰

□ 바닥　　　　　　**bottom** 바텀

□ 바닷가　　　　　**beach** 비치　**seashore** 씨쇼어

☐ 바닷물	**sea water** 씨 워터
☐ 바닷바람	**sea breeze** 씨 브리즈
☐ 바둑	**go** 고
☐ 바라다	**want** 원트 **wish** 위시
☐ 바람	**wind** 윈드 **breeze** 브리즈
☐ 바람기	**passing infatuation** 패싱 인패추에이션
☐ 바람을 쐬다	**enjoy the cool air** 인조이 더 쿨 에어
☐ 바람직하다	**desirable** 디자이어러블
☐ 바래다	**fade** 페이드
☐ 바래다주다	**escort** 에스코트
☐ 바로	**just** 저스트 **exactly** 익잭트리
☐ 바로 옆에	**at hand** 앳 핸드
☐ 바로미터	**barometer** 버라머터
☐ 바로크	**Baroque** 버로우크
☐ 바륨	**barium** 베어리엄
☐ 바르게 하다	**correct** 커렉트
☐ 바르다	**apply** 어플라이
☐ 바리케이드	**barricade** 배러케이드
☐ 바리톤	**baritone** 배러토운
☐ 바보	**fool** 풀

□ 바비큐	**barbecue** 바비큐	가
□ 바쁘다	**be busy** 비 비지	나
□ 바셀린	**vaseline** 배설린	다
□ 바위	**rock** 락	
□ 바이러스	**virus** 바이러스	라
□ 바이브레이션	**vibration** 바이브레이션	마
□ 바이어	**buyer** 바이어	
□ 바이올린	**violin** 바이얼린	바
□ 바이크	**motorbike** 모터바이크	사
□ 바이킹	**Viking** 바이킹	
□ 바지	**trousers** 트라우저스	아
□ 바지멜빵	**suspenders** 서스펜더즈	자
□ 바치다	**devote oneself to** 디보우트 원셀프 투	차
□ 바캉스	**vacation** 배이캐이션	카
□ 바코드	**bar code** 바코우드	
□ 바퀴벌레	**cockroach** 칵로우치	타
□ 바티칸	**the Vatican** 배티컨	파
□ 박	**foil** 포일 **gilt** 길트	하
□ 박람회	**exposition** 엑스퍼지션	
□ 박멸(하다)	**extermination** 엑스터미네이션	

박물관	**museum** 뮤지엄
박봉	**small salary** 스몰 샐러리
박사	**doctor** 닥터
박사과정	**doctoral course** 닥터럴 코스
박사학위	**doctorate** 닥터레이트
박수갈채	**applause** 어플로즈　**cheers** 치어즈
박스	**box** 박스
박정한	**coldhearted** 코울드하티드
박쥐	**bat** 뱃
박해(하다)	**persecution** 퍼시큐션
밖	**outside** 아웃사이드
반〈半〉	**half** 해프
반〈班〉	**class** 클래스
반감	**antipathy** 앤티퍼시
반격(하다)	**counterattack** 카운터어택
반경	**radius** 레이디어스
반구	**hemisphere** 헤미스피어
반달	**half-moon** 해프문
반대	**opposition** 어퍼지션
반대의	**reverse** 리버스　**contrary** 컨트러리

□ 반대편	**the opposite side** 디 어퍼지트 사이드	가
□ 반도	**peninsula** 페닌슐러	나
□ 반도체	**semiconductor** 세미컨덕터	
□ 반드시	**by all means** 바이 올 민즈	다
□ 반들반들한	**smooth** 스무쓰 **slippery** 슬리퍼리	라
□ 반딧불	**firefly** 파이어플라이	마
□ 반란	**revolt** 리볼트	
□ 반론하다	**argue against** 아규 어겐스트	바
□ 반목	**antagonism** 앤태거니즘	사
□ 반바지	**short pants** 숏팬츠	
□ 반발(하다)	**repulse** **repel** 리펠	아
□ 반복	**repetition** 리피티션 **refrain** 리프레인	자
□ 반복하다	**repeat** 리피트	
□ 반사(하다)	**reflex** 리플렉스 ; **reflect** 리플렉트	차
□ 반성	**reflection** 리플렉션	카
□ 반성하다	**reflect upon** 리플렉트 어판	
□ 반세기	**half-century** 해프센추리	타
□ 반소매	**short sleeves** 숏슬리브즈	파
□ 반숙달걀	**soft-boiled egg** 소프트보일드 엑	하
□ 반액	**half the price** 해프 더 프라이스	

□ 반액할인	**half-price discount** 해프프라이스 디스카운트	
□ 반역(하다)	**rebellion** 리벨리언 ; **rebel** 레벌	
□ 반역자	**rebel** 레벌	
□ 반영(하다)	**reflection** 리플렉션 ; **reflect** 리플렉트	
□ 반응(하다)	**reaction** 리액션	**response** 리스판스
□ 반의어	**antonym** 앤터님	
□ 반작용	**reaction** 리액션	
□ 반점	**spot** 스팟	**speck** 스펙
□ 반주(하다)	**accompaniment** 어컴퍼니먼트	
□ 반죽하다	**knead** 니드	
□ 반지	**ring** 링	
□ 반짇고리	**workbox** 워크박스	
□ 반짝거리다	**glitter** 글리터	
□ 반짝반짝	**brightly** 브라이틀리	
□ 반찬	**dish** 디쉬	
□ 반창고	**plaster** 플래스터	
□ 반칙	**foul** 파울	
□ 반품	**returned goods** 리턴드 굿즈	
□ 반하다	**fall in love with** 폴 인 러브 위드	
□ 반〈反〉하다	**be contrary to** 비 컨트러리 투	

210

반항	**resistance** 리지스턴스
반항기	**rebellious phase** 레벌리어스 페이즈
반향	**echo** 에코우
반환(하다)	**return** 리턴
받다	**get** 겟 **receive** 리시브
받아 적다	**write down** 라이트 다운
받아들이다	**accept** 억셉트 **take** 테이크
받아쓰기	**dictation** 딕테이션
받침대	**stand** 스탠드 **pedestal** 피데스털
발	**paw** 포
발가락	**toe** 토우
발각되다	**be exposed** 비 익스포우즈드
발견(하다)	**discovery** 디스커버리 ;
	discover 디스커버
발견되다	**be found** 비 파운드
발군의	**outstanding** 아웃스탠딩
발굴(하다)	**excavation** 엑스커베이션 ;
	excavate 엑스커베이트
발굽	**hoof** 후프
발기(하다)	**erection** 이렉션 ; **erect** 이렉트

211

☐ 발기인	**promoter** 프러모우터	
☐ 발끈하다	**fly into a rage** 플라이인투어 레이쥐	
☐ 발끝	**tiptoe** 팁토우	
☐ 발달(하다)	**development** 디벨롭먼트 ;	
	develop 디벨롭	
☐ 발돋움하다	**stand on tiptoe** 스탠드 온 팁토우	
☐ 발뒤꿈치	**heel** 힐	
☐ 발라드	**ballad** 밸러드	
☐ 발랄	**sprightly** 스프라이틀리	
	lively 라이블리	
☐ 발레	**ballet** 밸레이	
☐ 발레리나	**ballerina** 밸러리너	
☐ 발매(하다)	**sale** 세일 ; **put on sale** 풋 온 세일	
☐ 발명(하다)	**invention** 인벤션 ; **invent** 인벤트	
☐ 발명가	**inventor** 인벤터	
☐ 발목	**ankle** 앵클	
☐ 발버둥이 치다	**struggle** 스트러글	**writhe** 라이쓰
☐ 발병(하다)	**get sick** 겟 씩	
☐ 발사(하다)	**fire** 파이어	**shoot** 슛
☐ 발산(하다)	**emission** 에미션 ; **emit** 에미트	

□ 발생(하다)	**outbreak** 아웃브레이크	
	birth 버쓰 ; **occur** 어커	
□ 발송하다	**send out** 센드 아웃	
□ 발신(하다)	**transmit** 트랜스밋	
□ 발신인	**sender** 센더 **remitter** 리미터	
□ 발아(하다)	**germination** 저미네이트	
□ 발언(하다)	**speak** 스피크	
□ 발언권	**the right to speak** 더 라이트 투 스피크	
□ 발육(하다)	**growth** 그로우쓰 ; **grow** 그로우	
□ 발육부진	**retardation** 리타데이션	
□ 발음(하다)	**pronounce** 프러나운스	
□ 발자취	**footmark** 푸트마크	
□ 발작	**fit** 핏 **attack** 어택	
□ 발전〈發展〉하다	**develop** 디벨롭 **expand** 익스펜드	
□ 발전〈發電〉하다	**generate electricity** 제너레이트 일렉트리서티	
□ 발전기	**dynamo** 다이너모우	
□ 발전소	**power plant** 파워 플랜트	
□ 발전적인	**developmental** 디벨롭멘털	
□ 발족	**inauguration** 인오규레이션	

가 나 다 라 마 바 사 아 자 차 카 타 파 하

□ 발주(하다)	**order** 오더
□ 발진	**skin eruption** 스킨 이럽션
□ 발췌하다	**extract** 익스트랙트
□ 발코니	**balcony** 밸커니
□ 발판	**footstool** 푸트스툴 **scaffold** 스캐폴드
□ 발표하다	**announce** 어나운스
□ 발하다	**give off** 기브 오프 **emit** 이미트
□ 발행(하다)	**publication** 퍼블리케이션 **issue** 이슈
□ 발행부수	**circulation** 서큘레이션
□ 발휘(하다)	**display** 디스플레이 **show** 쇼우
□ 밝다	**bright** 브라이트 **light** 라이트
□ 밝히다	**disclose** 디스클로우즈
□ 밟다	**step** 스텝 **tread** 트레드
□ 밤	**night** 나잇 **evening** 이브닝
□ 밤나무	**chestnut** 체스넛
□ 밤낮	**night and day** 나잇 앤 데이
□ 밤새도록	**all night** 올 나잇
□ 밤중	**midnight** 미드나잇
□ 밥	**rice** 라이스
□ 밥공기	**rice-bowl** 라이스바울

214

□ 방	**room** 룸
□ 방갈로	**bungalow** 벙걸로우
□ 방과 후	**after school** 애프터 스쿨
□ 방관자	**onlooker** 온루커
□ 방관하다	**look on** 룩 온
□ 방광염	**bladder inflammation** 블래더 인플러메이션
□ 방귀	**wind** 윈드　**fart** 파트
□ 방글라데시	**Bangladesh** 뱅글러데쉬
□ 방대한	**enormous** 이노머스　**huge** 휴쥐
□ 방대한 계획	**massive project** 매시브 프러젝트
□ 방랑(하다)	**wander** 완더
□ 방류(하다)	**discharge** 디스차쥐
□ 방목(하다)	**pasturage** 패스추리쥐 ;
	pasture 패스춰
□ 방문객	**visitor** 비지터
□ 방문판매	**door-to-door selling** 도어투도어 셀링
□ 방문하다	**visit** 비지트
□ 방범	**crime prevention** 크라임 프리벤션
□ 방법	**way** 웨이　**method** 메소드

□ 방부제	**preservative** 프리저베이티브	
□ 방사(하다)	**radiation** 레이디에이션 ;	
	radiate 레이디에이트	
□ 방사능오염	**radioactive contamination** 레이디오액티브 컨테미네이션	
□ 방사선	**radiant ray** 레이디언트 레이	
□ 방석	**cushion** 쿠션	
□ 방송(하다)	**broadcast** 브로드캐스트	
□ 방송국	**broadcasting station** 브로드캐스팅 스테이션	
□ 방송프로(그램)	**program** 프로그램	
□ 방수	**waterproof** 워터프룹	
□ 방심(하다)	**be off ones guard** 비 오프 원스 가드	
□ 방아쇠	**trigger** 트리거	
□ 방아쇠를 당기다	**pull the trigger** 풀 더 트리거	
□ 방어	**yellowtail** 옐로우테일	
□ 방어(하다)	**defense** 디펜스 ; **defend** 디펜드	
□ 방언	**dialect** 다이얼렉트	
□ 방영(하다)	**telecast** 텔리캐스트	
□ 방울	**bell** 벨	
□ 방위	**direction** 디렉션	

□ 방음(하다)	**soundproof** 사운드프룹
□ 방음장치	**soundproof device** 사운드프룹 디바이스
□ 방임(하다)	**noninterference** 넌인터피어런스
□ 방임주의	**laissez-faire** 레이세이페어
□ 방정식	**equation** 이퀘이션
□ 방정식을 풀다	**solve an equation** 살브 더 이퀘이션
□ 방지(하다)	**prevent** 프리벤트
□ 방책	**plan** 플랜 **measure** 메저
□ 방충제	**insecticide** 인섹티사이드
□ 방치하다	**leave... alone** 리브.. 얼론
	neglect 니글렉트
□ 방침	**course** 코스 **policy** 팔러시
□ 방파제	**breakwater** 브레이크워터
□ 방패	**shield** 쉴드
□ 방편	**expedient** 익스피디언트
□ 방풍림	**windbreak** 윈드브레이크
□ 방해(하다)	**hindrance** 힌드런스 ; **disturb** 디스터브
□ 방해자	**nuisance** 뉴이선스
□ 방해하다	**disturb** 디스터브
□ 방향	**direction** 디렉션 **side** 사이드

가
나
다
라
마
바
사
아
자
차
카
타
파
하

□ 방화(하다)	**set fire to** 셋 파이어 투
□ 방화훈련	**fire drill** 파이어 드릴
□ 밭	**field** 필드　**farm** 팜
□ 밭을 갈다	**cultivate the field** 컬티베이트 더 필드
□ 배〈과일〉	**pear** 페어
□ 배〈倍〉	**twice** 트와이스　**double** 더블
□ 배〈腹〉	**belly** 벨리
□ 배〈船〉	**boat** 보우트　**ship** 쉽
□ 배경	**background** 백그라운드
□ 배관	**piping** 파이핑
□ 배관공사	**plumbing** 프럼빙　**piping** 파이핑
□ 배구	**volleyball** 발리볼
□ 배급(하다)	**distribute** 디스트리뷰트
	supply 서플라이
□ 배기가스	**exhaust gas** 익조스트 개스
□ 배꼽	**navel** 내이벌
□ 배달(하다)	**delivery** 딜리버리 ; **deliver** 딜리버
□ 배당	**dividend** 디비던드
□ 배드민턴	**badminton** 뱃민턴
□ 배려(하다)	**care** 케어　**consideration** 컨시더레이션

배를 젓다	**row** 로우
배반하다	**betray** 비트레이
배상(하다)	**compensation** 컴펜세이션
배색	**color scheme** 컬러 스킴
배서(하다)	**endorsement** 인도스먼트
배설(하다)	**excrete** 익스크리트
배설물	**excrement** 익스크리트먼트
배설작용	**excretion** 익스크리션
배수(하다)	**drainage** 드레이니지
배양(하다)	**cultivate** 컬티베이트
배역	**cast** 캐스트
배열(하다)	**arrangement** 어레인지먼트
배영	**backstroke** 백스트로우크
배우	**actor** 액터 **actress** 액트리스
배우다	**learn** 런
배우자	**spouse** 스파우스
배웅하다	**see off** 씨 오프
배제(하다)	**exclude** 익스클루드
배지	**badge** 배쥐
배짱	**courage** 커리지 **bravery** 브레이버리

배척(하다)	**exclusion** 익스클루전 ;
	exclude 익스클루드
배척운동	**boycott** 보이캇
배추	**Chinese cabbage** 차이니즈 캐비지
배치(하다)	**arrangement** 어레인지먼트 ;
	arrange 어레인지
배타적	**exclusive** 익스클루시브
배터리	**battery** 배터리
배턴	**baton** 배턴
배턴터치	**baton passing** 배턴 패싱
배포(하다)	**distribution** 디스트리뷰션
배후	**background** 백그라운드
백	**hundred** 헌드러드
백과사전	**encyclopedia** 인사이클로피디어
백금	**platinum** 플래티넘
백만	**million** 밀리언
백만장자	**millionaire** 밀리어네어
백묵	**chalk** 초크
백발	**gray hair** 그레이 헤어
백부	**uncle** 엉클

□ 백분율	**percentage** 퍼센티지	가
□ 백신	**vaccine** 백신	나
□ 백안시(하다)	**look on... coldly** 룩 온... 코울드리	다
□ 백업	**backup** 백업	
□ 백일몽	**daydream** 데이드림	라
□ 백일초	**zinnia** 지니어	
□ 백일해	**whooping cough** 후핑 코프	마
□ 백작	**count** 카운트	바
□ 백조	**swan** 스완	
□ 백조자리	**Cygnus** 식너스	사
□ 백지	**blank paper** 블랭크 페이퍼	아
□ 백치	**idiot** 이디엇	
□ 백합	**lily** 릴리	자
□ 백혈구	**white blood cell** 와이트 블럿 셀	차
□ 백혈병	**leukemia** 류케미어	카
□ 백화점	**department store** 디파트먼트 스토어	타
□ 밴드	**strap** 스트랩 **belt** 벨트	
□ 밴텀급	**bantam weight** 밴텀 웨이트	파
□ 밸런스	**balance** 밸런스	하
□ 밸브	**valve** 밸브	

□ 뱀	**snake** 스네이크	**serpent** 서펜트
□ 뱀장어	**eel** 일	
□ 뱃멀미	**seasickness** 씨식니스	
□ 뱃멀미하다	**get seasick** 겟 씨식	
□ 뱃사람	**sailor** 세일러	
□ 버너	**burner** 버너	
□ 버드나무	**willow** 윌로우	
□ 버릇	**habit** 해빗	
□ 버릇없는	**selfish** 셀피쉬	**willful** 윌펄
□ 버릇없음	**selfishness** 셀피쉬니스	
□ 버리다	**throw away** 쓰로우 어웨이	**dump** 덤프
□ 버본	**bourbon** 버본	
□ 버섯	**mushroom** 머쉬룸	
□ 버스	**bus** 버스	
□ 버스정류장	**bus stop** 버스탑	
□ 버저	**buzzer** 버저	
□ 버전	**version** 버전	
□ 버찌	**cherry** 체리	
□ 버터	**butter** 버터	
□ 버티다	**support** 서포트	**maintain** 메인테인

222

□ 벅찬 상대	**formidable opponent** 포머더블 오퍼넌트	
□ 번갈아서	**alternately** 올터니틀리	
□ 번개	**lightning** 라이트닝	
□ 번거롭게 하다	**trouble** 트러블	
□ 번거롭다	**troublesome** 트러블섬	
□ 번데기	**chrysalis** 크리설리스 **pupa** 퓨퍼	
□ 번득이다	**flash** 플래쉬 **gleam** 글림	
□ 번성	**prosperity** 프라스페리티	
□ 번식(하다)	**propagation** 프라퍼게이션	
□ 번식력	**fertility** 퍼틸리티	
□ 번역	**translation** 트랜스레이션	
□ 번역가	**translator** 트랜스레이터	
□ 번역하다	**translate into** 트랜스레이트 인투	
□ 번영하다	**prosper** 프라스퍼	
□ 번잡한	**complicated** 컴플리케이티드	
□ 번지	**street number** 스트릿 넘버	
□ 번지다	**blot** 블랏	
□ 번호	**number** 넘버	
□ 번화가	**busy street** 비지 스트릿	
□ 벌	**punishment** 퍼니쉬먼트 **penalty** 페널티	

가
나
다
라
마
바
사
아
자
차
카
타
파
하

223

□ 벌	**bee** 비
□ 벌금	**fine** 파인
□ 벌금에 처하다	**impose a fine** 임포우즈 어 파인
□ 벌꿀	**honey** 허니
□ 벌다	**make a profit** 메이크 어 프라핏
	gain 게인
□ 벌레	**insect** 인섹트
□ 벌써	**already** 올레디
□ 벌을 받다	**receive punishment** 리시브 퍼니쉬먼트
□ 벌이	**profit** 프라핏 **gains** 게인즈
□ 벌이가 되다	**be profitable** 비 프라피터블
□ 벌집	**beehive** 비하이브
	honeycomb 허니코움
□ 범람(하다)	**flood** 플러드 **overflow** 오버플로우
□ 범위	**limit** 리미트 **sphere** 스피어
□ 범인〈凡人〉	**mediocre person** 미디아커 퍼슨
□ 범인〈犯人〉	**offender** 오펜더 **criminal** 크리미널
□ 범종	**temple bell** 템플 벨
□ 범죄	**crime** 크라임
□ 범죄자	**criminal** 크리미널

224

□ 범주	**category** 케터거리
□ 범퍼	**bumper** 범퍼
□ 범하다	**commit** 커밋
□ 법	**law** 로 **rule** 룰
□ 법관	**judge** 저쥐
□ 법규	**laws and regulations** 로즈 앤 레귤레이션
□ 법무부장관	**the Minister of Justice** 더 미니스터 어브 저스티스
□ 법안	**bill** 빌
□ 법인	**juridical person** 주리디컬 퍼슨
□ 법정	**court** 코트
□ 벗겨지다	**come off** 컴 오프
□ 벗기다	**tear** 테어 **peel** 필
□ 벗다	**put off** 풋 오프
□ 벗어나다	**get through** 겟 스루
□ 벚꽃	**cherry blossom** 체리 블라섬
□ 벚나무	**cherry tree** 체리 추리
□ 베개	**pillow** 필로우
□ 베끼다	**copy** 카피
□ 베네수엘라	**Venezuela** 베너즈웨일러

가
나
다
라
마
바
사
아
자
차
카
타
파
하

□ 베니스	**Venice** 베니스	
□ 베니어판	**plywood** 플라이우드	
□ 베란다	**veranda** 버랜더	
□ 베레모	**beret** 버레이	
□ 베를린	**Berlin** 벌린	
□ 베스트셀러	**best seller** 베스트 셀러	
□ 베어 먹다	**gnaw** 노	**nibble** 니블
□ 베어링	**bearing** 베어링	
□ 베이스	**base** 베이스	
□ 베이지	**beige** 베이쥐	
□ 베이컨	**bacon** 베이컨	
□ 베이킹파우더	**baking powder** 베이킹 파우더	
□ 베일	**veil** 베일	
□ 베테랑	**veteran** 베터런	**expert** 엑스퍼트
□ 베트남	**Vietnam** 비엣남	
□ 베풀다	**give** 기브	**bestow** 비스토우
□ 벤치	**bench** 벤취	
□ 벨	**bell** 벨	
□ 벨기에	**Belgium** 벨지엄	
□ 벨트	**belt** 벨트	

□ 벨트컨베이어	**belt conveyor** 벨트컨베이어	가
□ 벼	**rice** 라이스	나
□ 벼농사	**rice crop** 라이스 크랍	
□ 벼락부자	**upstart** 업스타트	다
□ 벼루	**inkstone** 잉크스톤	라
□ 벼룩	**flea** 플리	
□ 벽	**wall** 월 **partition** 파티션	마
□ 벽돌	**brick** 브릭	바
□ 벽보	**bill** 빌 **poster** 포스터	
□ 벽시계	**wall clock** 월 클락	사
□ 벽지	**wallpaper** 월페이퍼	아
□ 벽지〈僻地〉	**remote place** 리모트 플레이스	
□ 벽화	**mural** 뮤럴	자
□ 변경(하다)	**change** 체인지	차
□ 변덕	**caprice** 커프리스	
□ 변덕스러운	**capricious** 커프리셔스	카
□ 변덕쟁이	**caprice** 커프리스	타
□ 변두리	**suburbs** 서버브즈	
□ 변명	**excuse** 익스큐즈 **pretext** 프리텍스트	파
□ 변명(하다)	**excuse** 익스큐즈 **; explain** 익스플레인	하

□ 변모(하다)	**transfiguration** 트랜스피겨레이션
□ 변변치 못한	**coarse** 코스　**humble** 험블
□ 변비	**constipation** 컨스티페이션
□ 변상	**compensation** 컴펜세이션
□ 변색	**change of color** 체인지 어브 컬러
□ 변소	**lavatory** 러바토리　**toilet** 토일럿
□ 변신(하다)	**transform** 트랜스폼
□ 변심	**change of heart** 체인지 어브 하트
□ 변압기	**transformer** 트랜스포머
□ 변장(하다)	**disguise** 디스가이즈
□ 변제(하다)	**repayment** 리페이먼트
□ 변조(하다)	**forge** 포지
□ 변천(하다)	**changes** 체인지즈
	transitions 트랜지션즈
□ 변하다	**change** 체인지　**turn into** 턴 인투
□ 변호(하다)	**defense** 디펜스 ; **defend** 디펜드
□ 변호사	**lawyer** 로여
□ 별	**star** 스타
□ 별관	**annex** 어넥스
□ 별명	**nickname** 닉네임

별안간	**suddenly** 서든리
별자리	**constellation** 컨스텔레이션
별장	**villa** 빌러
별점	**horoscope** 호로스코우프
병	**bottle** 바틀
병	**sickness** 식니스 **disease** 디지즈
병기	**arms** 암즈 **weapon** 웨펀
병기고	**arsenal** 아스널
병사	**soldier** 솔저
병상	**sickbed** 식베드
병세	**condition** 컨디션
병실	**sickroom** 식룸 **ward** 워드
병아리	**chick** 칙
병약한	**sickly** 식리
병역	**military service** 밀리터리 서비스
병원	**hospital** 하스피틀
병원균	**disease germ** 디지즈 점
병을 옮기다	**infect** 인펙트
병이 들다	**get ill** 겟 일
병적인	**morbid** 모비드

229

□ 병풍	**folding screen** 폴딩 스크린
□ 병해충	**vermin** 버민　**pest** 페스트
□ 병행하다	**go side by side** 고우 사이드 바이 사이드
□ 볕쬐기	**sunbathe** 썬베이쓰
□ 보건	**health** 헬쓰　**hygiene** 하이진
□ 보건소	**health center** 헬쓰 센터
□ 보고(하다)	**report** 리포트　**inform** 인폼
□ 보관(하다)	**storage** 스토리지 ; **keep** 킵　**store** 스토어
□ 보급(하다)	**spread** 스프레드　**diffuse** 디퓨즈
□ 보기 흉하다	**ugly** 어글리
□ 보내는 사람	**sender** 센더
□ 보내다	**send** 센드　**hand over** 핸드 오버
□ 보너스	**bonus** 보우너스
□ 보다	**see** 씨　**look at** 룩 앳
□ 보답하다	**reward for** 리워드 포
□ 보도	**sidewalk** 사이드워크
□ 보디가드	**bodyguard** 보디가드
□ 보따리를 풀다	**unpack** 언팩
□ 보랏빛	**purple** 퍼플　**violet** 바이얼릿

□ 보류(하다)	**reserve** 리저브	
□ 보류하다	**put off** 풋 오프	
□ 보름달	**full moon** 풀 문	
□ 보리	**barley** 발리	
□ 보리수	**linden** 린던	
□ 보모	**nurse** 너스	
□ 보물	**treasure** 트레저	
□ 보물찾기	**treasure hunting** 트레저 헌팅	
□ 보복(하다)	**retaliation** 리텔리에이션 ;	
	retaliate 리텔리에이트	
□ 보살피다	**take care** 테익 케어	
□ 보살핌	**care** 케어 **aid** 에이드	
□ 보상(하다)	**compensate** 컴펜세이트	
□ 보상금	**compensation** 컴펜세이션	
□ 보석〈寶石〉	**jewel** 주얼	
□ 보석〈保釋〉	**bail** 베일	
□ 보수〈報酬〉	**reward** 리워드	
□ 보수〈保守〉	**conservatism** 컨저버티즘	
□ 보수적인	**conservative** 컨저버티브	
□ 보스	**boss** 보스	

가
나
다
라
마
바
사
아
자
차
카
타
파
하

동물원 Zoo

① monkey
멍키

② elephant
엘리펀트

③ giant panda
자이언트 팬더

④ deer
디어

⑤ snake
스네이크

① 원숭이 ② 코끼리 ③ 자이언트 판다 ④ 사슴 ⑤ 뱀

⑥ **giraffe**
지래프

⑦ **bear**
베어

⑧ **horse**
호스

⑨ **tiger**
타이거

⑩ **lion**
라이언

⑪ **fox**
팍스

⑫ **sheep**
쉽

⑥ 기린 ⑦ 곰 ⑧ 말 ⑨ 호랑이 ⑩ 사자 ⑪ 여우 ⑫ 양

□ 보안	**security** 씨큐리티
□ 보이	**waiter** 웨이터　**bellboy** 벨보이
□ 보이다	**see** 씨　**be seen** 비 씬
□ 보이콧(하다)	**boycott** 보이캇
□ 보이프렌드	**boyfriend** 보이프렌드
□ 보일러	**boiler** 보일러
□ 보자기	**cloth wrapper** 클로스 래퍼
□ 보장(하다)	**security** 씨큐리티　**guarantee** 개런티
□ 보조	**pace** 페이스　**step** 스텝
□ 보조(하다)	**assistance** 어시스턴스 ; **assist** 어시스트
□ 보조개	**dimple** 딤플
□ 보조금	**subsidy** 섭시디
□ 보존(하다)	**preservation** 프리저베이션
□ 보증서	**written guarantee** 리튼 개런티
□ 보증인	**guarantor** 개런터　**surety** 슈어티
□ 보충하다	**make up for** 메이크 룸 포
	supplement 서플먼트
□ 보태다	**add to** 애드투
□ 보탬	**addition** 애디션
□ 보통	**usually** 유주얼리　**generally** 제너럴리

234

보통선거	**universal suffrage** 유니버설 서프리지
보통예금	**ordinary deposit** 오디너리 디파짓
보통의	**ordinary** 오디너리 **common** 커먼
보트	**boat** 보우트
보편	**universality** 유니버설리티
보편적인	**universal** 유니버설
보합	**rate** 레이트 **percentage** 퍼센티지
보행	**walk** 워크
보험	**insurance** 인슈어런스
보험회사	**insurance company** 인슈어런스 컴퍼니
보호(하다)	**protection** 프러텍션 ; **protect** 프러텍트
보호무역주의	**protectionism** 프러텍셔니즘
복권	**lottery** 라터리
복도	**corridor** 커리더
복리	**compound interest** 컴파운드 인터레스트
복막염	**peritoneum** 페러터니엄
복면	**mask** 마스크
복사(하다)	**photocopy** 포토카피 **copy** 카피
복사뼈	**ankle** 앵클

□ 복수	**plural** 플루럴	
□ 복수(하다)	**revenge** 리벤지	
□ 복숭아	**peach** 피치	
□ 복습(하다)	**review** 리뷰	
□ 복식	**composite** 컴퍼짓	
	combined 컴바인드	
□ 복싱	**boxing** 박싱	
□ 복어	**globefish** 글로웁피쉬	
□ 복역(하다)	**serve one's term** 서브 원스 텀	
□ 복용량	**dose** 도우즈	
□ 복원(하다)	**restoration** 레스터레이션 ;	
	restore 레스토어	
□ 복잡한	**complicated** 컴플리케이티드	
□ 복장	**dress** 드레스	**clothes** 클로시즈
□ 복제(하다)	**reproduction** 리프러덕션	
□ 복종(하다)	**obedience** 오비디언스 ; **obey** 오베이	
□ 복지	**public welfare** 퍼블릭 웰페어	
□ 복통	**stomachache** 스터먹에이크	
□ 복합	**complex** 컴플렉스	
□ 복화술	**ventriloquism** 벤트리로퀴즘	

□ 볶다	**fry** 프라이
□ 볶음밥	**fried rice** 프라이드 라이스
□ 본가	**old home** 올드 홈
□ 본거지	**base** 베이스
□ 본격적인	**real** 리얼 **genuine** 제뉴인
□ 본관〈本館〉	**main building** 메인 빌딩
□ 본능	**instinct** 인스팅트
□ 본능적인 두려움	**instinctive fear** 인스팅티브 피어
□ 본래	**originally** 어리지널리
□ 본론	**main subject** 메인 섭직트
□ 본명	**real name** 리얼네임
□ 본문	**text** 텍스트
□ 본받다	**learn** 런 **imitate** 이미테이트
□ 본부	**the head office** 더 헤드 오피스
□ 본분	**duty** 듀티
	responsibility 리스판서빌리티
□ 본성	**nature** 네이추어
□ 본심	**real intention** 리얼 인텐션
□ 본인	**the person in question** 더 퍼슨 인 퀘스천
□ 본질	**essence** 에선스

□ 본체	**main body** 메인 바디
□ 본토	**the mainland** 더 메인랜드
□ 볼	**cheek** 칙
□ 볼록거울	**convex mirror** 컨벡스 미러
□ 볼륨	**volume** 볼륨
□ 볼링	**bowling** 보울링
□ 볼트	**bolt** 보울트
□ 볼펜	**ball-point pen** 볼포인트펜
□ 볼품없다	**unsightly** 언사이트리
	awkward 오쿼드
□ 봄	**spring** 스프링
□ 봉	**stick** 스틱 **rod** 로드
□ 봉건	**feudal** 퓨덜
□ 봉건제	**feudalism** 퓨덜리즘
□ 봉급	**pay** 페이 **salary** 샐러리
□ 봉사(하다)	**service** 서비스 ; **serve** 서브
□ 봉쇄(하다)	**blockade** 블럭케이드
□ 봉우리	**peak** 피크 **top** 탑
□ 봉제인형	**stuffed toy** 스텁드 토이
□ 봉투	**envelope** 엔벌롭

238

□ 부〈部〉	**section** 섹션	
□ 부〈副〉	**vice-** 바이스	
□ 부〈富〉	**wealth** 웰스	
□ 부결(되다)	**rejection** 리젝션 ; **reject** 리젝트	
□ 부과하다	**impose** 임포우즈	
□ 부근	**neighborhood** 네이버후드	
□ 부기	**bookkeeping** 북키핑	
□ 부끄럽다	**shameful** 쉐임펄	
□ 부단한	**perpetual** 퍼페추얼	
	constant 컨스턴트	
□ 부담(하다)	**burden** 버든 ; **bear** 베어	
	share 쉐어	
□ 부당한	**unjust** 언저스트	
□ 부대	**military unit** 밀리터리 유닛	
□ 부도	**dishonor** 디스아너	
□ 부동산	**immovables** 이무버벌즈	
□ 부두	**pier** 피어	
□ 부드러운	**soft** 소프트 **tender** 텐더	
□ 부드럽게	**softly** 소프틀리	
□ 부드럽게 하다	**soften** 소프튼	

가
나
다
라
마
바
사
아
자
차
카
타
파
하

□ 부딪치다	**hit** 힛	**strike** 스트라이크
□ 부러워하다	**envy** 엔비	
□ 부럽다	**enviable** 엔비어블	
□ 부록	**supplement** 서플먼트	
□ 부르는 소리	**cry** 크라이	**call** 콜
□ 부르다	**call** 콜	
□ 부르주아	**bourgeois** 부어르좌	
□ 부리	**bill** 빌	**beak** 비크
□ 부메랑	**boomerang** 부머랭	
□ 부메랑효과	**boomerang effect** 부머랭 이펙트	
□ 부모	**parents** 퍼어런츠	
□ 부부	**married couple** 매리드 커플	
□ 부분	**part** 파트	
□ 부사	**adverb** 애드버브	
□ 부산물	**by-product** 바이프러덕트	
□ 부상〈당하다〉	**wound** 운드 ; **be injured** 비 인줘드	
□ 부상자	**injured person** 인줘드 퍼슨	
□ 부서지다	**break** 브레이크	
□ 부속	**attached** 어태취드	
□ 부수다	**break** 브레이크	**destroy** 디스트로이

부스럼	**pimple** 핌플
부식	**side dishes** 사이드 디쉬즈
부식(되다)	**corrosion** 커로우젼
부양하다	**support** 서포트 **keep** 킵
부업	**side job** 사이드 잡
부엌	**kitchen** 키친
부여(하다)	**give** 기브 **bestow** 비스토우
부인	**Mrs.** 미시즈
부인	**wife** 와이프
부인(하다)	**denial** 디나이얼 ; **deny** 디나이
부자	**rich person** 리치 퍼슨
부자연스러운	**unnatural** 언내추럴
부작용	**side effect** 사이드 이펙트
부장	**director** 디렉터
부재	**absence** 앱선스
부적	**charm** 참 **talisman** 탤리스먼
부적당한	**unsuitable** 언수터블
부전자전	**like father like son** 라이크 파더 라이크 썬
부정〈否定〉	**denial** 디나이얼
부정〈不正〉	**unjustice** 언저스티스

□ 부정관사	**indefinite article** 인데피닛 아티클	
□ 부정사	**infinitive** 인피니티브	
□ 부정적인	**negative** 네거티브	
□ 부정하다	**deny** 디나이	
□ 부정확한	**inaccurate** 인애큐릿	
□ 부제	**sub-title** 섭-타이틀	
□ 부조	**relief** 릴리프	
□ 부족(하다)	**want** 원트	**lack** 랙
□ 부족하다	**lack** 랙	
□ 부주의	**carelessness** 케어리스니스	
□ 부지런히	**diligently** 딜리전트리	
□ 부진	**slump** 슬럼프	**depression** 디프레션
□ 부채	**debt** 뎁트	
□ 부채	**round fan** 라운드 팬	
□ 부처	**Buddha** 부더	
□ 부추	**leek** 리크	
□ 부추기다	**tempt** 템트	**seduce** 시듀스
□ 부츠	**boots** 부츠	
□ 부케	**bouquet** 부케	
□ 부탁	**request** 리퀘스트	**favor** 페이버

□ ∼부터	**from** 프럼　**since** 씬스
□ 부티크	**boutique** 부티크
□ 부패(하다)	**putrefaction** 퓨트러팩션 **; rot** 랏
□ 부풀다	**swell** 스웰
□ 부품	**parts** 파츠
□ 부피가 커지다	**be bulky** 비 벌키
□ 부하	**subordinate** 서보디네이트
□ 부호〈富豪〉	**millionaire** 밀리어네어
□ 부호〈符號〉	**sign** 사인
□ 부화(하다)	**incubation** 인큐베이션 **; hatch** 해치
□ 부활(하다)	**revival** 리바이벌 **; revive** 리바이브
□ 부활절	**Easter** 이스터
□ 북	**drum** 드럼
□ 북경	**Beijing** 베이징　**Peking** 피킹
□ 북극	**the North Pole** 노 노쓰 포울
□ 북극성	**the polestar** 더 폴스타
□ 북동	**northeast** 노쓰이스트
□ 북두칠성	**the Big Dipper** 더 빅 디퍼
□ 북반구	**the northern hemisphere** 더 노던 해미스피어
□ 북부	**the northern part** 더 노던 파트

가
나
다
라
마
바
사
아
자
차
카
타
파
하

□ 북위	**the north latitude** 더 노쓰 래티튜드
□ 북적거리는	**crowded** 크라우디드
□ 북쪽	**the north** 더 노쓰
□ 북한	**North Korea** 노쓰 코리어
□ 분	**minute** 미닛
□ 분간하다	**distinguish** 디스팅귀쉬
□ 분개	**indignation** 인딕네이션
□ 분규	**complication** 컴플리케이션
□ 분담(하다)	**share** 쉐어
□ 분도기	**protractor** 프로트랙터
□ 분량	**quantity** 콴터티
□ 분류(하다)	**classification** 클래서피케이션
□ 분리(하다)	**separation** 세퍼레이션 ; **separate** 세퍼레이트
□ 분리하다	**classify** 클래서파이 **sort** 소트
□ 분만	**childbirth** 차일드버쓰
□ 분만실	**delivery room** 딜리버리 룸
□ 분말	**powder** 파우더
□ 분명하지 않은	**dim** 딤 **indistinct** 인디스팅트
□ 분명히 하다	**distinguish between** 디스팅귀쉬 비튄

□ 분모	**denominator** 디노미네이터
□ 분무기	**spray** 스프레이
□ 분배(하다)	**distribution** 디스트리뷰션
□ 분별(하다)	**separate** 세퍼레이트
□ 분비(하다)	**secretion** 시크리션
□ 분산(되다)	**dispersion** 디스퍼전
□ 분석(하다)	**analysis** 애널리시스 ;
	analyze 애널라이즈
□ 분쇄(하다)	**smash** 스매쉬 **crush** 크러쉬
□ 분수	**fountain** 파운틴
□ 분수	**fraction** 프랙션
□ 분수령	**watershed** 워터쉐드
□ 분실(하다)	**loss** 로스 ; **lose** 루즈
□ 분실물	**lost article** 로스트 아티클
□ 분실물 취급소	**lost-and-found** 로스트앤파운드
□ 분야	**field** 필드 **line** 라인
□ 분업(하다)	**division of labor** 디비전 어브 래이버
□ 분열(되다)	**split** 스플릿 **division** 디비전
□ 분열증	**schizophrenia** 스키처프레니어
□ 분위기	**atmosphere** 앳모스피어

□ 분자	**molecule** 말리큘	
□ 분장실	**dressing room** 드레싱 룸	
□ 분재	**dwarf tree** 드워프 추리	
□ 분쟁	**conflict** 컨플릭트	
□ 분지	**basin** 베이슨	
□ 분투(하다)	**struggle** 스트러글	**strive** 스트라이브
□ 분파	**faction** 팩션	
□ 분포(하다)	**distribution** 디스트리뷰션	
□ 분하다	**annoying** 어노잉	
□ 분할(하다)	**division** 디비전 ; **divide** 디바이드	
□ 분해	**decomposition** 디컴포지션	
□ 분화(하다)	**eruption** 이럽션 ; **erupt** 이럽트	
□ 불	**fire** 파이어	
□ 불 켜다	**put on the light** 풋 온 더 라이트	
□ 불가결한	**indispensable** 인디스펜서블	
□ 불가능한	**impossible** 임파서블	
□ 불가리아	**Bulgaria** 벌개어리어	
□ 불가사리	**starfish** 스타피쉬	
□ 불가사의	**wonder** 원더	**mystery** 미스터리
□ 불결한	**unclean** 언클린	**dirty** 더티

□ 불경기	**depression** 디프레션	
□ 불고기	**roast meat** 로스트 미트	
□ 불공평	**partiality** 파셜리티	
□ 불교	**Buddhism** 부디즘	
□ 불교신자	**Buddhist** 부디스트	
□ 불구하고	**in spite of** 인 스파이트 어브	
□ 불규칙	**irregular** 이레귤러	
□ 불균형	**imbalance** 임밸런스	
□ 불기소	**non-prosecution** 넌프러시큐션	
□ 불길한	**ominous** 아머너스	
□ 불꽃	**spark** 스파크	
□ 불다	**blow** 블로우	
□ 불도저	**bulldozer** 불도우저	
□ 불량배	**gangster** 갱스터	**hoodlum** 후드럼
□ 불륜	**adultery** 어덜터리	
□ 불리	**disadvantage** 디스어드벤티지	
□ 불만스러운	**discontent** 디스컨텐트	
□ 불매운동	**boycott** 보이캇	
□ 불면증	**insomnia** 인삼니어	
□ 불명예	**dishonor** 디스아너	

□ 불모	**sterile** 스테럴	
□ 불법적인	**unlawful** 언로펄	
□ 불법침입	**trespassing** 트레스패싱	
□ 불법행위	**unlawful act** 언로펄 액트	
□ 불변	**changelessness** 체인지리스니스	
□ 불복	**dissatisfaction** 디스새티스팩션	
□ 불사조	**phoenix** 피닉스	
□ 불상	**Buddhist image** 부디스트 이미지	
□ 불상사	**scandal** 스캔들	
□ 불소	**fluorine** 플루어린	
□ 불신	**distrust** 디스트러스트	
□ 불쌍한	**poor** 푸어	**pitiable** 피티어블
□ 불안	**uneasiness** 언이지니스	
□ 불안정	**instability** 인스터빌리티	
□ 불어나다	**increase** 인크리즈	
□ 불어넣다	**blow into** 블로우인투	
	inspire 인스파이어	
□ 불운	**bad luck** 배드 럭	
□ 불의의	**sudden** 서든	
	unexpected 언익스펙티드	

□ 불이익	**disadvantage** 디스어드벤티지	가
□ 불일치	**disagreement** 디스어그리먼트	나
□ 불임증	**sterility** 스테럴리티	
□ 불충분한	**insufficient** 인서피션트	다
□ 불쾌하다	**unpleasant** 언플레전트	
□ 불편	**inconvenience** 인컨비년스	라
□ 불평	**complaint** 컴플레인트	마
□ 불평하다	**complain** 컴플레인	
□ 불필요한	**unnecessary** 언네서세리	바
□ 불합리한	**unreasonable** 언리즈너블	
□ 불행	**unhappiness** 언해피니스	사
□ 불화	**discord** 디스코드	
□ 불확실한	**uncertain** 언서튼	아
□ 불황	**depression** 디프레션	자
	slump 슬럼프	차
□ 불효	**undutifulness** 언듀티펄니스	카
□ 붐	**boom** 붐	타
□ 붐비다	**be crowded** 비 크라우디드	
□ 붓	**writing brush** 라이팅 브러시	파
□ 붓다	**become swollen** 비컴 스월런	하

249

□ 붓다	**pour** 포어
□ 붕괴(되다)	**collapse** 컬렙스
□ 붕대	**bandage** 밴디지
□ 붕어	**crucian carp** 크루션 카프
□ 붙다	**stick to** 스틱 투
□ 붙이다	**stick** 스틱　**put on** 풋 온
□ 붙임성	**affability** 애퍼빌러티
□ 붙임성이 있다	**amiable** 애이미어블
□ 붙잡다	**catch** 캐취　**capture** 캡춰
□ 붙잡히다	**be caught** 비 코트
□ 뷔페	**buffet** 버페이
□ 브라운관	**tube** 튜브
□ 브라질	**Brazil** 브러질
□ 브래지어	**brassiere** 브러지어　**bra** 브라
□ 브랜드	**brand** 브랜드
□ 브랜디	**brandy** 브랜디
□ 브레이크	**brake** 브레이크
□ 브로마이드	**bromide** 브로우마이드
□ 브로치	**brooch** 브로우취
□ 브로커	**broker** 브로우커

□ 브로콜리	**broccoli** 브라컬리	
□ 블라우스	**blouse** 블라우스	
□ 블라인드	**blind** 블라인드	
□ 블랙리스트	**blacklist** 블랙리스트	
□ 블록	**block** 블럭	
□ 블루스	**blues** 블루스	
□ 블루칼라	**blue-collar worker** 블루컬러 워커	
□ 비	**broom** 브룸	
□ 비〈雨〉	**rain** 레인	
□ 비겁한	**mean** 민 **foul** 파울	
□ 비겁한 수단	**cowardly means** 카워들리 민즈	
□ 비결	**knack** 낵 **secret** 씨크리트	
□ 비공식	**unofficial** 언오피셜 **informal** 인포멀	
□ 비관적인	**pessimistic** 페시미스틱	
□ 비교하다	**compare** 컴페어	
□ 비굴한	**servile** 서바일	
□ 비극	**tragedy** 트래저디	
□ 비기다	**draw** 드로	
□ 비김	**draw** 드로 **drawn game** 드론 게임	
□ 비꼼	**sarcasm** 사캐즘 **irony** 아이러니	

☐ 비난(하다)	**blame** 블레임	**censure** 센슈어
☐ 비너스	**Venus** 비너스	
☐ 비뇨기과	**urology** 유럴러지	
☐ 비누	**soap** 소우프	
☐ 비눗방울	**soap bubbles** 소우프버블즈	
☐ 비늘	**scale** 스케일	
☐ 비닐	**vinyl** 바이늘	
☐ 비닐봉지	**poly bag** 폴리백	
☐ 비닐하우스	**vinyl house** 바이늘 하우스	
☐ 비다	**vacant** 베이컨트	
☐ 비단	**silk** 실크	**brocade** 브로우케이드
☐ 비둘기	**pigeon** 피전	**dove** 더브
☐ 비등(하다)	**boil** 보일	
☐ 비등점	**boiling point** 보일링 포인트	
☐ 비디오	**video** 비디오우	
☐ 비디오테이프	**videotape** 비디오우테입	
☐ 비뚤어지게 하다	**distort** 디스토트	**bend** 벤드
☐ 비례	**proportion** 프러포션	
☐ 비록	**even if** 이븐 이프	
☐ 비료	**fertilizer** 퍼틸라이저	**manure** 머뉴어

□ 비린내 나다	**fishy** 피쉬
□ 비만	**obesity** 오우비서티
□ 비만증	**adiposity** 애더파서티
□ 비명〈지르다〉	**scream** 스크림 **cry** 크라이
□ 비문	**inscription** 인스크립션
□ 비밀	**secret** 씨크리트
□ 비밀번호	**code number** 코드 넘버
□ 비밀을 지키다	**keep a secret** 킵 어 씨크릿
□ 비방(하다)	**slander** 슬랜더
□ 비번	**off duty** 오프 듀티
□ 비범한	**exceptional** 익셉셔널
□ 비법	**secret method** 씨크릿 메서드
□ 비보	**sad news** 새드 뉴즈
□ 비비다	**rub** 럽 **massage** 머사지
□ 비상	**emergency** 이머전시
□ 비상구	**emergency exit** 이머전시 엑시트
□ 비상근	**part-time** 파타임
□ 비상식	**thoughtlessness** 쏘트리스니스
□ 비서	**secretary** 쎄크러터리
□ 비수기	**off-season** 오프시즌

가
나
다
라
마
바
사
아
자
차
카
타
파
하

□ 비스킷	**biscuit** 비스킷
□ 비슷하다	**closely related** 클로우슬리 릴레이티드
□ 비싼	**expensive** 익스펜시브
□ 비약(하다)	**leap** 리프 **jump** 점프
□ 비어있는	**empty** 엠프티 **vacant** 베이컨트
□ 비열하다	**unfair** 언페어 **mean** 민
□ 비염	**nasal inflammation** 내이설 인플래메이션
□ 비옥	**fertility** 퍼틸리티
□ 비올라	**viola** 비오울러
□ 비용	**cost** 코스트
□ 비우다	**empty** 엠프티
□ 비웃다	**ridicule** 리디큘
□ 비율	**rate** 레이트 **ratio** 래이티오
□ 비자	**visa** 비저
□ 비장〈脾臟〉	**spleen** 스플린
□ 비장한	**pathetic** 퍼세틱
	grievous 그리버스
□ 비전	**vision** 비전
□ 비정한	**heartless** 하트리스
□ 비좁다	**narrow** 내로우

비준(하다)	**ratification** 래티피케이션 ;
	ratify 래티파이
비즈니스	**business** 비즈니스
비즈니스맨	**businessman** 비즈니스먼
비참한	**miserable** 미저러블
비천하다	**low** **humble** 험블
비쳐 보이다	**be transparent** 비 트랜스패어런트
비추다	**light** 라이트 **illuminate** 일루미네이트
비축	**store** 스토어 **reserve** 리저브
비축하다	**store** 스토어 **keep** 킵
비취	**jade** 제이드
비치다	**shine** 샤인
비키니	**bikini** 비키니
비타민	**vitamin** 바이터민
비탈길	**slope** 슬로우프 **hill** 힐
비통한	**grievous** 그리버스
	sorrowful 소로우펄
비틀거리다	**stagger** 스태거
비틀다	**twist** 트위스트 **turn** 턴
비파〈枇杷〉	**loquat** 로우쾃

가
나
다
라
마
바
사
아
자
차
카
타
파
하

□ 비판(하다)	**criticism** 크리티시즘 ;
	criticize 크리티사이즈
□ 비평(하다)	**criticism** 크리티시즘
	comment 커멘트
□ 비프	**beef** 비프
□ 비프스테이크	**beefsteak** 비프스테익
□ 비프스튜	**beef stew** 비프 스튜
□ 비합법	**illegal** 일리걸
□ 비행	**flight** 플라이트
□ 비행기	**airplane** 에어플레인　**plane** 플레인
□ 비행장	**airport** 에어포트　**airfield** 에어필드
□ 비화	**secret story** 씨크릿 스토리
□ 빈곤	**poverty** 퍼버티
□ 빈대	**bedbug** 베드벅
□ 빈도	**frequency** 프리퀀시
□ 빈둥거리다	**be lazy** 비 레이지
□ 빈말을 하다	**compliment** 컴플리먼트
	flatter 플래터
□ 빈민가	**slums** 슬럼즈
□ 빈방	**vacant room** 베이컨트 룸

빈번한	frequent 프리퀀트
빈손의	empty-handed 엠티핸디드
빈약한	poor 푸어　meager 미거
빈자리	vacant seat 베이컨트 시트
빈축	disgust 디스거스트
	displeasure 디스플레저
빈틈없다	tactful 택트펄　shrewd 쉬루드
빈혈	anemia 어니미어
빌다	pray to 프레이 투
빌딩	building 빌딩
빌려주다	lend 렌드
빗	comb 콤
빗방울	raindrop 레인드랍
빙산	iceberg 아이스벅
빙산의 일각	the tip of the iceberg 더 팁 어브 디 아이스벅
빙하	glacier 글레이시어
빙하기	the ice age 디 아이스 에이지
빚	debt 뎁트　loan 론
빚을 다 갚다	clear one's debt 클리어 원스 뎁트
빚쟁이	debt collector 뎁트 컬렉터

□ 빛	**light** 라이트	**lamp** 램프
□ 빛나다	**shine** 샤인	**flash** 플래쉬
□ 빠뜨림	**slip** 슬립	
□ 빠르다	**fast** 패스트	
□ 빠져나가다	**pass through** 패스 스루	
□ 빠지다	**fall** 폴	
□ 빠짐없이	**without exception** 위다웃 익셉션	
□ 빠트리다	**omit** 오미트	
□ 빨강	**red** 레드	
□ 빨다	**suck** 석	**suckle** 서클
□ 빨리	**quickly** 퀵클리	**promptly** 프럼틀리
□ 빵	**bread** 브레드	
□ 빵집	**bakery** 베이커리	
□ 빼다	**deduct from** 디덕트 프럼	
□ 빼닮다	**resemble** 리젬블	
□ 빼앗다	**take...away** 테이크 어웨이	**rob** 랍
□ 빼어나다	**excel** 액셀	
□ 뺄셈	**subtraction** 섭트랙션	
□ 뺑소니	**hit and run** 힛 앤드 런	
□ 뺨	**cheek** 칙	

□ 뻐근하다	**grow stiff** 그로우 스팁
□ 뻐꾸기	**cuckoo** 쿠쿠
□ 뻔뻔스럽다	**impudent** 임푸던트
□ 뻗다	**stretch** 스트레치　**extend** 익스텐드
□ 뼈	**bone** 본
□ 뼈대	**frame** 프레임　**structure** 스트럭춰
□ 뽐내다	**be haughty** 비 호티
□ 뽑다	**pull out** 풀 아웃
□ 뽕나무	**mulberry** 멀베리
□ 뾰족해지다	**become pointed** 비컴 포인티드
□ 뿌리 깊은	**deep-rooted** 딥루티드
□ 뿌리	**root** 루트
□ 뿌리다	**sprinkle** 스프링클　**scatter** 스캐터
□ 뿌리를 내리다	**take root** 테이크 루트
□ 뿌리치다	**shake off** 쉐이크 오프
□ 뿔	**horn** 혼
□ 삐걱거리다	**creak** 크리크
□ 삐다	**sprain** 스프레인　**wrench** 렌치

동작을 나타내는 단어 Verb

① walk
워크

② run
런

③ jump
점프

④ stop
스탑

⑤ cook
쿡

⑥ eat
이트

① 걷다 ② 뛰다 ③ 뛰어오르다 ④ 멈추다 ⑤ 요리하다 ⑥ 먹다

⑦ rid
라이드

⑧ drink
드링크

⑨ push
푸쉬

⑩ pull
풀

⑪ open
오픈

⑫ shut
셧

⑦ 타다 ⑧ 마시다 ⑨ 밀다 ⑩ 당기다 ⑪ 열다 ⑫ 닫다

사

□ 사각형	**square** 스퀘어
□ 사거리	**crossroad** 크로스로드
□ 사건	**matter** 매터　**affair** 어페어
	case 케이스
□ 사격	**shooting** 슈팅
□ 사격연습	**shooting practice** 슈팅 프랙티스
□ 사고〈事故〉	**accident** 액시던트
□ 사고〈思考〉	**thinking** 씽킹
□ 사과	**apology** 어팔러지
□ 사과	**apple** 애플
□ 사과하다	**apologize** 어팔러자이즈
□ 사교댄스	**social dance** 소셜 댄스
□ 사구	**dune** 둔
□ 사기	**fraud** 프로드
□ 사기꾼	**swindler** 스윈들러
□ 사냥	**hunting** 헌팅　**shooting** 슈팅
□ 사냥꾼	**hunter** 헌터

□ 사다	**buy** 바이 **purchase** 퍼처스	가
□ 사다리	**ladder** 래더	나
□ 사다리꼴	**trapezoid** 트래퍼조이드	
□ 사도	**apostle** 애퍼슬	다
□ 사들이다	**stock** 스탁	라
□ 사라지다	**vanish** 베니쉬 **disappear** 디스어피어	
□ 사람	**person** 퍼슨 **one** 원	마
□ 사람들	**people** 피플	바
□ 사랑(하다)	**love** 러브 ;	
	fall in love with 폴 인 러브 위드	사
□ 사랑니	**wisdom tooth** 위즈덤 티쓰	아
□ 사랑스럽다	**dear** 디어 **beloved** 비러브드	
□ 사려 깊다	**prudent** 프루던트	자
□ 사령관	**commander** 커맨더	차
□ 사령부	**headquarter** 헤드쿼터	
□ 사령탑	**control tower** 컨트롤 타워	카
□ 사례	**thanks** 쌩스	타
	remuneration 리뮤너레이션	파
□ 사리사욕	**self-interest** 셀프 인터레스트	하
	greed 그리드	

□ 사리에 맞는	**logical** 라지컬	
□ 사립	**private** 프라이빗	
□ 사마귀〈곤충〉	**mantis** 맨티스	
□ 사마귀〈피부〉	**wart** 워트	
□ 사막	**desert** 데저트	
□ 사망(하다)	**death** 데쓰	**die** 다이
□ 사망률	**death rate** 데쓰 레이트	
□ 사면체	**tetrahedron** 테트러히드런	
□ 사명	**mission** 미션	
□ 사무	**business** 비즈니스	**affair** 어페어
□ 사무소	**office** 오피스	
□ 사무원	**clerk** 클럭	**office worker** 오피스 워커
□ 사무총장	**secretary-general** 새크러테리제너럴	
□ 사물	**things** 씽즈	
□ 사발	**bowl** 바울	
□ 사법권	**jurisdiction** 주리스딕션	
□ 사법부	**administration of justice** 엇미니스트레이션 어브 저스티스	
□ 사본	**copy** 카피	**manuscript** 매뉴스크립
□ 사비	**private expense** 프라이빗 익스펜스	

□ 사상	**thought** 쏘트	**idea** 아이디어
□ 사상가	**philosopher** 필라소퍼	
	thinker 씽커	
□ 사색	**contemplation** 컨템플레이션	
□ 사생(하다)	**sketch** 스케치	
□ 사생활	**private life** 프라이빗 라이프	
□ 사서	**librarian** 라이브러리언	
□ 사설	**editorial** 에디토리얼	
□ 사소한	**trifling** 트라이플링	**trivial** 트라이비얼
□ 사소한일	**trifles** 트라이플즈	
□ 사슴	**deer** 디어	
□ 사실	**fact** 팩	**truth** 트루쓰
□ 사양산업	**declining industry** 디클라이닝 인더스트리	
□ 사업	**enterprise** 엔터프라이즈	
□ 사업가	**entrepreneur** 앙트러프러너	
□ 사욕	**self-interest** 셀프인터레스트	
□ 사용(하다)	**use** 유즈	
□ 사용료	**fee** 피	
□ 사용법	**how to use** 하우 투 유즈	
□ 사우나	**sauna** 사우너	

가
나
다
라
마
바
사
아
자
차
카
타
파
하

265

□ 사우디아라비아 **Saudi Arabia** 사우디 애러비어

□ 사원 **Buddhist temple** 부디스트 템플

□ 사원 **employee** 엠플로이 **staff** 스탭

□ 사월 **April** 에어프릴

□ 사위 **bridegroom** 브라이드그룸

□ 사유 **private ownership** 프라이빗 오우너십

□ 사육 **breeding** 브리딩

□ 사의 **resignation** 레직네이션

□ 사이〈관계〉 **relation** 릴레이션

□ 사이〈공간〉 **space** 스페이스 **room** 룸

□ 사이〈시간〉 **interval** 인터벌

□ 사이다 **soda pop** 소우더 팝

□ 사이렌 **siren** 사이렌

□ 사이즈 **size** 사이즈

□ 사이클 **cycle** 사이클

□ 사이트 **site** 사이트

□ 사인(하다) **signature** 식너춰

□ 사인펜 **felt pen** 펠트 펜

□ 사일로 **silo** 사일로우

□ 사임(하다) **resignation** 레직네이션 ; **resign** 리자인

□ 사장	**president** 프레지던트	
□ 사적인	**private** 프라이빗	**personal** 퍼스널
□ 사전	**advance** 어드밴스	**prior** 프라이어
□ 사전	**dictionary** 딕셔느리	
□ 사전교섭	**groundwork** 그라운드워크	
□ 사정	**circumstances** 서컴스턴시즈	
□ 사제	**priest** 프리스트	
□ 사족	**superfluity** 수퍼플루이티	
□ 사죄(하다)	**apology** 어팔러지 ;	
	apologize 어팔러자이즈	
□ 사증	**visa** 비저	
□ 사진	**photograph** 포토그랩	
□ 사진가	**photographer** 포토그래퍼	
□ 사진관	**photo studio** 포토스튜디오우	
□ 사촌형제	**cousin** 커즌	
□ 사춘기	**adolescence** 애덜레슨스	
	puberty 퓨버티	
□ 사치	**luxury** 럭셔리	
	extravagance 익스트레버건스	
□ 사치스런	**luxurious** 럭셔리어스	

□ 사탕수수	**sugarcane** 슈거케인	
□ 사태	**situation** 시추에이션	
□ 사태	**landslide** 랜드슬라이드	
□ 사택	**company house** 컴퍼니 하우스	
□ 사퇴하다	**decline** 디클라인	
□ 사투리	**accent** 액센트	
□ 사파리	**safari** 서파리	
□ 사파이어	**sapphire** 사파이어	
□ 사프란	**saffron** 새프런	
□ 사항	**matter** 매터 **item** 아이템	
□ 사형	**capital punishment** 캐피털 퍼니쉬먼트	
□ 사회	**society** 소사이어티	
□ 사회보다	**preside at** 프리자이드 앳	
□ 사회보장	**social security** 소셜 시큐리티	
□ 사회성	**sociality** 소셜리티	
□ 사회자	**chairperson** 체어퍼슨	
□ 사회적 지위	**social position** 소셜 포지션	
□ 사회주의	**socialism** 소셜리즘	
□ 사회학	**sociology** 소우쉬알러지	
□ 삭제(하다)	**deletion** 딜리션 **; delete** 딜리트	

□ 산〈酸〉	**acid** 애시드
□ 산〈山〉	**mountain** 마운틴
□ 산골짜기	**valley** 벨리
□ 산기슭	**the foot** 더 푸트
□ 산등성이	**ridge** 리쥐
□ 산뜻한	**neat** 니트 ; **plain** 플레인
□ 산란(하다)	**lay eggs** 레이 엑스
□ 산림	**mountain forest** 마운틴 포리스트
□ 산만한	**loose** 루스
□ 산맥	**mountain range** 마운틴 레인지
□ 산물	**result** 리절트 **outcome** 아웃컴
□ 산보(하다)	**walk** 워크 ; **take a walk** 테이커 워크
□ 산부인과	**obstetrics and gynecology** 업스테트릭 앤 가이니칼러지
□ 산부인과의사	**obstetrician** 압스테트리션 **gynecologist** 가이너칼러지스트
□ 산불	**forest fire** 포리스트 파이어
□ 산성	**acidity** 애시더티
□ 산성비	**acid rain** 애시드 레인
□ 산소마스크	**oxygen mask** 악시전 마스크
□ 산수	**arithmetic** 어리스메틱

269

산악지대	**mountainous region** 마운티녀스 리전
산업	**industry** 인더스트리
산업구조	**industrial structure** 인더스트리얼 스트럭춰
산업혁명	**the Industrial Revolution** 더 인더스티리얼 레벌루션
산적	**bandit** 밴딧
산출(하다)	**calculation** 컬큘레이션 ; **compute** 컴퓨트
산타클로스	**Santa Claus** 샌터 클로스
산파	**midwife** 미드와이프
산호	**coral** 코럴
산호초	**coral reef** 코럴 리프
산화(되다)	**oxidization** 악서데이션
살구	**apricot** 에이프리캇
살균(하다)	**sterilization** 스테럴리제이션
살균작용	**sterilizing effect** 스테럴라이징 이펙트
살그머니	**quietly** 콰이어틀리 **softly** 소프틀리
살다	**live** 리브
살라미소시지	**salami** 샐러미
살무사	**viper** 바이퍼

□ 살아남다	**survive** 서바이브	
□ 살의	**murderous intent** 머더러스 인텐트	
□ 살이 붙다	**gain weight** 게인 웨이트	
□ 살인	**homicide** 하머사이드	**murder** 머더
□ 살인자	**murderer** 머더러	
□ 살인적	**murderous** 머더러스	
□ 살충제	**insecticide** 인섹터사이드	
□ 삶	**life** 라이프	**living** 리빙
□ 삶다	**boil** 보일	
□ 삼〈대마〉	**hemp** 헴프	
□ 삼가다	**refrain** 리프레인	
□ 삼각	**triangle** 트라이앵글	
□ 삼각관계	**love triangle** 러브 트라이앵글	
□ 삼각받침대	**tripod** 트라이팟	
□ 삼각주	**delta** 델타	
□ 삼각함수	**trigonometric function** 트리거나머트릭 펑션	
□ 삼나무	**cedar** 씨더	
□ 삼단뛰기	**triple jump** 트리플 점프	
□ 3월	**March** 마치	
□ 삼중	**threefold** 트리폴드	**triple** 트리플

□ 삼중창	**trio** 트리오
□ 3차원	**three dimension** 스리 디멘션
□ 삼키다	**swallow** 스왈로우
□ 삼투압	**osmotic pressure** 아즈마틱 프레셔
□ 삽	**shovel** 셔블
□ 삽입〈하다〉	**insertion** 인서션 ; **insert** 인서트
□ 삽화〈揷話〉	**episod** 에퍼소우드
□ 삽화〈揷畵〉	**illustration** 일러스트레이션
□ 상〈像〉	**image** 이미지 **statue** 스태추
□ 상〈賞〉	**prize** 프라이즈 **reward** 리워드
□ 상〈床〉	**table** 테이블 **tray** 트레이
□ 상가	**shopping street** 샤핑 스트릿
□ 상공회의소	**the Chamber of Commerce** 더 채임버 어브 커머스
□ 상관관계	**correlation** 코럴레이션
□ 상급	**high rank** 하이랭크
□ 상급생	**upper-grade student** 어퍼그레이드 스튜던트
□ 상담〈商談〉	**business talk** 비즈니스 토크
□ 상담〈하다〉	**consultation** 컨설테이션 ; **consult with** 컨설트 위드

□ 상담역	**advisor** 어드바이저	
	consultant 컨설턴트	
□ 상당한	**considerable** 컨시더러블	
	fair 페어	
□ 상대방	**the other party** 디 아더 파티	
□ 상대적인	**relative** 렐러티브	
□ 상대주의	**relativism** 렐러티비즘	
□ 상대평가	**relative evaluation** 렐러티브 이벨류에이션	
□ 상류	**the upper stream** 디 어퍼 스트림	
□ 상류계급	**the higher classes** 더 하이어 클래시즈	
□ 상류사회	**upper-class society** 어퍼클래스 소사이어티	
□ 상륙	**landing** 랜딩	
□ 상법	**the commercial code** 더 커머셜 코드	
□ 상복	**mourning dress** 모어닝 드레스	
□ 상부구조	**superstructure** 수퍼스트럭춰	
□ 상사	**superior** 수피리어 **boss** 보스	
□ 상상	**imagination** 이매지네이션	
□ 상세한	**detailed** 디테일드	

가 나 다 라 마 바 **사** 아 자 차 카 타 파 하

□ 상속	**inheritance** 인헤리턴스
□ 상속인	**heir** 에어　**heiress** 에어리스
□ 상속하다	**inherit** 인헤릿
□ 상쇄(하다)	**offset** 옵셋　**setoff** 셋오프
□ 상습적	**habitual** 허비추얼
□ 상승기류	**updraft** 업드래프트
□ 상승하다	**rise** 라이즈　**ascent** 어센트
□ 상식	**common sense** 커먼 센스
□ 상실	**loss** 로스
□ 상아	**ivory** 아이보리
□ 상아탑	**ivory tower** 아이보리 타워
□ 상어	**shark** 샤크
□ 상업	**commerce** 커머스
□ 상원	**the Upper House** 디 어퍼 하우스
□ 상인	**merchant** 머천트
□ 상임	**standing** 스탠딩　**regular** 레귤러
□ 상임이사	**the standing director** 더 스탠딩 디렉터
□ 상자	**box** 박스　**case** 케이스
□ 상장〈賞狀〉	**certificate of merit** 서티피케이트 어브 메릿

□ 상장주〈上場株〉	**listed stock** 리스티드 스탁	
□ 상장하다	**list on the stock exchange** 리스트 온 더 스탁 익스체인지	
□ 상점	**store** 스토어 **shop** 샵	
□ 상주	**permanent residence** 퍼머넌트 레지던스	
□ 상징(하다)	**symbol** 심벌 **; symbolize** 심벌라이즈	
□ 상징주의	**symbolism** 심벌리즘	
□ 상처	**wound** 운드 **injury** 인저리	
□ 상처 나다	**get hurt** 겟 허트	
□ 상처 입히다	**wound** 운드 **injure** 인주어	
□ 상쾌하다	**refreshing** 리프레쉥 **fresh** 프레쉬	
□ 상태	**condition** 컨디션 **state** 스테이트	
□ 상표	**trademark** 트레이드마크	
	brand 브랜드	
□ 상품	**commodity** 카머더티 **goods** 굿즈	
□ 상품권	**gift certificate** 기프트 서티피케이트	
□ 상품화(하다)	**commercialize** 커머셜라이즈	
□ 상하	**top and bottom** 탑 앤 바텀	
□ 상호	**mutuality** 머추얼리티	
□ 새	**bird** 버드	

가 · 나 · 다 · 라 · 마 · 바 · 사 · 아 · 자 · 차 · 카 · 타 · 파 · 하

□ 새끼발가락	**little toe** 리틀 토우	
□ 새끼손가락	**little finger** 리틀 핑거	
□ 새다	**leak** 리크	
□ 새롭게 하다	**renew** 리뉴	**revise** 리바이즈
□ 새롭다	**new** 뉴	
□ 새벽〈녘〉	**dawn** 돈	**daybreak** 데이브레이크
□ 새우	**shrimp** 쉬림프	**prawn** 프론
□ 새치	**prematurely gray hair** 프리머추얼리 그레이 헤어	
□ 새치기하다	**cut in** 컷 인	
□ 새하얀	**snow-white** 스노우화이트	
□ 색	**color** 컬러	
□ 색다른	**curious** 큐리어스	
□ 색소	**pigment** 픽먼트	
□ 색소폰	**saxophone** 색소폰	
□ 색인	**index** 인딕스	
□ 색조	**tone** 톤	
□ 샌드위치	**sandwich** 샌드위치	
□ 샌들	**sandals** 샌들즈	
□ 샐러드	**salad** 샐러즈	
□ 샐러리맨	**office worker** 오피스 워커	

샘	spring 스프링	fountain 파운틴
샘플	sample 샘플	
샛길	bypath 바이패스	byway 바이웨이
생	raw 로	
생각	thought 쏘트	intention 인텐션
생각하다	think 씽크	suppose 서포우즈
생각해내다	remember 리멤버	recall 리콜
생강	ginger 진저	
생계를 꾸리다	make a living 메이커 리빙	
생기 있게	lively 라이블리	
생기다	happen 해픈	
	take place 테이크 플레이스	
생년월일	the date of birth 더 데이트 어브 버쓰	
생략	omission 오미션	
	abridgment 어브리쥐먼트	
생략하다	omit 오미트	exclude 익스클루드
생리	physiology 피지올러지	
생리대	sanitary napkin 새니터리 냅킨	
생맥주	draft beer 드래프트 비어	
생명	life 라이프	

가 나 다 라 마 바 사 아 자 차 카 타 파 하

277

□ 생명보험	**life insurance** 라이프 인슈어런스	
□ 생물	**living thing** 리빙 씽	**life** 라이프
□ 생물학	**biology** 바이얼러지	
□ 생방송	**live broadcast** 라이브 브로드캐스팅	
□ 생사	**life and death** 라이프 앤 데쓰	
□ 생산	**production** 프러덕션	
	manufacture 매뉴팩춰	
□ 생산고	**output** 아웃풋	**yield** 일드
□ 생생하다	**fresh** 프레쉬	**vivid** 비비드
□ 생선	**fish** 피쉬	
□ 생선구이	**grilled fish** 그릴드 피쉬	
□ 생식기	**sexual organs** 섹수얼 오건즈	
□ 생애	**lifetime** 라이프 타임	
□ 생일	**birthday** 버쓰데이	
□ 생전	**during one's lifetime** 듀링 원스 라이프타임	
□ 생존	**existence** 익지스턴스	**life** 라이프
□ 생존자	**survivor** 서바이버	
□ 생쥐	**mouse** 마우스	
□ 생태(학)	**ecology** 이칼러지	
□ 생활	**life** 라이프	**living** 리빙

□ 생활하다	**live** 리브	**make a living** 메이커 리빙
□ 샤워	**shower** 샤워	
□ 샤프펜슬	**mechanical pencil** 메커니컬 펜슬	
□ 샴페인	**champagne** 샴페인	
□ 샴푸	**shampoo** 샴푸	
□ 샹들리에	**chandelier** 샌덜리어	
□ 서간	**letter** 레터	
	correspondence 커레스판던스	
□ 서곡	**prelude** 프렐류드	**overture** 오버춰
□ 서기	**clerk** 클럭	**secretary** 세크러테리
□ 서기	**the Christian Era** 더 크리스천 이어러	
□ 서기장	**chief secretary** 칩 세크러테리	
□ 서두르다	**hurry** 허리	**hasten** 해이슨
□ 서랍	**drawer** 드로여	
□ 서로	**each other** 이치 아더	
□ 서론	**introduction** 인트러덕션	
□ 서류	**documents** 다큐먼츠	
	papers 페이퍼즈	
□ 서리	**frost** 프로스트	
□ 서머타임	**daylight saving time** 데이라잇 세이빙 타임	

사

279

□ 서명(하다)	**signature** 식녀춰 ; **sign** 사인	
□ 서문	**preface** 프레피스	
□ 서민적인	**popular** 파퓰러	
□ 서바이벌게임	**survival game** 서바이벌 게임	
□ 서버	**server** 서버	
□ 서비스	**service** 서비스	
□ 서서히	**gradually** 그래주얼리	
□ 서수	**ordinal** 오디널	
□ 서술	**description** 디스크립션	
□ 서스펜스	**suspense** 서스펜스	
□ 서식	**form** 폼 **format** 포맷	
□ 서약(하다)	**oath** 오우쓰 **pledge** 플레지	
□ 서약서	**contract** 컨트랙트 **covenant** 카버넌트	
□ 서양	**the West** 더 웨스트	
□ 서재	**study** 스터디	
□ 서적	**book** 북	
□ 서점	**bookstore** 북스토어	
□ 서쪽	**the west** 더 웨스트	
□ 서치라이트	**searchlight** 서치라이트	
□ 서커스	**circus** 서커스	

280

□ 서투르다	**unskillful** 언스킬펄　**clumsy** 클럼지
	awkward 오쿼드
□ 서평	**book review** 북 리뷰
□ 서포터	**supporter** 서포터
□ 서핑	**surfing** 서핑
□ 석고	**gypsum** 집섬　**plaster** 플래스터
□ 석기시대	**the Stone Age** 더 스톤 에이지
□ 석류	**pomegranate** 파머그래닛
□ 석방(하다)	**release** 릴리스
□ 석사	**master** 매스터
□ 석사학위	**master's degree** 매스터스 디그리
□ 석영	**quartz** 쿼츠
□ 석유	**petroleum** 페트로리움　**oil** 오일
□ 석탄	**coal** 코울
□ 석회	**lime** 라임
□ 석회석	**limestone** 라임스톤
□ 섞다	**mix** 믹스　**blend** 블렌드
□ 선	**line** 라인　**stripe** 스트라이프
□ 선거(하다)	**election** 일렉션 **; elect** 일렉트
□ 선거운동	**election campaign** 일렉션 캠페인

□ 선고(하다)	**sentence** 센텐스
□ 선교사	**missionary** 미셔너리
□ 선구자	**pioneer** 파이어니어
□ 선글라스	**sunglasses** 선글래시즈
□ 선동(하다)	**agitation** 애지테이션
□ 선두	**head** 헤드
□ 선량한	**good** 굿 **virtuous** 버추어스
□ 선명한	**vivid** 비비드
□ 선물	**present** 프레즌트 **gift** 기프트
□ 선물거래	**futures trading** 퓨처스 트레이딩
□ 선미	**stern** 스턴
□ 선반	**shelf** 셸프 **rack** 랙
□ 선반〈旋盤〉	**lathe** 레이드
□ 선배	**senior** 시니어 **elder** 엘더
□ 선불	**advance payment** 어드밴스 페이먼트
□ 선사시대	**prehistory** 프리히스토리
□ 선생	**teacher** 티처
	instructor 인스트럭터
□ 선수	**athlete** 어슬리트 **player** 플레이어
□ 선수권	**championship** 챔피언쉽

□ 선실	**cabin** 캐빈	
□ 선악	**good and evil** 굿 앤 이블	
□ 선언	**declaration** 데클러레이션	
□ 선원	**crew** 크루 **seaman** 씨맨	
□ 선인장	**cactus** 캑터스	
□ 선장	**captain** 캡틴	
□ 선전(하다)	**advertise** 어드버타이즈	
□ 선진국	**advanced countries** 어드밴스드 컨추리즈	
□ 선창	**wharf** 와프 **pier** 피어	
□ 선택	**selection** 셀렉션 **choice** 초이스	
□ 선택하다	**choose** 추즈 **select** 셀렉트	
□ 선풍기	**electric fan** 일렉트릭 팬	
□ 섣달그믐	**New Year's Eve** 뉴이어스 이브	
□ 설계(하다)	**plan** 플랜 **design** 디자인	
□ 설계도	**plan** 플랜 **blueprint** 블루프린트	
□ 설계자	**designer** 디자이너	
□ 설교(하다)	**sermon** 서먼 ; **preach** 프리치	
□ 설득하다	**persuade** 퍼수에이드	
□ 설립(하다)	**establishment** 이스태블리쉬먼트	
□ 설립자	**founder** 파운더	

가
나
다
라
마
바
사
아
자
차
카
타
파
하

283

□ 설명(하다)	**explanation** 익스플레네이션 ;
	explain 익스플레인
□ 설비	**equipment** 이큅먼트
	facilities 퍼실리티즈
□ 설사(하다)	**diarrhea** 다이어리어
□ 설치하다	**place** 플레이스　**lay** 레이　**set** 셋
□ 설탕	**sugar** 슈거
□ 섬	**island** 아일랜드
□ 섬나라	**island country** 아일랜드 컨추리
□ 섬세한	**delicate** 델리킷
□ 섬유	**fiber** 파이버
□ 섭씨	**Celsius** 셀셔스
□ 섭취(하다)	**intake** 인테이크 ; **take in** 테이크 인
□ 성〈性〉	**sex** 섹스
□ 성〈姓〉	**family name** 패밀리 네임
	surname 서네임
□ 성〈城〉	**castle** 캐슬
□ 성격	**character** 캐릭터
	personality 퍼스널리티
□ 성격차이	**difference of character** 디퍼런스 어브 캐릭터

□ 성공(하다)	**success** 석세스 ; **succeed** 석시드	가
□ 성과	**result** 리절트　**fruit** 프루트	나
□ 성급하다	**quick-tempered** 퀵템퍼드	
□ 성냥	**match** 매치	다
□ 성년	**adult age** 어덜트 에이지	라
□ 성능	**capacity** 커패서티	
	efficiency 이피션시	마
□ 성대한	**prosperous** 프라스퍼러스	바
	grand 그랜드	
□ 성립(되다)	**formation** 포메이션	사
	completion 컴플리션	아
□ 성명	**name** 네임	
□ 성명서	**statement** 스테이트먼트	자
□ 성병	**venereal disease** 베네리얼 디지즈	차
□ 성분	**ingredient** 인그리디언트	카
	component 컴퍼넌트	
□ 성서	**the Bible** 더 바이블	타
□ 성숙	**ripeness** 라이프니스	파
	maturity 머춰리티	하
□ 성실한	**sincere** 씬시어　**honest** 아니스트	

285

성악가	**vocalist** 보컬리스트
성운	**nebula** 네뷸러
성원(하다)	**encouragement** 인커리지먼트 ;
	cheer 치어
성의	**sincerity** 씬시어리티
성인	**adult** 어덜트 **grown-up** 그로운업
성인영화	**adult film** 어덜트 필름
성장(하다)	**growth** 그로우쓰 ; **grow** 그로우
성적	**result** 리절트 **record** 리코드
성직자	**clergyman** 클러지먼
성질	**nature** 네이추어
	disposition 디스포지션
성층권	**stratosphere** 스트래터스피어
성희롱	**sexual harassment** 섹수얼 해러스먼트
세게 하다	**strengthen** 스트렝슨
세계	**world** 월드
세계적인	**worldwide** 월드와이드
세계지도	**world atlas** 월드 애틀러스
세관	**customs** 커스텀즈
세균	**bacteria** 백터리어 **germ** 점

□ 세금	**tax** 텍스	
□ 세기	**century** 센추리	
□ 세기	**strength** 스트렝스	
□ 세뇌	**brainwashing** 브레인와싱	
□ 세다	**count** 카운트	**calculate** 컬큘레이트
□ 세단	**sedan** 시댄	
□ 세대	**generation** 제너레이션	
□ 세대	**household** 하우스홀드	
	family 패밀리	
□ 세대차이	**generation gap** 제너레이션 갭	
□ 세든 사람	**tenant** 테넌트	
□ 세레나데	**serenade** 세러네이드	
□ 세력	**influence** 인플루언스	**power** 파워
□ 세련	**refinement** 리파인먼트	
□ 세례	**baptism** 뱁티즘	
□ 세로	**length** 렝쓰	
□ 세면대	**washbasin** 와쉬베이션	
□ 세무서	**tax office** 택스 오피스	
□ 세미나	**seminar** 세미나	
□ 세미콜론	**semicolon** 세미코울런	

가
나
다
라
마
바
사
아
자
차
카
타
파
하

287

□ 세부사항	**particulars** 파티큘러즈	
□ 세속적	**worldly** 월드리	
□ 세슘	**cesium** 세시엄	
□ 세습(하다)	**heredity** 히레더티	
□ 세심한	**careful** 캐어펄	**prudent** 프루던트
□ 세우다	**build** 빌드	**construct** 컨스트럭트
□ 세월	**time** 타임	**years** 이어즈
□ 세일	**sale** 세일	
□ 세일즈맨	**salesman** 세일즈맨	
□ 세입	**annual revenue** 애뉴얼 레버뉴	
□ 세재	**detergent** 디터전트	
	cleanser 클렌저	
□ 세탁(하다)	**wash** 와쉬	**laundry** 론드리
□ 세탁기	**washing machine** 와싱 머신	
□ 세탁소	**laundry** 론드리	
□ 세포	**cell** 셀	
□ 세포분열	**cell division** 셀 디비전	
□ 섹시한	**sexy** 섹시	
□ 센서	**sensor** 센서	
□ 센스	**sense** 센스	

□ 센티멘털한	**sentimental** 센터멘틀	가
□ 센티미터	**centimeter** 센티미터	나
□ 셀러리	**celery** 셀러리	
□ 셀로판	**cellophane** 셀러페인	다
□ 셀프서비스	**self-service** 셀프서비스	라
□ 셋집	**house for rent** 하우스 포 렌트	
□ 셔츠	**shirt** 셔트	마
□ 셔터	**shutter** 셔터	바
□ 셰프	**chef** 쉐프	
□ 소	**cow** 카우 〈암소〉 **bull** 불 〈숫소〉	사
□ 소개(하다)	**introduction** 인트러덕션 ;	아
	introduce 인트러듀스	자
□ 소극적인	**passive** 패시브	
□ 소금	**salt** 솔트	차
□ 소나기	**shower** 샤워	카
□ 소나무	**pine** 파인	
□ 소나타	**sonata** 서나터	타
□ 소녀	**girl** 걸	파
□ 소년	**boy** 보이	
□ 소논문	**essay** 에세이	하

거실 Living Room

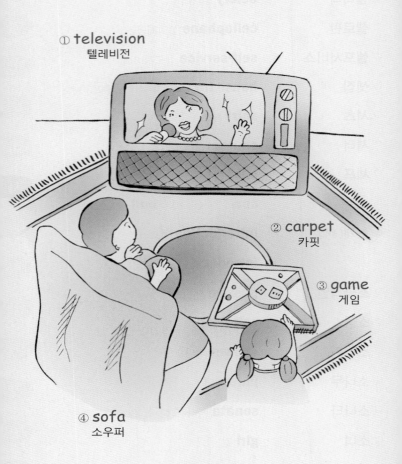

① television
텔레비전

② carpet
카핏

③ game
게임

④ sofa
소우퍼

---

① 텔레비전 ② 카펫 ③ 게임 ④ 소파

290

⑤ **electric light**
일렉트릭 라이트

⑥ **telephone**
텔러포운

⑦ **newspaper**
뉴즈페이퍼

⑧ **comic book**
카믹 북

⑨ **magazine**
메거진

---

⑤ 전등   ⑥ 전화   ⑦ 신문   ⑧ 만화책   ⑨ 잡지

□ 소다	**soda** 소우더	
□ 소독	**disinfection** 디스인펙션	
□ 소독약	**disinfectant** 디스인펙턴트	
□ 소동	**disturbance** 디스터번스	
	confusion 컨퓨전	
□ 소득	**income** 인컴	
□ 소리	**noise** 노이즈	**sound** 사운드
□ 소매	**retail** 리테일	
□ 소매	**sleeve** 슬리브	
□ 소매치기	**pickpocket** 픽파킷	
□ 소모(하다)	**consumption** 컨섬션 ; **consume** 컨숨	
□ 소모품	**consumption article** 컨섬션 아티클	
□ 소문	**rumor** 루머	
□ 소문자	**small letter** 스몰 레터	
□ 소박한	**simple** 심플	**artless** 아틀리스
□ 소방관	**fire fighter** 파이어 파이터	
□ 소방서	**firehouse** 파이어하우스	
□ 소방차	**fire engine** 파이어 엔진	
□ 소변	**urine** 유린	
□ 소비(하다)	**consumption** 컨섬션 ; **consume** 컨숨	

□ 소비자	**consumer** 컨수머	
□ 소생하다	**revive** 리바이브	
□ 소설	**novel** 노우블	
□ 소설가	**novelist** 노우벌리스트	
□ 소수	**minority** 마이너리티	
□ 소수점	**decimal point** 데서멀 포인트	
□ 소스	**sauce** 소스	
□ 소시지	**sausage** 소시지	
□ 소식	**news** 뉴즈	**information** 인포메이션
□ 소아과	**pediatrics** 피디어트릭스	
□ 소아과의사	**pediatrician** 피디어트리션	
□ 소용돌이	**whirlpool** 월풀	
□ 소원	**wish** 위쉬	**desire** 디자이어
□ 소유(하다)	**possession** 퍼제션 ; **have** 해브	
□ 소유권	**ownership** 오우너쉽	
□ 소유물	**property** 프라퍼티	
□ 소유자	**owner** 오우너	
	proprietor 프러프라이어터	
□ 소음	**noise** 노이즈	
□ 소재지	**location** 로우케이션	

□ 소중하게	**carefully** 케어펄리　**with care** 위드 케어
□ 소지품	**belongings** 빌롱잉즈
□ 소질	**nature** 네이추어　**gift** 기프트
□ 소집(하다)	**convene** 컨빈　**call** 콜
□ 소총	**rifle** 라이플
□ 소켓	**socket** 사킷
□ 소쿠리	**bamboo** 뱀부　**basket** 배스킷
□ 소파	**sofa** 소우퍼
□ 소포	**package** 패키지　**parcel** 파슬
□ 소풍	**excursion** 익스커전
□ 소프라노	**soprano** 서프래노우
□ 소프트웨어	**software** 소프트웨어
□ 소행	**act** 액트　**deed** 디드
□ 소형의	**small** 스몰　**compact** 컴팩트
□ 소홀히 하다	**neglect** 니글렉트
□ 소화	**fire fighting** 파이어 파이팅
□ 소화(하다)	**digestion** 다이제스천 ; **digest** 다이제스트
□ 소화기	**extinguisher** 익스팅귀셔
□ 소화불량	**indigestion** 인디제스천

□ 속기(하다)	**shorthand** 숏핸드	
□ 속기사	**stenographer** 스테너그래퍼	
□ 속눈썹	**eyelashes** 아이래쉬즈	
□ 속담	**proverb** 프라버브	
□ 속도	**speed** 스피드 **velocity** 벌라서티	
□ 속도계	**speedometer** 스피도미터	
□ 속도제한	**speed limit** 스피드 리미트	
□ 속물	**snob** 스놉	
□ 속물근성	**snobbery** 스노버리	
□ 속박(하다)	**restraint** 리스트레인트	
	restriction 리스트릭션	
□ 속보	**prompt report** 프람트 리포트	
□ 속삭이다	**whisper** 휘스퍼	
□ 속어	**slang** 슬랭	
□ 속옷	**underwear** 언더웨어	
□ 속이다	**cheat** 치트 **swindle** 스윈들	
□ 속하다	**belong to** 빌롱 투	
□ 손	**hand** 핸드	
□ 손가락	**finger** 핑거	
□ 손가방	**briefcase** 브리프케이스	

가
나
다
라
마
바
사
아
자
차
카
타
파
하

손거스러미	**hangnail** 행네일
손금	**the lines of the palm** 더 라인즈 어브 더 팜
손녀	**granddaughter** 그랜드도터
손님	**guest** 게스트
손도끼	**hatchet** 해칫
손등	**the back of the hand** 더 백 어브 더 핸드
손목	**wrist** 리스트
손목시계	**watch** 워치
손바닥	**palm** 팜
손뼉 치다	**clap hands** 클랩 핸즈
손상	**damage** 대미지 **injury** 인저리
손수건	**handkerchief** 행커칩
손쉬운	**easy** 이지 **light** 라잇
손실	**loss** 로스
	disadvantage 디스어드밴티지
손자	**grandson** 그랜드썬
손잡이	**handle** 핸들 **knob** 놉
손짓	**hand gesture** 핸드 제스춰
손톱	**nail** 네일 **claw** 클로
손톱깎이	**nail clipper** 네일클리퍼

□ 손해보험	**property insurance** 프라퍼티 인슈어런스	
□ 솔	**brush** 브러쉬	
□ 솔	**pine** 파인	
□ 솔기	**seam** 씸	
□ 솔로	**solo** 솔로우	
□ 솔직하게	**frankly** 프랭크리	
□ 솜	**cotton** 카튼	
□ 솜씨	**ability** 어빌리티　**skill** 스킬	
□ 솜씨가 좋다	**good** 굿　**skillful** 스킬펄	
□ 솟다	**gush** 거쉬　**flow** 플로우 ; **rise** 라이즈	
□ 송곳	**drill** 드릴　**gimlet** 김릿	
□ 송곳니	**fang** 팽　**tusk** 터스크	
□ 송금	**remittance** 리미턴스	
□ 송별	**farewell** 페어웰　**send-off** 센드오프	
□ 송신하다	**transmit** 트랜스미트	
□ 송이	**bunch** 번취	
□ 송진	**pine resin** 파인 레이진	
□ 솥	**iron pot** 아이언 팟	
□ 쇄도(하다)	**rush** 러쉬	
□ 쇠고기	**beef** 비프	

가　나　다　라　마　바　사　아　자　차　카　타　파　하

297

□ 쇠뿔	**cow's horn** 카우즈 혼
□ 쇠사슬	**chain** 체인
□ 쇠약(해지다)	**grow weak** 그로우 위크
□ 쇠퇴(하다)	**decline** 디클라인　**fall** 폴
□ 쇼	**show** 쇼우
□ 쇼크	**shock** 샥
□ 쇼핑	**shopping** 샤핑
□ 숄	**shawl** 숄
□ 수〈數〉	**number** 넘버　**figure** 피겨
□ 수갑	**handcuffs** 핸드컵즈
□ 수건	**hand towel** 핸드 타월
□ 수고	**pains** 페인　**trouble** 트러블
□ 수긍하다	**nod** 낫
□ 수난	**sufferings** 서퍼링즈
□ 수녀	**nun** 넌　**sister** 시스터
□ 수다 떨다	**chat** 챗　**chatter** 채터
□ 수단	**means** 민즈　**way** 웨이
□ 수당	**allowance** 얼라우언스
□ 수도	**capital** 캐피털
	metropolis 메트러펄리스

□ 수도	**water service** 워터 서비스
□ 수도꼭지	**tap** 탭
□ 수동적	**passive** 패시브
□ 수동태	**the passive voice** 더 패시브 보이스
□ 수두	**chicken pox** 치킨 팍스
□ 수라장	**bloodbath** 블러드배쓰
□ 수력	**water power** 워터파워
□ 수력발전	**hydro-electricity** 하이드로일렉트리서티
□ 수련	**water lily** 워터릴리
□ 수렵	**hunting** 헌팅
□ 수류탄	**hand grenade** 핸드 그러네이드
□ 수리(하다)	**repair** 리페어 **mend** 멘드
□ 수면	**sleep** 슬립
□ 수면제	**sleeping drug** 슬리핑 드럭
□ 수몰	**submergence** 섭머전스
□ 수박	**watermelon** 워터멜런
□ 수분	**water** 워터 **moisture** 모이스춰
□ 수비(하다)	**defense** 디펜스
□ 수비대	**garrison** 개리슨
□ 수비진	**defensive** 디펜시브

가
나
다
라
마
바
사
아
자
차
카
타
파
하

□ 수사(하다)	**investigation** 인베스티게이션	
	search 서치	
□ 수산물	**marine products** 머린 프러덕츠	
□ 수산업	**fisheries** 피셔리즈	
□ 수상	**prime minister** 프라임 미니스터	
□ 수상하다	**win a prize** 윈어 프라이즈	
□ 수상한	**doubtful** 다웃펄	
□ 수상히 여기다	**suspect** 서스펙트	**doubt** 다웃
□ 수성	**Mercury** 머큐리	
□ 수소	**hydrogen** 하이드로진	
□ 수소폭탄	**hydrogen bomb** 하이드로진 밤	
□ 수송(하다)	**transport** 트랜스포트	**carry** 캐리
□ 수수께끼	**riddle** 리들	**mystery** 미스터리
□ 수수료	**commission** 커미션	
□ 수수한	**plain** 플레인	
□ 수술〈식물〉	**stamen** 스테이먼	
□ 수술(하다)	**operation** 아퍼레이션 ;	
	operate 아퍼레이트	
□ 수술실	**operation room** 아퍼레이션	
□ 수양자리	**the Ram** 더 램	

□ 수업	**teaching** 티칭 **lesson** 레슨	
□ 수업료	**tuition** 튜이션	
□ 수염	**mustache** 머스태쉬	
□ 수영(하다)	**swimming** 스위밍 ; **swim** 스윔	
□ 수영복	**swimming suit** 스위밍 수트	
□ 수온	**water temperature** 워터 템퍼러처	
□ 수요	**demand** 디맨드	
□ 수요일	**Wednesday** 웬즈데이	
□ 수위〈守衛〉	**guard** 가드	
□ 수위〈水位〉	**water level** 워터레벌	
□ 수은	**mercury** 머큐리	
□ 수의사	**veterinarian** 베터러네어리언	
□ 수익	**profits** 프라핏츠 **gains** 게인즈	
□ 수입	**income** 인컴	
□ 수입(하다)	**import** 임포트	
□ 수정	**crystal** 크리스털	
□ 수정(하다)	**amend** 어멘드 **revise** 리바이즈	
□ 수족관	**aquarium** 애쿼리엄	
□ 수준	**level** 레벌 **standard** 스탠다드	
□ 수증기	**steam** 스팀 **vapor** 베이퍼	

□ 수직의	**vertical** 버티컬
□ 수질	**water quality** 워터퀄리티
□ 수질오염	**water pollution** 워터 펄루션
□ 수집(하다)	**collection** 컬렉션 ; **collect** 컬렉트
□ 수첩	**notebook** 노우트북
□ 수축(되다)	**contraction** 컨트랙션
□ 수출(하다)	**export** 엑스포트
□ 수취인	**recipient** 리시피언트
□ 수치	**shame** 쉐임
	humiliation 휴밀리에이션
□ 수컷	**male** 매일
□ 수탉	**cock** 칵 **rooster** 루스터
□ 수평	**level** 레벌
□ 수평선	**horizon** 허라이즌
□ 수표	**check** 체크
□ 수프	**soup** 숩
□ 수필	**essay** 에세이
□ 수필가	**essayist** 에세이스트
□ 수학	**mathematics** 매스매틱스
□ 수학여행	**school trip** 스쿨트립

302

□ 수해	**flood disaster** 플럿 디제스터	
□ 수행〈隨行〉	**accompaniment** 어컴퍼니먼트	
□ 수행〈遂行〉	**execution** 엑서큐션	
□ 수행원	**attendant** 어텐던트	
□ 수험	**exam-taking** 익젬테이킹	
□ 수혈	**blood transfusion** 블럿 트랜스퓨전	
□ 수화	**sign language** 사인 랭귀지	
□ 수화기	**receiver** 리시버	
□ 수확	**harvest** 하비스트	
□ 숙련공	**skilled worker** 스킬드 워커	
□ 숙모	**aunt** 앤트	
□ 숙박(하다)	**lodging** 라징 ; **lodge** 라지	
□ 숙박료	**hotel charge** 호우텔 차지	
□ 숙소	**hotel** 호우텔 **inn** 인	
□ 숙어	**idiom** 이디엄 **phrase** 프레이즈	
□ 숙제	**homework** 홈워크	
□ 순간	**instant** 인스턴트 **moment** 모우먼트	
□ 순결	**purity** 퓨리티 **chastity** 채스터티	
□ 순경	**police officer** 펄리스 어피서	
□ 순교자	**martyr** 마터	

□ 순록	**reindeer** 레인디어
□ 순무	**turnip** 터닙
□ 순서	**order** 오더　**turn** 턴
□ 순수성	**purity** 퓨리티
□ 순수한	**pure** 퓨어　**genuine** 제뉴인
□ 순위	**grade** 그레이드　**ranking** 랭킹
□ 순익	**net profit** 네트 프라핏
□ 순조로운	**smooth** 스무쓰　**favorable** 페이버러블
□ 순종	**thoroughbred** 서러브레드
□ 순진한	**naive** 나이브　**innocent** 이너슨트
□ 순찰차	**squad car** 스쿼드 카
□ 순환	**circulation** 서큘레이션
□ 숟가락	**spoon** 스푼
□ 술	**alcohol** 앨커홀
□ 술 취하다	**get drunk** 겟 드렁크
□ 술고래	**heavy drinker** 헤비 드링커
□ 술래잡기	**tag** 택
□ 술집	**tavern** 태번　**bar** 바
□ 숨	**breath** 브레스
□ 숨기다	**hide** 하이드　**conceal** 컨실

□ 숨바꼭질	**hide-and-seek** 하이드 앤 씨크
□ 숭고	**sublimity** 서블리머티
□ 숭배(하다)	**worship** 워쉽
□ 숯	**charcoal** 차코울
□ 숯불구이	**charbroiled** 차브로일드
□ 숲	**forest** 포리스트　**woods** 우즈
□ 쉬다	**get hoarse** 겟 호어스
□ 쉬다	**take a rest** 테이커 레스트
□ 쉽다	**easy** 이지　**plain** 플레인
□ 슈퍼마켓	**supermarket** 수퍼마킷
□ 슈퍼스타	**superstar** 수퍼스타
□ 숏	**shot** 샷
□ 스노보드	**snowboard** 스노우보드
□ 스리랑카	**Sri Lanka** 스리랑커
□ 스릴	**thrill** 드릴
□ 스며들다	**penetrate** 페너트레이트
□ 스웨터	**sweater** 스웨터
□ 스위치	**switch** 스위치
□ 스위치를 끄다	**switch off** 스위치 오프
□ 스윙	**swing** 스윙

스카우트(하다)	**scout** 스카웃
스카이다이빙	**skydiving** 스카이다이빙
스카치테이프	**Scotch tape** 스카치 테이프
스카프	**scarf** 스카프
스캔들	**scandal** 스캔들
스커트	**skirt** 스커트
스컹크	**skunk** 스컹크
스케이트	**skating** 스케이팅
스케일	**scale** 스케일
스케줄	**schedule** 스케줄
스케치(하다)	**sketch** 스케치
스코어	**score** 스코어
스쿠버다이빙	**scuba diving** 스쿠버 다이빙
스쿠터	**scooter** 스쿠터
스크랩	**clipping** 클리핑
스키	**skiing** 스키잉 **ski** 스키
스킨십	**physical contact** 피지컬 컨택
스타	**star** 스타
스타덤	**stardom** 스타덤
스타덤에 오르다	**climb to stardom** 클라임 투 스타덤

스타디움	**stadium** 스테이디엄
스타일	**style** 스타일
스타킹	**stockings** 스타킹즈
스타트	**start** 스타트
스태그플레이션	**stagflation** 스택플레이션
스태미나	**stamina** 스태머너
스태프	**staff** 스탭
스탠드	**desk lamp** 데스크 램프
스탠스	**stance** 스탠스
스탬프	**stamp** 스템프 **postmark** 포스트마크
스테레오	**stereo** 스테레오
스테이크	**steak** 스테이크
스테인드글라스	**stained glass** 스테인드 글래스
스테인리스	**stainless steel** 스테인리스 스틸
스텝	**step** 스텝
스토리	**story** 스토리
스토브	**heater** 히터 **stove** 스토브
스토커	**stalker** 스토커
스톱	**stop** 스탑
스톱워치	**stopwatch** 스탑워치

☐ 스튜디오	**studio** 스튜디오우	
☐ 스튜어디스	**flight attendant** 플라이트 어텐던트	
☐ 스트라이크	**strike** 스트라이크	
☐ 스트레스	**stress** 스트레스	
☐ 스트레치	**stretch** 스트레취	
☐ <u>스트로</u>	**straw** 스트로	
☐ 스티커	**sticker** 스티커	
☐ 스틱	**cane** 케인	
☐ 스팀	**steam** 스팀	
☐ 스파게티	**spaghetti** 스퍼게티	
☐ 스파이	**spy** 스파이	
	secret agent 씨크릿 에이전트	
☐ 스패너	**wrench** 렌치	**spanner** 스패너
☐ 스펀지	**sponge** 스펀지	
☐ 스페셜	**special** 스페셜	
☐ 스페어	**spare** 스페어	**refill** 리필
☐ 스페인	**Spain** 스페인	
☐ 스페인어	**Spanish** 스페니쉬	
☐ 스펙트럼	**spectrum** 스펙트럼	
☐ 스펠링	**spelling** 스펠링	

□ 스포츠	**sports** 스포츠	
□ 스포츠맨	**sportsman** 스포츠먼	**athlete** 어슬리트
□ 스포트라이트	**spotlight** 스폿라이트	
□ 스폰서	**sponsor** 스판서	
□ 스프레이	**spray** 스프레이	
□ 스프링	**spring** 스프링	
□ 스프링클러	**sprinkler** 스프링클러	
□ 스피드	**speed** 스피드	
□ 스피커	**speaker** 스피커	
□ 스핀	**spin** 스핀	
□ 스핑크스	**sphinx** 스핑크스	
□ 슬라이드	**slide** 슬라이드	
□ 슬라이스	**slice** 슬라이스	
□ 슬럼프	**slump** 슬럼프	
□ 슬로건	**slogan** 슬로건	**motto** 모토우
□ 슬로프	**slope** 슬로우프	
□ 슬롯머신	**slot machine** 슬랏 머쉰	
□ 슬리퍼	**slippers** 슬리퍼즈	
□ 슬림	**slim** 슬림	
□ 슬립	**slip** 슬립	

□ 슬프다	**sad** 새드　**sorrowful** 소로우펄
□ 슬픔	**sorrow** 소로우　**sadness** 새드니스
□ 습격(하다)	**attack** 어택　**assault** 어솔트
□ 습관	**habit** 해빗　**custom** 커스텀
□ 습기	**moisture** 모이스춰
□ 습도	**humidity** 휴미더티
□ 습자	**penmanship** 펜맨쉽
□ 습지	**marsh** 마쉬　**wetland** 웻랜드
□ 승객	**passenger** 패신저
□ 승급(하다)	**raise** 레이즈
□ 승낙(하다)	**agreement** 어그리먼트
	consent 컨센트
□ 승리	**victory** 빅터리　**win** 윈
□ 승마	**riding** 라이딩
□ 승무원	**crew member** 크루멤버
□ 승부	**game** 게임　**match** 매치
□ 승선(하다)	**embarkation** 임바케이션 ;
	embark 임바크
□ 승용차	**passenger car** 패신저 카
□ 승인하다	**accept** 액셉트　**acknowledge** 액날리지

승진	**promotion** 프러모우션
승차(하다)	**board** 보드　**take** 테이크　**get in** 겟 인
승차권	**ticket** 티킷
시〈市〉	**city** 시티　**town** 타운
시〈詩〉	**poetry** 포이트리　**poem** 포우임
시각	**time** 타임　**hour** 아워
시간표	**timetable** 타임테이블
	schedule 스케줄
시계	**watch** 워치　**clock** 클럭
시골	**countryside** 컨추리사이드
시금치	**spinach** 스피니취
시급	**hourly wage** 아워리 웨이지
시기	**time** 타임　**season** 시즌
시끄럽다	**noisy** 노이지　**clamorous** 클래머러스
시나리오	**scenario** 시네리오
	screenplay 스크린플레이
시내	**in the city** 인 더 시티
시너	**thinner** 씨너
시네마	**cinema** 시네머
시다	**sour** 사워　**acid** 애시드

□ 시달리다	**suffer from** 서퍼 프럼	
□ 시대	**time** 타임	**period** 피리어드
	era 이어러	
□ 시도해보다	**try** 추라이	**attempt** 어템트
□ 시들다	**droop** 드룹	**wither** 위더
□ 시디	**compact disk** 컴팩트 디스크	
□ 시럽	**syrup** 시럽	
□ 시력	**sight** 사이트	**vision** 비전
□ 시력검사	**eyesight test** 아이사잇 테스트	
□ 시련	**trial** 트라이얼	**ordeal** 오딜
□ 시리즈	**series** 시리즈	
□ 시립	**municipal** 뮤니서펄	
□ 시멘트	**cement** 시멘트	
□ 시뮬레이션	**simulation** 시뮬레이션	
□ 시민	**citizen** 시티즌	
□ 시민권	**citizenship** 시티즌십	
□ 시사	**current events** 커런트 이벤츠	
□ 시샘	**jealousy** 젤러시	
□ 시선	**eyes** 아이즈	**glance** 글랜스
□ 시설	**institution** 인스티튜션	

□ 시세	**the market price** 더 마킷 프라이스	가
□ 시소	**see saw** 시소	나
□ 시속	**speed per hour** 스피드 퍼 아워	다
□ 시스루	**see-through** 씨스루	
□ 시스템	**system** 시스템	라
□ 시시하다	**worthless** 워쓸리스 **trivial** 추라이비얼	마
□ 시아버지	**father-in-law** 파더인로	
□ 시어머니	**mother-in-law** 머더인로	바
□ 시원하다	**cool** 쿨	
□ 시월	**October** 악토버	사
□ 시인	**poet** 포이트 **poetess** 포이티스〈여성〉	아
□ 시작	**beginning** 비기닝	
□ 시작하다	**begin** 비긴 **start** 스타트	자
□ 시장	**mayor** 메이어	차
□ 시장	**market** 마킷	
□ 시장점유율	**market share** 마킷 쉐어	카
□ 시중들다	**attend on** 어텐드 온 **serve** 서브	타
□ 시차	**difference in time** 디퍼런스 인 타임	
□ 시차병	**jet lag** 젯 렉	파
□ 시찰	**inspection** 인스펙션	하

313

□ 시청	**city hall** 시티 홀	
□ 시체	**dead body** 데드 바디	**corpse** 코어스
□ 시클라멘	**cyclamen** 시클러먼	
□ 시트	**〈bed〉 sheet** 〈베드〉 쉬트	
□ 시행착오	**trial and error** 추라이얼 앤 에러	
□ 시행하다	**put in operation** 풋 인 아퍼레이션	
□ 시험	**examination** 익제미네이션	
□ 시험관	**test tube** 테스트 튜브	
□ 시험하다	**try** 추라이	**test** 테스트
□ 시효	**prescription** 프리스크립션	
□ 식권	**meal ticket** 밀 티킷	
□ 식기	**tableware** 테이블웨어	
□ 식다	**cool down** 쿨 다운	
□ 식단	**menu** 메뉴	
□ 식당	**dining room** 다이닝룸	
□ 식도락	**epicurism** 에피큐어리즘	
□ 식량	**food** 푸드	**provisions** 프러비전스
□ 식료품점	**grocery** 그로서리	
□ 식물	**plant** 플랜트	**vegetation** 베지테이션
□ 식물원	**botanical garden** 버태니컬 가든	

314

□ 식별(하다)	**discrimination** 디스크리미네이션	
□ 식빵	**toast** 토스트	
□ 식사	**meal** 밀	
□ 식염	**salt** 솔트	
□ 식염수	**saline** 샐린	
□ 식욕	**appetite** 애피타이트	
□ 식용	**for food** 포 푸드 **edible** 에더블	
□ 식칼	**kitchen knife** 키친 나이프	
□ 식히다	**cool** 쿨 **chill** 칠	
□ 신〈神〉	**god** 갓	
□ 신경	**nerve** 너브	
□ 신경 쓰다	**care about** 케어러바아웃 **mind** 마인드	
□ 신경과민	**hypersensitive** 하이퍼센서티브	
□ 신경질적인	**nervous** 너버스	
□ 신경통	**neuralgia** 뉴랠지어	
□ 신고	**report** 리포트 **notice** 노우티스	
□ 신기록	**new record** 뉴 리코드	
□ 신기루	**mirage** 미라지	
□ 신다	**put on** 풋 온 **wear** 웨어	
□ 신드롬	**syndrome** 신드롬	

□ 신랄한	**biting** 바이팅	
□ 신랑	**bridegroom** 브라잇그룸	
□ 신뢰(하다)	**reliance** 릴라이언스	
	confidence 칸퍼던스	
□ 신맛	**acidity** 애시더티	
□ 신문	**newspaper** 뉴즈페이퍼	
	the press 더 프레스	
□ 신문(하다)	**interrogation** 인터로게이션	
□ 신문기자	**pressman** 프레스먼	**reporter** 리포터
□ 신발	**footwear** 푸트웨어	
□ 신발	**shoes** 슈즈	**boots** 부츠
□ 신봉자	**believer** 빌리버	**follower** 팔로우어
□ 신부	**bride** 브라이드	
□ 신분	**social status** 소셜 스테이터스	
□ 신분증명서	**identity card** 아이덴터티 카드	
□ 신비	**mystery** 미스터리	
□ 신비로운	**mysterious** 미스티리어스	
□ 신빙성	**authenticity** 오센티서티	
□ 신사	**gentleman** 젠틀먼	
□ 신생아	**newborn baby** 뉴본 베이비	

316

□ 신선하다	**fresh** 프레시
□ 신속	**rapidity** 래피더티
□ 신약성서	**the New Testament** 더 뉴 테스터먼트
□ 신음하다	**groan** 그론 **moan** 모언
□ 신인	**new face** 뉴 페이스
□ 신장	**kidney** 키드니
□ 신장	**stature** 스테추어
□ 신장염	**nephritis** 니프라이티스
□ 신조	**belief** 빌리프 **principle** 프린서플
□ 신중	**prudence** 프루던스
	discretion 디스크리션
□ 신진대사	**metabolism** 메터볼리즘
□ 신청하다	**apply for** 어플라이 포
□ 신체	**body** 바디
□ 신축성	**elasticity** 일레스티서티
□ 신축성이 뛰어난	**flexible** 플렉서블
□ 신형	**new model** 뉴 마들
□ 신호(하다)	**signal** 시그널 **sign** 사인
□ 신호등	**blinker** 블링커
	signal lamp 시그널 램프

□ 신혼부부	**newlywed couple** 뉼리웨드 커플
□ 신혼여행	**honeymoon** 허니문
□ 신화	**myth** 미쓰 **mythology** 미쏠로지
□ 싣다	**load** 로우드
□ 실	**thread** 스레드
□ 실격	**disqualification** 디스쾰러피케이션
□ 실내	**indoor** 인도어
□ 실력	**ability** 어빌러티
□ 실력자	**influential person** 인플루엔셜 퍼슨
□ 실례	**example** 익젬플
□ 실루엣	**silhouette** 실루엣
□ 실리콘	**silicon** 실리컨
□ 실린더	**cylinder** 실린더
□ 실마리	**clue** 클루 **key** 키
□ 실망(하다)	**disappointment** 디스어포인트먼트
□ 실물크기	**actual size** 액추얼 사이즈
□ 실수하다	**commit a blunder** 커미터 블런더
□ 실습(하다)	**practice** 프렉티스
	training 추레이닝
□ 실습생	**trainee** 추레이니

□ 실시(하다)	**enforcement** 인포스먼트 ;
	enforce 인포스
□ 실언	**misstatement** 미스스테이트먼트
□ 실업	**unemployment** 언엠플로이먼트
□ 실업자	**unemployed** 언엠플로이드
□ 실용적	**practical** 프렉티컬
□ 실용주의	**pragmatism** 프렉머티즘
□ 실적	**results** 리절츠
	achievements 어취브먼츠
□ 실제	**fact** 팩트　**reality** 리얼리티
□ 실존(하다)	**existence** 익지스턴스 ; **exist** 익지스트
□ 실증(하다)	**evidence** 에버던스　**proof** 프룹 ;
	prove 프루브
□ 실천(하다)	**practice** 프렉티스
□ 실체	**substance** 섭스턴스
□ 실크	**silk** 실크
□ 실크로드	**the Silk Road** 더 실크 로드
□ 실패(하다)	**failure** 페일류어 ; **fail in** 페일 인
□ 실행(하다)	**practice** 프렉티스 ; **carry out** 캐리 아웃
□ 실험실	**laboratory** 래버러토리

가
나
다
라
마
바
사
아
자
차
카
타
파
하

□ 실현(하다)	**realization** 리얼리제이션 ;
	realize 리얼라이즈
□ 실화	**true story** 트루 스토리
□ 싫어하다	**dislike** 디스라이크
□ 싫은	**unpleasant** 언플레전트
□ 싫증나다	**be tired of** 비 타이어드 어브
□ 심각하다	**serious** 시어리어스
□ 심다	**plant** 플랜트
□ 심리학	**psychology** 사이컬로지
□ 심리학자	**psychologist** 사이컬러지스트
□ 심부름	**errand** 에런드
□ 심부름가다	**go on errands** 고우 온 에런즈
□ 심부름센터	**handyman** 핸디맨
□ 심사(하다)	**examination** 익제미네이션
□ 심사위원	**judge** 저쥐
□ 심술궂은	**ill-natured** 일네이쳐드 **nasty** 네스티
□ 심야	**midnight** 미드나잇
□ 심장	**heart** 하트
□ 심장마비	**heart failure** 하트페일류어
□ 심장발작	**heart attack** 하트 어택

□ 심장병	**heart disease** 하트 디지즈
□ 심전도	**electrocardiogram** 일렉트로카디오그램
□ 심지	**core** 코어
□ 심하다	**cruel** 크루얼 **terrible** 테러블
□ 심호흡	**deep breathing** 딥 브리씽
□ 십대	**teens** 틴즈
□ 십억	**billion** 빌리언
□ 십이월	**December** 디셈버
□ 십이지장	**duodenum** 듀오우데넘
□ 십일월	**November** 노벰버
□ 십자가	**cross** 크로스
□ 싱가포르	**Singapore** 싱거포어
□ 싱크대	**sink** 싱크
□ 싸다	**cheap** 칩 **inexpensive** 인익스펜시브
□ 싸락눈	**hail** 헤일
□ 싸우다	**quarrel** 쿼럴 **fight** 파이트
□ 싸움	**quarrel** 쿼럴 **dispute** 디스퓨트
□ 싹	**bud** 버드
□ 싹트다	**sprout** 스프라우트
□ 싼	**cheap** 칩

쌀	**rice** 라이스
쌍	**pair** 페어　**couple** 커플
쌍꺼풀	**double eyelids** 더블 아이리즈
쌍둥이	**twins** 트윈즈
쌍안경	**binoculars** 버나큘러즈
쌓다	**pile** 파일　**lay** 레이
쌓아올리다	**pile up** 파일 업
쌓이다	**accumulate** 어큐뮬레이트
썩다	**rot** 랏　**go bad** 고우 뱃
썰매	**sled** 슬레드　**sledge** 슬레지
썰물	**ebb tide** 엡 타이드
쏘다	**sting** 스팅
쑤시다	**ache** 에이크　**hurt** 허트
쓰다〈맛〉	**bitter** 비터
쓰다〈사용하다〉	**use** 유즈
쓰다〈글〉	**write** 롸이트
쓰다듬다	**rub** 럽
쓰레기	**waste** 웨이스트　**rubbish** 러비쉬
쓰레기통	**dust bin** 더스트 빈
쓸개	**gall** 골

□ 쓸다	**sweep** 스윕
□ 쓸데없는	**useless** 유즐리스 **futile** 퓨털
□ 쓸모 있다	**useful** 유즈펄
□ 쓸쓸하다	**lonely** 로운리 **desolate** 데설릿
□ 씌우다	**cover with** 커버 위드
□ 씨뿌리다	**sow** 소우
□ 씨앗	**seed** 씨드
□ 씹다	**chew** 추
□ 씻다	**wash** 와쉬 **cleanse** 클렌즈

① paint
페인트

② paper
페이퍼

③ crayon
크레이언

④ sketchbook
스케치북

① 물감 ② 종이 ③ 크레용 ④ 스케치북

⑤ scissors
씨저즈

⑥ folded paper
폴디드 페이퍼

⑦ paste
페이스트

⑧ box
박스

⑤ 가위 ⑥ 종이접기 ⑦ 풀 ⑧ 상자

- 아가미   **gills** 길즈
- 아가씨   **young lady** 영레이디
- 아기   **baby** 베이비
- 아깝다   **regrettable** 릭레터블
- 아내   **my wife** 마이 와이프
- 아는 사람   **acquaintance** 어퀘인턴스
- 아동   **child** 차일드
- 아들   **son** 썬
- 아라비아숫자   **Arabic figures** 애러빅 피겨즈
- 아래   **down** 다운   **lower** 라우어
- 아랫사람   **inferior** 인피리어
- 아르바이트   **part-time job** 파타임 잡
- 아르헨티나   **Argentina** 아전티너
- 아름답다   **beautiful** 뷰티플
- 아마   **perhaps** 퍼햅스   **maybe** 메이비
- 아메바   **amoeba** 아미버
- 아몬드   **almond** 아먼드

□ 아무개	**somebody** 썸바디	
□ 아무리	**however** 하우에버	
□ 아미노산	**amino acid** 아미너 애씨드	
□ 아버지	**father** 파더	
□ 아베크족	**couple** 커플	
□ 아보카도	**avocado** 애버카도우	
□ 아부	**flattery** 플래터리	
□ 아빠	**dad** 댓 **papa** 파파 **pa** 파	
□ 아스파라거스	**asparagus** 애스패러거스	
□ 아스팔트	**asphalt** 애스폴트	
□ 아스피린	**aspirin** 애스피린	
□ 아슬아슬하다	**dangerous** 데인저러스 **risky** 리스키	
□ 아시아	**Asia** 에이저	
□ 아연	**zinc** 징크	
□ 아열대	**subtropical zone** 섭트러피컬 조운	
□ 아이돌	**idol** 아이들	
□ 아이디어	**idea** 아이디어	
□ 아이러니	**irony** 아이러니	
□ 아이섀도	**eye shadow** 아이 셰도우	
□ 아이쇼핑	**window-shopping** 윈도우 샤핑	

가
나
다
라
마
바
사
아
자
차
카
타
파
하

아이스크림	**ice cream** 아이스크림
아이스하키	**ice hockey** 아이스하키
아이슬란드	**Iceland** 아이슬런드
아이콘	**icon** 아이컨
아직	**yet** 옛 **still** 스틸
아침	**morning** 모닝
아침밥	**breakfast** 브렉퍼스트
아코디언	**accordion** 어코디언
아킬레스건	**achilles' tendon** 어킬리즈 텐던
아토피	**atopy** 어토피
아틀리에	**atelier** 애털레이 **studio** 스튜디오
아티스트	**artist** 아티스트
아파트	**apartment house** 어파트먼트 하우스
아편	**opium** 오우피엄
아프가니스탄	**Afghanistan** 애프개니스탠
아프다	**painful** 페인펄 **sore** 소어
아프리카	**Africa** 애프리카
아픔	**pain** 페인 **ache** 에익
악	**evil** 이블 **vice** 바이스
악기	**musical instrument** 뮤지컬 인스트루먼트

□ 악마	**devil** 데블	
□ 악몽	**nightmare** 나잇메어	
□ 악성의	**malignant** 멀릭넌트	
□ 악센트	**accent** 엑센트	
□ 악수하다	**shake hands** 쉐익 핸즈	
□ 악순환	**vicious circle** 비시어스 서클	
□ 악어	**crocodile** 크로커다일	
	alligator 앨리게이터	
□ 악용(하다)	**abuse** 어뷰즈	
□ 악운	**the devil's luck** 더 데블스 럭	
□ 악의	**malice** 멀리스	
□ 악질적인	**vicious** 비시어스	
□ 악취	**bad smell** 배드 스멜	
□ 악화(되다)	**grow worse** 그로우 워스	
□ 안	**inside** 인사이드	
□ 안개	**fog** 포그 **mist** 미스트	
□ 안경	**glasses** 글래시즈	
□ 안과	**ophthalmology** 아프셀말러지	
□ 안내	**guidance** 가이던스	
□ 안다	**embrace** 엠브레이스	

329

□ 안락사	**euthanasia** 유서네이지어
□ 안색	**complexion** 컴플렉션
□ 안심하다	**feel relieved** 필 릴리브드
□ 안약	**eye drops** 아이드랍스
□ 안이한	**easy** 이지
□ 안전	**safety** 세이프티 **security** 씨큐리티
□ 안전밸브	**safety valve** 세이프티 밸브
□ 안전벨트	**seatbelt** 씨트벨트
□ 안전지대	**safety zone** 세이프티 조운
□ 안정(되다)	**stability** 스테이빌러티 **balance** 밸런스
□ 앉다	**sit down** 씻 다운
	take a seat 테이커 씨트
□ 알다	**understand** 언더스탠드
	realize 리얼라이즈
□ 알레르기	**allergy** 앨러지
□ 알로에	**aloe** 앨로우
□ 알루미늄	**aluminum** 앨류미니엄
□ 알리다	**inform** 인폼 **report** 리포트
□ 알리바이	**alibi** 앨러바이
□ 알몸	**nakedness** 네이키드니스

☐ 알아차리다	**see through** 씨 스루
☐ 알츠하이머병	**Alzheimer's disease** 앨츠하이머스 디지즈
☐ 알칼리	**alkali** 앨컬리
☐ 알코올	**alcohol** 앨커홀
☐ 알토	**alto** 앨토우
☐ 알파벳	**alphabet** 앨퍼벳
☐ 알프스	**the Alps** 디 앨프스
☐ 암	**cancer** 캔서
☐ 암기하다	**learn by heart** 런 바이 하트
☐ 암모니아	**ammonia** 앰모니어
☐ 암묵	**tacit** 태시트
☐ 암산(하다)	**mental arithmetic** 멘털 어리스메틱
☐ 암살	**assassination** 어세서네이션
☐ 암석	**rock** 락
☐ 암소	**cow** 카우
☐ 암시(하다)	**hint** 힌트 **suggestion** 서제스천
☐ 암암리	**tacitly** 태시틀리
☐ 암컷	**female** 피메일
☐ 암탉	**hen** 헨
☐ 암페어	**ampere** 앰페어

□ 암호	**cipher** 사이퍼 **code** 코드
	password 패스워드
□ 암흑	**darkness** 다크니스 **black** 블랙
□ 압력	**pressure** 프레셔
□ 압박하다	**oppress** 어프레스 **press** 프레스
□ 압수(하다)	**seizure** 씨줘 ; **seize** 시즈
□ 압승	**overwhelming victory** 오버훼밍 빅터리
□ 압축	**compression** 컴프레션
□ 압핀	**thumbtack** 섬택
□ 앙케트	**questionnaire** 퀘스천네어
□ 앙코르	**encore** 앙코르
□ 앞	**front** 프런트
□ 앞날	**future** 퓨처 **prospect** 프러스펙트
□ 앞니	**front tooth** 프런트 투쓰
□ 앞머리	**forelock** 포어락
□ 앞서가다	**gain** 게인
□ 앞으로	**from now on** 프럼 나우 온
□ 앞지르다	**overtake** 오버테이크
□ 애교 있는	**charming** 차밍
□ 애국심	**patriotism** 페이트리어티즘

□ 애니메이션	**animation** 애니메이션	
□ 애매하다	**vague** 베이그	
□ 애무(하다)	**caress** 커레스	
□ 애인	**sweetheart** 스윗하트	**lover** 러버
□ 애정	**love** 러브	**affection** 어펙션
□ 애프터서비스	**after-sales service** 애프터세일즈 서비스	
□ 애플파이	**apple pie** 애플파이	
□ 액세서리	**accessory** 엑세서리	
□ 액세스(하다)	**access** 액세스	
□ 액셀	**accelerator** 액셀러레이터	
□ 액자	**frame** 프레임	
□ 액정	**liquid crystal** 리퀴드 크리스털	
□ 액체	**liquid** 리퀴드	**fluid** 플루이드
□ 앨범	**album** 앨범	
□ 앰프	**amplifier** 앰플리파이어	
□ 앵무새	**parrot** 패럿	
□ 야간	**night** 나잇	**nighttime** 나잇타임
□ 야간경기	**night game** 나잇 게임	
□ 야간열차	**night train** 나잇 트레인	
□ 야경	**night view** 나잇 뷰	

가
나
다
라
마
바
사
아
자
차
카
타
파
하

□ 야구	**baseball** 베이스볼	
□ 야근(하다)	**night duty** 나잇 듀티	
□ 야당	**opposition party** 아퍼지션 파티	
□ 야만적인	**barbarous** 바버러스	**savage** 세비지
□ 야망	**ambition** 엠비션	
□ 야상곡	**nocturne** 낙턴	
□ 야생	**wild** 와일드	
□ 야수	**wild beast** 와일드 비스트	
□ 야심적인	**ambitious** 엠비셔스	
□ 야영	**camping** 캠핑	
□ 야외	**outdoor** 아웃도어	**open-air** 오픈에어
□ 야유	**catcall** 캣콜	
□ 야자나무	**palm** 팜	
□ 야채	**vegetables** 베저터벌즈	
□ 야채가게	**vegetable store** 베저터벌 스토어	
□ 야채절임	**pickles** 피클즈	
□ 야행성	**nocturnal** 낙터늘	
□ 약	**medicine** 메디신	**drug** 드럭
□ 약국	**pharmacy** 파머시	
	drugstore 드럭스토어	

□ 약사	**pharmacist** 파머시스트	
	druggist 드러기스트	
□ 약속(하다)	**promise** 프라미스	
□ 약손가락	**ring finger** 링핑거	
□ 약시	**poor eyesight** 푸어 아이사잇	
□ 약어	**abbreviation** 어브리비에이션	
□ 약점	**weak point** 위크포인트	
□ 약제	**medicine** 메더신	
□ 약진(하다)	**progress** 프라그레스	
□ 약초	**medicinal herb** 머디서널 헙	
□ 약탈(하다)	**plunder** 플런더	**pillage** 필리지
□ 약품	**medicines** 메디신즈	
□ 약하다	**feeble** 피블	
□ 약학	**pharmacy** 파머시	
□ 약해지다	**weaken** 위큰	
□ 약혼(하다)	**engagement** 인게이지먼트	
□ 약혼자	**fiance** 피안세이	
□ 약화시키다	**weaken** 위큰	**enfeeble** 인피블
□ 얄밉다	**hateful** 헤잇펄	
	detestable 디테스터블	

□ 얇게 썰다	**slice** 슬라이스
□ 얇다	**thin** 씬
□ 양〈量〉	**quantity** 콴터티
□ 양〈羊〉	**sheep** 쉽
□ 양계	**poultry farming** 포울트리
□ 양녀	**adopted daughter** 어답티드 도터
□ 양념	**spice** 스파이스
□ 양도하다	**hand over** 핸드 오버
□ 양력	**the solar calendar** 더 솔러 캘린더
□ 양로원	**retirement home** 리타이어먼트 홈
□ 양립	**compatibility** 컴페터빌리티
□ 양말	**socks** 삭스 **stockings** 스타킹즈
□ 양모	**wool** 울
□ 양배추	**cabbage** 캐비쥐
□ 양보(하다)	**concession** 컨세션 **; concede** 컨시드
□ 양보하다	**give in** 기브 인
□ 양분	**nourishment** 너리쉬먼트
□ 양산	**sunshade** 썬쉐이드 **parasol** 패러솔
□ 양상	**aspect** 어스펙트 **phase** 페이즈
□ 양상추	**lettuce** 레터스

한국어	영어	발음	
□ 양서류	**amphibia**	앰피비어	
□ 양식	**mode** 모우드	**style** 스타일	
□ 양식(하다)	**cultivation** 컬티베이션 ; **raise** 레이즈		
□ 양심	**conscience** 칸쉬언스		
□ 양육하다	**bring up** 브링업		
□ 양자	**adopted child** 어답티드 차일드		
□ 양철	**tin plate** 틴 플레이트		
□ 양파	**onion** 어니언		
□ 얕다	**shallow** 셸로우		
□ 어기다	**violate** 바이얼레이트		
□ 어깨	**shoulder** 쇼울더		
□ 어느	**which** 휘치		
□ 어댑터	**adapter** 어댑터		
□ 어둠	**darkness** 다크니스		
□ 어둡다	**dark** 다크	**gloomy** 글루미	
□ 어디	**where** 웨어		
□ 어딘가	**somewhere** 섬웨어		
□ 어떻게든지	**anyhow** 애니하우		
□ 어렴풋이	**dimly** 딤리	**vaguely** 베이그리	
□ 어렵다	**difficult** 디피컬트	**hard** 하드	

가
나
다
라
마
바
사
아
자
차
카
타
파
하

□ 어루만지다	**pat** 팻	
□ 어른	**adult** 어덜트	**grown-up** 그로운업
□ 어리다	**juvenile** 주버나일	**young** 영
□ 어리석은	**foolish** 풀리시	**silly** 씰리
□ 어림셈	**rough estimate** 러프 에스티메잇	
□ 어머니	**mother** 머더	
□ 어부	**fisherman** 피셔먼	
□ 어선	**fishing boat** 피싱 보우트	
□ 어슬렁거리다	**wander** 완더	
□ 어업	**fishery** 피셔리	
□ 어울리다	**suitable** 수터블	**becoming** 비커밍
□ 어원	**etymology** 에티말러지	
□ 어제	**yesterday** 예스터데이	
□ 어젯밤	**last night** 래스트나잇	
□ 어중간하다	**ambiguous** 앰비규어스	
□ 어지럽다	**bewildering** 비윌더링	
□ 어쨌든	**anyway** 애니웨이	
□ 어학	**language study** 랭귀지 스터디	
□ 어휘	**vocabulary** 보우캐뷸레리	
□ 억	**one hundred million** 원 헌드러드 밀리언	

□ 억류(하다)	**detention** 디텐션	가
□ 억압(하다)	**suppression** 서프레션	나
□ 억양	**intonation** 인토네이션	
□ 억제하다	**control** 컨트롤　**check** 첵	다
□ 억측(하다)	**supposition** 서포지션 **;**	라
	suppose 서포우즈	
□ 언덕	**hill** 힐	마
□ 언론의 자유	**freedom of speech** 프리덤 어브 스피치	바
□ 언어	**language** 랭귀지	사
□ 언어학	**linguistics** 링귀스틱스	아
□ 언쟁(하다)	**quarrel** 쿼럴	
□ 언제	**when** 웬	자
□ 언제까지나	**forever** 포에버	
□ 언제나	**all the time** 올 더 타임	차
	always 올웨이즈	카
□ 언젠가	**once** 원스　**at one time** 앳 원 타임	타
□ 얻다	**get** 겟　**gain** 게인　**obtain** 옵테인	파
□ 얼굴	**face** 페이스　**look** 룩	하
□ 얼다	**freeze** 프리즈	
□ 얼룩	**spot** 스팟　**stain** 스테인	

339

□ 얼룩말	**zebra** 지브러	
□ 얼음	**ice** 아이스	
□ 엄격한	**strict** 스트릭트	**rigorous** 리거러스
□ 엄숙한	**grave** 그레이브	**solemn** 설렘
□ 엄지손가락	**thumb** 썸	
□ 업계	**the industry** 더 인더스트리	
□ 업적	**achievement** 어취브먼트	
	results 리절츠	
□ 없다	**there is no...** 데어리즈 노우	
□ 없애다	**remove** 리무브	
□ 없어지다	**get lost** 겟 로스트	
□ 엉덩이	**hips** 힙스	**buttocks** 버톡스
□ 엉망으로 만들다	**damage** 대미지	
□ 엉망이 되다	**be spoiled** 비 스포일드	
□ 엉망진창	**confusion** 컨퓨전	
□ 엉성한	**rough** 러프	**rude** 루드
□ 엉클어지다	**be tangled** 비 탱글드	
□ 엉터리	**nonsense** 넌센스	
□ 엎드리다	**lie face down** 라이 페이스 다운	
□ 에고이스트	**egoist** 이고이스트	

에고이즘	**egoism** 이고우이즘
에너지	**energy** 에너지
에누리	**overcharge** 오버차지
	discount 디스카운트
에러	**error** 에러
에메랄드	**emerald** 에머럴드
에스컬레이터	**escalator** 에스컬레이터
에스토니아	**Estonia** 에스토니어
에어로빅	**aerobics** 에어로빅스
에어컨	**air conditioner** 에어 컨디셔너
에이스	**ace** 에이스
에이전시	**agency** 에이전시
에이전트	**agent** 에이전트
에이즈	**AIDS** 에이즈
에이커	**acre** 에이커
에콰도르	**Ecuador** 에쿼도르
에티켓	**etiquette** 에티켓
에피소드	**episode** 에피소우드
에필로그	**epilogue** 에필로그
엑기스	**extract** 엑스트랙트

□ 엑스선	**X rays** 엑스레이즈
□ 엑스터시	**ecstasy** 엑스터시
□ 엑스트라	**extra** 엑스트러
□ 엔지니어	**engineer** 엔지니어
□ 엘리트	**elite** 엘리트
□ 여가	**time** 타임 **leisure** 리저
□ 여객	**traveler** 트레벌러
□ 여객기	**passenger plane** 패신저 플레인
□ 여객선	**passenger boat** 패신저 보우트
□ 여과(하다)	**filtration** 필트레이션 ; **filter** 필터
□ 여관	**hotel** 호우텔 **inn** 인
□ 여권	**passport** 패스포트
□ 여기	**here** 히어 **this place** 디스 플레이스
□ 여기저기	**here and there** 히어 앤 데어
□ 여당	**the Government party** 더 가버먼트 파티
□ 여덟	**eight** 에잇
□ 여드름	**pimple** 핌플
□ 여러 가지	**various** 베리어스
□ 여론	**public opinion** 퍼블릭 어피니언
□ 여름	**summer** 써머

□ 여름방학	**summer vacation** 써머 베이케이션	
□ 여배우	**actress** 엑트리스	
□ 여백	**blank** 블랭크　**space** 스페이스	
□ 여분	**excess** 익세스　**surplus** 서플러스	
□ 여신	**goddess** 가디스	
□ 여왕	**queen** 퀸	
□ 여우	**fox** 팍스	
□ 여운	**reverberation** 리버버레이션	
□ 여유	**money to spare** 머니 투 스페어	
	time to spare 타임 투 스페어	
□ 여자	**woman** 우먼	
	the fair sex 더 페어 섹스	
□ 여전히	**still** 스틸	
□ 여진	**aftershock** 애프터샥	
□ 여쭈다	**ask** 애스크	
□ 여행	**travel** 트레벌　**journey** 저니	
□ 여행(하다)	**travel** 트레벌　**trip** 트립	
□ 여행사	**travel agency** 트레벌 에이전시	
□ 역〈役〉	**part** 파트　**role** 로울	
□ 역〈驛〉	**station** 스테이션	

□ 역〈逆〉	**the reverse** 더 리버스	
	the contrary 더 칸트레리	
□ 역겹다	**disagreeable** 디스어그리어블	
□ 역경	**difficult situation** 디프컬트 시추에이션	
□ 역기	**weight lifting** 웨이트 리프팅	
□ 역대의	**successive** 석세시브	
□ 역량	**ability** 어빌리티	
□ 역사	**history** 히스토리	
□ 역설(하다)	**emphasize** 엠퍼사이즈	
□ 역성들다	**favor** 페이버	
□ 역술가	**fortune-teller** 포춘텔러	
□ 역습(하다)	**counterattack** 카운터어택	
□ 역시	**too** 투 **also** 올소	
□ 역어	**translation** 트렌슬레이션	
□ 역전	**reversal** 리버설	
□ 역학	**dynamics** 다이너믹스	
□ 연〈鳶〉	**kite** 카이트	
□ 연〈年〉	**year** 이어	
□ 연간	**annual** 애뉴얼 **yearly** 이얼리	
□ 연감	**almanac** 앨머넥	

□ 연결(하다)	**connection** 커넥션 ; **connect** 커넥트	가
□ 연결하다	**tie** 타이 **connect** 커넥트	
□ 연고	**relation** 릴레이션	나
□ 연고〈약〉	**ointment** 오인트먼트	다
□ 연공서열	**seniority** 씨니어리티	라
□ 연구(하다)	**study** 스터디 **research** 리서치	
□ 연구소	**laboratory** 래버러토리	마
□ 연구자	**student** 스튜던트 **scholar** 스칼러	바
□ 연극	**play** 플레이 **drama** 드라머	사
□ 연근	**lotus root** 로터스 루트	
□ 연금	**pension** 펜션	아
□ 연금술	**alchemy** 앨케미	자
□ 연기〈延期〉	**postponement** 포스트폰먼트	
□ 연기〈演技〉	**performance** 퍼포먼스	차
□ 연기〈煙氣〉	**smoke** 스모우크	카
□ 연기하다	**perform** 퍼폼 **play** 플레이	
□ 연기하다	**put off** 풋 오프	타
□ 연꽃	**lotus** 로터스	파
□ 연대	**age** 에이지 **era** 이어러	하
□ 연대	**solidarity** 살러데리티	

☐ 연대감	**sense of solidarity** 센스 어브 살러데리티	
☐ 연락(하다)	**liaison** 리애이전	**contact** 컨택
☐ 연료	**fuel** 퓨얼	
☐ 연륜	**annual ring** 애뉴얼 링	
☐ 연립	**coalition** 코울리션	
☐ 연마하다	**improve** 임프루브	**train** 추레인
☐ 연말	**the year-end** 더 이어 엔드	
☐ 연못	**pond** 판드	**pool** 풀
☐ 연방	**federation** 페더레이션	
☐ 연봉	**annual salary** 애뉴얼 셀러리	
☐ 연상	**association** 어소우시에이션	
☐ 연설(하다)	**speech** 스피치	
☐ 연소(하다)	**burn** 번	
☐ 연속(하다)	**continue** 컨티뉴	
☐ 연쇄	**chain** 체인	**link** 링크
☐ 연수생	**trainee** 추레이니	
☐ 연습(하다)	**practice** 프렉티스	
	exercise 엑서사이즈	
☐ 연안	**coast** 코스트	**seashore** 시쇼어
☐ 연애(하다)	**love** 러브	

□ 연어	**salmon** 새먼
□ 연예인	**entertainer** 엔터테이너
□ 연장자	**senior** 씨니어
□ 연장하다	**extension** 익스텐션 **; prolong** 프로롱
□ 연재소설	**serialized novel** 시리얼라이즈드 나블
□ 연주(하다)	**play** 플레이 **perform** 퍼폼
□ 연중	**all the year** 올 더 이어
□ 연중무휴	**open year-round** 오픈 이어라운드
□ 연중행사	**annual event** 애뉴얼 이벤트
□ 연체(하다)	**delay** 딜레이
□ 연출(하다)	**direction** 디렉션 **; direct** 디렉트
□ 연출가	**director** 디렉터
□ 연필	**pencil** 펜슬
□ 연하의	**younger** 영거
□ 연하장	**New Year's card** 뉴 이어스 카드
□ 연합(하다)	**union** 유니언 **; be united** 비 유나이티드
□ 연합군	**Allied Forces** 얼라이드 포시즈
□ 연회	**banquet** 뱅큇
□ 열〈熱〉	**heat** 히트 **fever** 피버
□ 열〈列〉	**line** 라인 **row** 로우 **queue** 퀴

347

□ 열거(하다)	**enumeration** 이뉴머레이션	
□ 열광(하다)	**enthusiasm** 인수지애즘	
□ 열기	**excitement** 익사이트먼트	
□ 열다	**open** 오픈	
□ 열대	**the Torrid Zone** 더 토리드 조운	
□ 열대야	**hot night** 핫 나잇	
□ 열도	**islands** 아일런즈	
□ 열등	**inferiority** 인피리어리티	
□ 열등감	**sense of inferiority** 센스 어브 인피리어리티	
□ 열량	**calorie** 칼로리	
□ 열렬한	**passionate** 패셔닛	**fervent** 퍼번트
□ 열리다	**open** 오픈	**begin** 비긴 **start** 스타트
□ 열리다〈열매〉	**grow** 그로우	**bear** 베어
□ 열매 맺다	**ripen** 라이픈	
□ 열매	**fruit** 프루트	**nut** 넛
□ 열병	**fever** 피버	
□ 열성	**recessiveness** 리세시브니스	
□ 열쇠	**key** 키	
□ 열심	**zeal** 질	**eagerness** 이거니스
□ 열심히	**eagerly** 이거리	**hard** 하드

348

□ 열악한	**inferior** 인피리어	**poor** 푸어
□ 열의	**zeal** 질	**eagerness** 이거니스
□ 열차	**train** 추레인	
□ 엷다	**light** 라잇	**pale** 페일
□ 염가	**low price** 라우 프라이스	
□ 염가판매	**bargain sale** 바긴 세일	
□ 염려	**fear** 피어	
□ 염려하다	**mind** 마인드	**worry** 워리
□ 염분	**salt** 솔트	
□ 염산	**hydrochloric acid** 하이드로클로릭 애시드	
□ 염색(하다)	**dyeing** 다잉	
□ 염색체	**chromosome** 크로우모솜	
□ 염소	**goat** 고우트	
□ 염소자리	**Capricorn** 캐프리콘	
□ 염증	**inflammation** 인플레메이션	
□ 엽록소	**chlorophyll** 클로로필	
□ 엽서	**postal card** 포스트카드	
□ 엿듣다	**eavesdrop** 이브즈드랍	
□ 영감	**inspiration** 인스퍼레이션	
□ 영광	**honor** 아너	**glory** 글로리

□ 영구히	**permanently** 퍼머넌트리
□ 영국	**England** 잉글런드
	Great Britain 그레이트 브리튼
□ 영국인	**Englishman** 잉글리쉬먼
□ 영리하다	**wise** 와이즈　**clever** 클레버
□ 영사	**consul** 컨술
□ 영사(하다)	**projection** 프러젝션 ; **project** 프러젝트
□ 영사관	**consulate** 컨술릿
□ 영사기	**projector** 프러젝터
□ 영상	**image** 이미지
□ 영수증	**receipt** 리시트
□ 영악하다	**cunning** 커닝
□ 영양	**antelope** 앤티로웁
□ 영양	**nutrition** 뉴트리션
□ 영어	**English** 잉글리쉬
□ 영업(하다)	**business** 비즈니스
□ 영역	**domain** 도메인
□ 영예	**honor** 아너
□ 영웅	**hero** 히어로
□ 영웅적인	**heroic** 히어로익

□ 영원한	**eternal** 이터널	가
□ 영장	**warrant** 워런트	나
□ 영전하다	**be promoted** 비 프러모티드	
□ 영주하다	**reside permanently** 리자이드 퍼머넌트리	다
□ 영토	**territory** 테러토리	라
□ 영하	**below zero** 빌로우 지어로	마
□ 영향	**influence** 인플루언스　**effect** 이펙트	
□ 영향을 미치다	**influence** 인플루언스	바
□ 영혼	**soul** 소울	사
□ 영화	**picture** 픽쳐　**movie** 무비　**film** 필름	아
□ 영화감독	**director** 디렉터	
□ 옆	**side** 사이드	자
□ 옆구리	**side** 사이드	차
□ 옆얼굴	**profile** 프로필	
□ 예	**example** 익젬플	카
□ 예감	**presentiment** 프리젠티먼트	타
□ 예견(하다)	**foresee** 포씨	
□ 예고(하다)	**previous notice** 프리비어스 노우티스	파
□ 예고편	**preview** 프리뷰	하
□ 예금(하다)	**savings** 세이빙즈　**deposit** 디파짓	

☐ 예기	**anticipation** 앤티시페이션
☐ 예년	**the average year** 디 애버리지 이어
☐ 예능	**entertainment** 엔터테인먼트
☐ 예를 들면	**for example** 포 익젬플
☐ 예매하다	**sell in advance** 셀 인 어드밴스
☐ 예민한	**keen** 킨 **sharp** 샵
☐ 예방(하다)	**prevention** 프리벤션 **;**
	prevent 프리벤트
☐ 예방주사	**vaccination** 백시네이션
☐ 예배(하다)	**worship** 워쉽 **service** 서비스
☐ 예보(하다)	**forecast** 포캐스트
☐ 예복	**full dress** 풀드레스
☐ 예비	**reserve** 리저브 **space** 스페이스
☐ 예비조사	**preliminary inspection** 프릴리머네리 인스펙션
☐ 예쁘게	**beautifully** 뷰티풀리
☐ 예쁜	**pretty** 프리티 **beautiful** 뷰티풀
☐ 예산	**budget** 버짓
☐ 예상	**prospect** 프러스펙트
☐ 예상(하다)	**expectation** 익스펙테이션 **;**
	expect 익스펙트

□ 예상외의	**unexpected** 언익스펙티드
□ 예선	**preliminary contest** 프릴리머네리 컨테스트
□ 예술	**art** 아트
□ 예술가	**artist** 아티스트
□ 예습하다	**preparation** 프리퍼레이션
□ 예약(하다)	**reservation** 리저베이션 ; **reserve** 리저브
□ 예언(하다)	**predict** 프리딕트　**foretell** 포어텔
□ 예언자	**prophet** 프라핏
□ 예외	**exception** 익셉션
□ 예의	**etiquette** 에티켓　**manners** 매너즈
□ 예의바르다	**modest** 마디스트　**humble** 험블
□ 예정(하다)	**plan** 플랜　**program** 프로그램
□ 예측(하다)	**prediction** 프리딕션 ; **forecast** 포케스트
□ 예행연습	**rehearsal** 리허설
□ 옛날	**old times** 올드 타임즈
□ 옛날이야기	**fairy tale** 페어리 테일
□ 오각형	**pentagon** 펜터건
□ 오늘	**today** 투데이

□ 오다	**come** 컴 **arrive** 어라이브
□ 오두막집	**hut** 헛
□ 오디션	**audition** 오디션
□ 오디오	**audio** 오디오
□ 오락	**amusement** 어뮤즈먼트
□ 오렌지	**orange** 어린지
□ 오려냄	**clipping** 클리핑
□ 오로라	**aurora** 오로라
□ 오로지	**solely** 소울리 **only** 온리
□ 오르간	**organ** 오르건
□ 오르골	**music box** 뮤직박스
□ 오르다	**go up** 고우 업 **rise** 라이즈
□ 오른쪽	**the right** 더 라이트
□ 오리	**duck** 덕
□ 오리무중	**in a fog** 이너 폭
□ 오리엔테이션	**orientation** 오리엔테이션
□ 오리온자리	**Orion** 어라이언
□ 오리지널	**originality** 어리지낼러티
□ 오목거울	**concave mirror** 컨케이브 미러
□ 오믈렛	**omelet** 아멀릿

□ 오버랩	**overlap** 오버랩	
□ 오보에	**oboe** 오우보우	
□ 오븐	**oven** 어번	
□ 오블라트	**medicinal wafer** 메디시널 웨이퍼	
□ 오비〈OB〉	**graduate** 그레주잇	
□ 오선지	**music paper** 뮤직 페이퍼	
□ 오스트레일리아	**Australia** 오스트레일리어	
□ 오싹하다	**shudder** 슈더 **shiver** 쉬버	
□ 오아시스	**oasis** 오에이시스	
□ 오역(하다)	**mistranslation** 미스트랜슬레이션	
□ 오염(되다)	**pollution** 펄루션 ; **pollute** 펄루트	
□ 오월	**May** 메이	
□ 오이	**cucumber** 큐컴버	
□ 오인하다	**misunderstand** 미스언더스탠드	
□ 오일	**oil** 오일	
□ 오전	**morning** 모닝	
□ 오점	**stain** 스테인	
□ 오존	**ozone** 오존	
□ 오징어	**cuttlefish** 커틀피쉬 **squid** 스퀴드	
□ 오케스트라	**orchestra** 오케스트러	

355

□ 오케이	**O.K.** 오우케이
□ 오토매틱	**automatic** 오토메틱
□ 오토바이	**motorcycle** 모터사이클
□ 오판하다	**misjudge** 미스저지
□ 오페라	**opera** 아퍼러
□ 오피스	**office** 오피스
□ 오한	**chill** 칠
□ 오해(하다)	**misunderstand** 미스언더스탠드
□ 오후	**afternoon** 앺터눈
□ 오히려	**on the contrary** 온더 컨트러리
□ 옥	**bead** 비드 **gem** 젬
□ 옥내	**indoor** 인도어
□ 옥상	**roof** 루프
□ 옥수수	**corn** 콘
□ 옥외	**outdoor** 아웃도어
□ 옥타브	**octave** 악티브
□ 온갖	**all** 올 **every** 에브리
□ 온건한	**moderate** 마더릿
□ 온난한	**warm** 왐 **mild** 마일드
□ 온대	**the Temperate Zone** 더 템퍼릿 존

□ 온더락	**whiskey on the rocks** 위스키 온더 락스	
□ 온도	**temperature** 템퍼러춰	
□ 온도계	**thermometer** 서머스탯	
□ 온라인	**on-line** 온라인	
□ 온수	**hot water** 핫 워터	
□ 온실	**greenhouse** 그린하우스	
□ 온천	**hot spring** 핫 스프링	
□ 온화한	**gentle** 젠틀 **mild** 마일드	
□ 올라가다	**climb** 클라임	
□ 올라감	**rise** 라이즈 **ascent** 어센트	
□ 올리다	**raise** 레이즈 **lift** 리프트	
□ 올리브	**olive** 알리브	
□ 올림픽	**the Olympic games** 디 얼림픽 게임즈	
□ 올빼미	**owl** 아울	
□ 올챙이	**tadpole** 탯포울	
□ 옮기다	**move** 무브 **transfer** 트랜스퍼	
□ 옳다	**right** 라이트 **correct** 커렉트	
□ 옴니버스	**omnibus** 암너버스	
□ 옵션	**option** 압션	
□ 옷	**clothes** 클로우씨즈 **dress** 드레스	

357

□ 옷걸이	**hanger** 행거
□ 옷깃	**collar** 칼러
□ 옷차림	**dress** 드레스　**appearance** 어피어런스
□ 옻	**lacquer** 래커
□ 와이셔츠	**shirt** 셔트
□ 와이퍼	**wiper** 와이퍼
□ 와인	**wine** 와인
□ 와트	**watt** 왓
□ 왁스	**wax** 왝스
□ 완고한	**stubborn** 스터번　**obstinate** 압스터닛
□ 완곡한	**euphemistic** 유퍼미스틱
□ 완구	**toy** 토이
□ 완두콩	**pea** 피
□ 완력	**physical strength** 피지컬 스트렝쓰
□ 완료(하다)	**completion** 컴플리션 ; **finish** 피니시
□ 완만한	**loose** 루스
□ 완벽	**perfection** 퍼펙션
□ 완성(하다)	**completion** 컴플리션 ; **complete** 컴플리트
□ 완수하다	**accomplish** 어컴플리시

□ 완장	**arm band** 암 밴드	
□ 완행열차	**local train** 로컬 추레인	
□ 완화	**allay** 얼레이 **ease** 이즈	
□ 완화(하다)	**ease** 이즈 **relieve** 릴리브	
□ 왈츠	**waltz** 왈츠	
□ 왕	**king** 킹	
□ 왕관	**crown** 크라운	
□ 왕국	**kingdom** 킹덤	
□ 왕궁	**palace** 팰리스	
□ 왕복표	**round-trip ticket** 라운드추립 티킷	
□ 왕비	**queen** 퀸	
□ 왕성한	**prosperous** 프라스퍼러스	
□ 왕자	**prince** 프린스	
□ 왕조	**dynasty** 다이너스티	
□ 왜	**why** 와이	
□ 왜건	**station wagon** 스테이션 왜건	
□ 왜냐하면	**because** 비코즈 **for** 포	
□ 외과	**surgery** 서저리	
□ 외과의사	**surgeon** 서전	
□ 외관	**appearance** 어피어런스	

부엌 Kitchen

② frying pan
프라잉 팬

① sink
싱크

③ kettle
케틀

④ oven
오븐

⑤ napkin
냅킨

① 싱크대 ② 프라이팬 ③ 주전자 ④ 오븐 ⑤ 냅킨

⑥ **refrigerator**
리프리제레이터

⑦ **cupboard**
커버드

⑧ **glass**
글래스

⑨ **plate**
플레이트

⑩ **dish**
디쉬

⑪ **table**
테이블

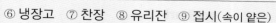

⑥ 냉장고　⑦ 찬장　⑧ 유리잔　⑨ 접시(속이 얕은)
⑩ 접시(속이 깊은)　⑪ 탁자

361

외교	**diplomacy** 디플로머시
외교관	**diplomat** 디플로맷
외교정책	**foreign policy** 포린 팔러시
외국	**foreign country** 포린 컨추리
외국인	**foreigner** 포리너
외롭다	**lonely** 로운리
외부	**outside** 아웃사이드
외설	**obscene** 옵신　**indecent** 인디슨트
외식하다	**eat out** 이트 아웃
외출하다	**go out** 고우 아웃
외치다	**shout** 샤웃　**cry** 크라이
외톨이	**alone** 얼로운
외화	**foreign film** 포린 필름
외화	**foreign money** 포린 머니
외환은행	**exchange bank** 익스체인지 뱅크
왼손잡이	**left-handed** 레프트핸디드
왼쪽	**the left** 더 레프트
요가	**yoga** 요우거
요구(하다)	**demand** 디맨드　**request** 리퀘스트
요구르트	**yoghurt** 요거트

362

□ 요금	**charge** 차지 **fee** 피
□ 요동	**shaking** 쉐이킹
□ 요람	**cradle** 크래들
□ 요령	**point** 포인트 **gist** 지스트
□ 요르단	**Jordan** 조던
□ 요리(하다)	**cooking** 쿠킹 ; **cook** 쿡
□ 요새	**fortress** 포트리스
□ 요소	**element** 엘러먼트 **factor** 팩터
□ 요약	**summary** 써머리
□ 요양(하다)	**medical treatment** 메디컬 트리트먼트
□ 요오드	**iodine** 아이어다인
□ 요오드팅크	**tincture of iodine** 팅춰 어브 아이어다인
□ 요인	**factor** 팩터
□ 요일	**day** 데이
□ 요점	**pivot** 피벗
□ 요점	**the point** 더 포인트
□ 요즈음	**now** 나우 **these days** 디즈 데이즈
□ 요철	**unevenness** 언이븐니스
□ 요청(하다)	**demand** 디맨드 **request** 리퀘스트

□ 요컨대	**in short** 인 숏	
□ 요통	**lumbago** 럼베이고우	
□ 요트	**yacht** 얏	
□ 요하다	**require** 리콰이어	**need** 니드
□ 요행	**fluke** 플루크	
□ 욕	**abuse** 어뷰즈	
□ 욕구불만	**frustration** 프러스트레이션	
□ 욕망	**desire** 디자이어	**ambition** 앰비션
□ 욕실	**bathroom** 배쓰룸	
□ 욕조	**bathtub** 배쓰텁	
□ 욕하다	**speak ill of** 스피크 일 어브	
□ 용	**dragon** 드래건	
□ 용감하다	**brave** 브레이브	**courageous** 커리저스
□ 용광로	**blast furnace** 블래스트 퍼니스	
□ 용구	**tools** 툴즈	
□ 용기	**courage** 커리쥐	**bravery** 브레이버리
□ 용도	**use** 유즈	**purpose** 퍼퍼스
□ 용매	**solvent** 솔벤트	
□ 용모	**looks** 룩스	
□ 용서하다	**forgive** 포기브	**pardon** 파든

용수철	spring 스프링
용암	lava 라버
용액	solution 솔루션
용어	wording 워딩
용의자	suspect 서스펙트
우대(하다)	favor 페이버 ; treat warmly 트릿 웜리
우두머리	foreman 포어먼 boss 보스
우등	excellence 엑설런스
우라늄	uranium 우레이니엄
우렁쉥이	ascidian 어시디언
우려(하다)	worry about 워리 어바웃
우리	cage 케이지
우리	we 위 ourselves 아워셀브즈
우물	well 웰
우박	hail 헤일
우산	umbrella 엄브렐러
우상	idol 아이들
우상화(하다)	idolize 아이덜라이즈
우선	priority 프라이어리티
우선	at first 엣 퍼스트

□ 우세	**superior** 수피리어	
	predominant 프리다머넌트	
□ 우송(하다)	**send by mail** 센드 바이 메일	
□ 우송료	**postage** 포우스티지	
□ 우수한	**excellent** 엑설런트	
□ 우습다	**funny** 퍼니	
□ 우승	**championship** 챔피언십	
□ 우아한	**graceful** 그레이스펄	**elegant** 엘리건트
□ 우엉	**burdock** 버닥	
□ 우연	**chance** 챈스	**accident** 액시던트
□ 우연의 일치	**coincidence** 코우인서던스	
□ 우울	**melancholy** 멜란컬리	**gloomy** 글루미
□ 우위	**advantage** 어드밴티지	
□ 우유	**milk** 밀크	
□ 우유부단	**indecision** 인디시전	
□ 우정	**friendship** 프렌드쉽	
□ 우주	**universe** 유너버스	
□ 우주비행사	**astronaut** 애스트러노트	
□ 우체국	**post office** 포스트오피스	
□ 우편	**mail** 메일	**post** 포스트

366

□ 우편번호	**zip code** 집 코드
□ 우표	**stamp** 스템프
□ 우화	**allegory** 앨리고리　**fable** 페이블
□ 우회(하다)	**detour** 디투어
□ 운좋게	**fortunately** 포추니트리
□ 운〈韻〉	**rhyme** 라임
□ 운동	**movement** 무브먼트　**motion** 모션
□ 운동화	**sports shoes** 스포츠 슈즈
□ 운명	**fate** 페이트　**destiny** 데스티니
□ 운반하다	**carry** 캐리
□ 운세	**fortune** 포춘
□ 운송	**transportation** 트랜스포테이션
□ 운송장	**invoice** 인보이스
□ 운영(하다)	**management** 매니지먼트
□ 운이 좋다	**be lucky** 비 럭키
□ 운임	**freight rates** 프레이트 레이츠
□ 운전(하다)	**driving** 드라이빙 **; drive** 드라이브
□ 운전면허증	**driver's license** 드라이버스 라이선스
□ 운전수	**driver** 드라이버
□ 운하	**canal** 커널

□ 운행(하다)	**service** 서비스 **operation** 아퍼레이션
□ 울	**wool** 울
□ 울다	**cry** 크라이 **weep** 위프
□ 울리다	**sound** 사운드 **resound** 리자운드
□ 울보	**crybaby** 크라이베이비
□ 울부짖다	**scream** 스크림
□ 울타리	**fence** 펜스 **hedge** 헤지
□ 울퉁불퉁한	**rugged** 러기드
□ 움직이다	**move** 무브
□ 웃기는	**ridiculous** 리디큘러스 **absurd** 업서드
□ 웃기다	**make laugh** 메이크 래프
□ 웃다	**laugh** 래프
□ 웃음	**laugh** 래프 **laughter** 래프터
□ 웅덩이	**pool** 풀 **puddle** 퍼들
□ 웅변	**eloquence** 엘러퀀스
□ 웅크리다	**squat down** 스쾃 다운
□ 원	**circle** 서클
□ 원격	**remote** 리모트 **distant** 디스턴트
□ 원고	**manuscript** 매뉴스크립트 **copy** 카피
□ 원고	**plaintiff** 플레인티프

원고료	**manuscript fee** 매뉴스크립트 피
원근법	**perspective** 퍼스펙티브
원동력	**motive power** 모티브 파워
원래	**originally** 어리저널리
	by nature 바이 네이춰
원료	**raw material** 로 머티어리얼
원리	**principle** 프린서플 **theory** 씨어리
원만한	**harmonious** 하모니어스
원문	**the original text** 디 어리저널 텍스트
원반	**disk** 디스크
원본	**the original** 디 어리저널
원색	**primary color** 프라이머리 컬러
원서	**application for** 어플리케이션 포
원소	**element** 엘러먼트
원수〈우두머리〉	**sovereign** 사버린
원수〈적〉	**enemy** 에너미
원숭이	**monkey** 멍키 **ape** 에입
원시〈시력〉	**farsightedness** 파사이티드니스
원시	**primitive** 프리머티브
원시림	**primeval forest** 프라이미벌 포리스트

□ 원시시대	**the primitive age**	더 프라이미벌 에이지
□ 원심력	**centrifugal force**	센트리퓨걸 포스
□ 원앙	**mandarin duck**	맨더린 덕
□ 원액	**undiluted solution**	언디루티드 솔루션
□ 원양	**ocean**	오우션
□ 원양어업	**deep-sea fishing**	딥씨 피싱
□ 원예	**gardening**	가드닝
□ 원유	**crude oil**	크루드 오일
□ 원인	**cause**	코즈
□ 원자	**atom**	애텀
□ 원자력	**nuclear power**	뉴클리어 파워
□ 원자로	**nuclear reactor**	뉴클리어 리액터
□ 원자폭탄	**atomic bomb**	어타믹 밤
□ 원자핵	**atomic nucleus**	어타믹 뉴클리어스
□ 원작	**the original**	디 어리저널
□ 원점	**the starting point**	더 스타팅 포인트
□ 원정(하다)	**expedition**	엑스피디션
□ 원조(하다)	**help** 헬프 ; **assist**	어시스트
□ 원주	**circumference**	서컴피어런스
□ 원주	**column**	칼럼

□ 원주율	**the circular constant** 더 써큘러 컨스턴트
□ 원천징수	**tax deduction** 텍스 디덕션
□ 원추	**cone** 콘
□ 원칙	**principle** 프린서플
□ 원피스	**dress** 드레스 **one-piece** 원피스
□ 원한	**grudge** 그러쥐
□ 원형	**prototype** 프로토타입
□ 월간지	**monthly** 먼쓸리
□ 월경	**menstruation** 멘스트루에이션
	period 피리어드
□ 월계수	**laurel** 로럴
□ 월급	**salary** 셀러리
□ 월드컵	**the World Cup** 더 월드컵
□ 월말	**the end of the month** 디 엔드 어브 더 먼쓰
□ 월부	**monthly installment** 먼쓸리 인스톨먼트
□ 월수입	**monthly income** 먼쓸리 인컴
□ 월식	**eclipse of the moon** 이클립스 어브 더 문
□ 월요일	**Monday** 먼데이

371

□ 웨이터	**waiter** 웨이터	
□ 웨이트리스	**waitress** 웨이트리스	
□ 위〈胃〉	**stomach** 스터먹	
□ 위〈上〉	**the upper part** 디 어퍼 파트	
□ 위경련	**cramp in the stomach** 크램프 인 더 스터먹	
□ 위궤양	**stomach ulcer** 스터먹 얼서	
□ 위기	**crisis** 크라이시스	
□ 위대하다	**great** 그레잇	
□ 위도	**latitude** 래티튜드	
□ 위독한	**critically ill** 크리티컬리 일	
□ 위력	**power** 파워	**might** 마잇
□ 위로	**comfort** 컴포트	**solace** 살러스
□ 위반(하다)	**violation** 바이얼레이션	
	offense 오펜스	
□ 위법의	**illegal** 일리걸	
□ 위산과다	**hyperacidity** 하이퍼애시더티	
□ 위생	**hygiene** 하이진	
□ 위생적인	**hygienic** 하이지에닉	
	sanitary 새니터리	
□ 위선	**hypocrisy** 히파크러시	

위선적인	**hypocritical** 히퍼크리틱
위성	**satellite** 세털라이트
위성방송	**satellite broadcasting** 세털라이트 브로드캐스팅
위스키	**whisky** 위스키
위약금	**forfeit** 포피트
위엄	**dignity** 딕니티 **prestige** 프레스티지
위원회	**committee** 커미티
위인	**great person** 그레잇 퍼슨
위임(하다)	**leave** 리브 **entrust** 인트러스트
위자료	**compensation money** 컴펜세이션 머니
위장	**stomach and intestines** 스터먹 앤 인테스틴즈
위장(하다)	**camouflage** 캐머플라쥐
위조(하다)	**forgery** 포저리 ; **forge** 포지
위축되다	**cower** 카우어 **be cramped** 비 크램프드
위치	**position** 퍼지션 **situation** 시추에이션
위탁(하다)	**commission** 커미션
위하수	**gastroptosis** 개스트랍토우시스
위험	**danger** 데인저 **risk** 리스크
위험하다	**dangerous** 데인저러스 **risky** 리스키

위협하다	**threaten** 스레튼 **menace** 메너스
윈드서핑	**windsurfing** 윈드서핑
윗사람	**superior** 수피어리어
윙크(하다)	**wink** 윙크
유가증권	**valuable securities** 밸류어블 씨큐리티즈
유감	**regret** 리그렛
유감스러운	**regrettable** 리그레터블
유괴	**kidnapping** 킷냅핑
유교	**Confucianism** 컨퓨셔니즘
유권자	**electorate** 일렉터릿
유네스코	**UNESCO** 유네스코우
유능한	**able** 에이블 **capable** 캐이퍼블
유니폼	**uniform** 유너폼
유도	**judo** 주도
유도(하다)	**conduct** 컨덕트 **lead** 리드
유동적인	**fluid** 플루이드
유두	**nipple** 니플
유람(하다)	**sight-seeing** 사이트씨잉
유람선	**pleasure boat** 플레저 보우트
유랑하다	**wander** 완더

□ 유래(하다)	**the origin** 디 어리진 ;
	originate in 어리지네이트 인
□ 유럽	**Europe** 유럽
□ 유력한	**strong** 스트롱　**powerful** 파워펄
□ 유령	**ghost** 고스트
□ 유로	**Euro** 유로
□ 유료	**pay** 페이
□ 유리	**glass** 글래스
□ 유리구슬	**marbles** 마블즈
□ 유리한	**advantageous** 어드밴티저스
□ 유망한	**promising** 프라미싱　**hopeful** 호웁펄
□ 유머	**humor** 휴머
□ 유명한	**famous** 페이머스　**well-known** 웰노운
□ 유모차	**baby carriage** 베이비 캐리지
□ 유목민	**nomad** 노우매드
□ 유발(하다)	**cause** 코즈
□ 유방	**breast⟨s⟩** 브레스트
□ 유방암	**breast cancer** 브레스트 캔서
□ 유별난	**curious** 큐리어스
□ 유복한	**rich** 리치　**wealthy** 웰씨

가
나
다
라
마
바
사
아
자
차
카
타
파
하

375

□ 유사(하다)	**resemble** 리젬블	
□ 유사품	**imitation** 이미테이션	
□ 유산	**inheritance** 인헤리턴스	
	legacy 레거시	
□ 유산(하다)	**miscarriage** 미스캐리지	
□ 유산균	**lactic acid bacteria** 랙틱 애시드 백티리어	
□ 유서	**will** 윌	
□ 유선형	**streamlined** 스트림라인드	
□ 유성〈油性〉	**oily** 오일리	
□ 유성〈流星〉	**shooting star** 슈팅스타	
□ 유스호스텔	**youth hostel** 유스호스텔	
□ 유아	**infant** 인펀트	
□ 유언장	**will** 윌	
	written testament 리튼 테스터먼트	
□ 유에프오	**UFO** 유포우	
□ 유엔	**UN** 유엔	
□ 유역	**valley** 밸리	**basin** 베이슨
□ 유연한	**flexible** 플렉서블	**supple** 서플
□ 유예	**delay** 딜레이	**grace** 그레이스
□ 유용(하다)	**diversion** 디버전	

□ 유용한	**useful** 유즈펄　**valuable** 벨류어블
□ 유원지	**amusement park** 어뮤즈먼트 파크
□ 유월	**June** 준
□ 유의(하다)	**pay attention to** 페이 어텐션 투
□ 유의어	**synonym** 씨너님
□ 유일한	**only** 오운리　**unique** 유닉
□ 유입(되다)	**inflow** 인플로우 ; **flow in** 플로우 인
□ 유적	**ruins** 루인즈
□ 유전	**heredity** 히레더티
□ 유전	**oil field** 오일 필드
□ 유전자	**gene** 진
□ 유제품	**dairy product** 데어리 프러덕트
□ 유죄	**guilty** 길티
□ 유지	**maintenance** 메인터넌스
□ 유지하다	**keep** 킵
□ 유착(되다)	**adhesion** 애드히전 ; **adhere** 어드히어
□ 유창하게	**fluently** 플루언트리
□ 유추(하다)	**analogy** 어낼러지 ; **infer** 인퍼
□ 유출(하다)	**outflow** 아웃플로우 ; **flow out** 플로우 아웃

가
나
다
라
마
바
사
아
자
차
카
타
파
하

□ 유충	**larva** 라버
□ 유치원	**kindergarten** 킨더가튼
□ 유치한	**childish** 차일디쉬
□ 유쾌한	**pleasant** 플레전트　**cheerful** 치어펄
□ 유태교	**Judaism** 주디이점
□ 유태인	**Jew** 주
□ 유턴(하다)	**U-turn** 유턴
□ 유토피아	**Utopia** 유토피어
□ 유통(하다)	**circulation** 서큘레이션
□ 유파	**school** 스쿨
□ 유포(하다)	**circulate** 서큘레이트
□ 유학(하다)	**study abroad** 스터디 업로드
□ 유학생	**foreign student** 포린 스튜던트
□ 유해한	**bad** 배드　**harmful** 함펄
□ 유행	**fashion** 패션　**mode** 모우드
□ 유행(하다)	**fashion** 패션　**vogue** 보우그
□ 유행가	**popular song** 파퓰러 송
□ 유행하다	**be in fashion** 비 인 패션
□ 유형	**type** 타입　**pattern** 패턴
□ 유혹	**temptation** 템테이션

□ 유혹(하다)	**tempt** 템트　**seduce** 시듀스
□ 유화	**oil painting** 오일 페인팅
□ 유황	**sulfur** 설퍼
□ 유효	**validity** 벌리더티
□ 육감	**intuition** 인튜이션
□ 육교	**footbridge** 푸트브리지
□ 육군	**the army** 디 아미
□ 육로	**land route** 랜드 루트
□ 육상경기	**athletic sports** 어슬레틱 스포츠
□ 육식	**meat diet** 미트 다이어트
□ 육식동물	**carnivore** 카너보어
□ 육아	**child care** 차일드 케어　**nursing** 너싱
□ 육안	**naked eye** 네이킷 아이
□ 육지	**land** 랜드
□ 육체	**the body** 더 바디　**the flesh** 더 플레시
□ 육체노동	**physical labor** 피지컬 레이버
□ 육친	**near relatives** 니어 렐러티브즈
□ 윤곽	**outline** 아웃라인
□ 윤기	**gloss** 글로스　**luster** 러스터
□ 윤년	**leap year** 립 이어

가
나
다
라
마
바
사
아
자
차
카
타
파
하

□ 윤리	**ethics** 에식스
□ 윤리적인	**ethical** 에시컬 **moral** 모럴
□ 윤을 내다	**polish** 팔리시 **brush** 브러쉬
□ 윤회	**metempsychosis** 머템프서코우시스
□ 융단	**carpet** 카핏 **rug** 럭
□ 융자(하다)	**financing** 파이낸싱 ; **finance** 파이낸스
□ 융합(하다)	**fusion** 퓨전 ; **fuse** 퓨즈
□ 은	**silver** 실버
□ 은방울꽃	**lily of the valley** 릴리 어브 더 벨리
□ 은유법	**metaphor** 메타포
□ 은인	**benefactor** 베너팩터
□ 은총	**blessing** 블레싱
□ 은퇴(하다)	**retirement** 리타이어먼트 ; **retire** 리타이어
□ 은하수	**Galaxy** 갤럭시 **the milky way** 더 밀키 웨이
□ 은행	**bank** 뱅크
□ 은행〈나무〉	**ginkgo** 깅코우
□ 은혜	**favor** 페이버 **benefit** 베너핏
□ 음〈陰〉	**negative** 네거티브

□ 음경	**penis** 페니스
□ 음계	**scale** 스케일
□ 음료수	**drinking water** 드링킹 워터
□ 음모	**plot** 플럿　**intrigue** 인트리그
□ 음미(하다)	**scrutiny** 스크루티니 **;**
	scrutinize 스크루티나이즈
□ 음부	**genitals** 제너털즈
	privates 프라이비츠
□ 음성	**voice** 보이스　**sound** 사운드
□ 음식물	**food** 푸드　**provisions** 프러비전즈
□ 음식점	**restaurant** 레스터런트
□ 음악	**music** 뮤직
□ 음악가	**musician** 뮤지션
□ 음절	**syllable** 실러블
□ 음치	**tone deafness** 톤 데프니스
□ 음침한	**gloomy** 글루미
□ 음표	**note** 노우트
□ 음향	**sound** 사운드
□ 응급	**emergency** 이머전시
□ 응급치료	**the first aid** 더 퍼스트 에이드

381

□ 응답(하다)	**answer** 앤서 **reply** 리플라이
□ 응모(하다)	**apply to** 어플라이 투
□ 응석부리는	**naughty** 노티
□ 응시하다	**gaze at** 게이즈 앳
□ 응어리	**bad feelings** 배드 필링즈
□ 응용	**application** 어플리케이션
□ 응원(하다)	**aid** 에이드 **support** 서포트
□ 응접실	**reception room** 리셉션 룸
□ 응하다	**answer** 앤서 **reply to** 리플라이 투
□ 의거하다	**be based on** 비 베이스드 온
□ 의견	**opinion** 오피니언 **idea** 아이디어
□ 의견일치	**consensus** 컨센서스
□ 의논	**talk** 토크 **discussion** 디스커션
□ 의뢰(하다)	**request** 리퀘스트
□ 의료	**medical treatment** 메디컬 트리트먼트
□ 의료보험	**health insurance** 헬스 인슈어런스
□ 의류	**clothing** 클로씽 **clothes** 클로시즈
□ 의리 있는	**faithful** 페이스펄
□ 의무	**duty** 듀티 **obligation** 아블리게이션
□ 의무교육	**compulsory education** 컴펄서리 에주케이션

□ 의문	**question** 퀘스천 **doubt** 다웃	가
□ 의문문	**interrogative sentence** 인터로게이티브 센텐스	나
□ 의문사	**interrogative** 인터로게이티브	다
□ 의미(하다)	**meaning** 미닝 ; **mean** 민	
□ 의사	**doctor** 닥터	라
□ 의상	**clothes** 클로시즈 **costume** 카스튬	마
□ 의식	**ceremony** 세러머니 **rites** 라이츠	
□ 의식(하다)	**consciousness** 칸시어스니스	바
□ 의식주	**food clothing and shelter** 푸드 클로씽 앤 쉘터	사
□ 의심(하다)	**doubt** 다웃	아
□ 의심스럽다	**doubtful** 다웃펄	자
	suspicious 서스피셔스	차
□ 의연금	**contribution** 컨트리뷰션	
□ 의외의	**unexpected** 언익스펙티드	카
□ 의욕	**will** 윌	타
□ 의원〈議員〉	**member of an assembly** 멤버 어브 언 어셈블리	
□ 의의	**meaning** 미닝	파
□ 의자	**chair** 체어 **stool** 스툴	하
□ 의장	**chairperson** 체어퍼슨	

□ 의제	**agenda** 어젠더
□ 의존	**dependence** 디펜던스
□ 의지	**reliance** 릴라이언스
□ 의지	**will** 윌 **volition** 볼리션
□ 의지하다	**rely on** 릴라이 온
	depend on 디펜드 온
□ 의학	**medical science** 메디컬 사이언스
□ 의향	**intention** 인텐션 **will** 윌
□ 의혹	**doubt** 다웃 **suspicion** 서스피션
□ 의회	**assembly** 어셈블리
	parliament 팔리어먼트
□ 이〈곤충〉	**louse** 라우스
□ 이〈치아〉	**tooth** 투쓰
□ 이것	**this** 디스
□ 이국적인	**exotic** 엑조틱
□ 이기다	**beat** 비트 **win** 윈
□ 이기적인	**egoistic** 이고이스틱
□ 이기주의	**selfishness** 셀피시니스
□ 이끌다	**lead** 리드 **guide** 가이드
□ 이끼	**moss** 모쓰

□ 이내	**within** 위딘 **less than** 레스 댄	
□ 이념	**idea** 아이디어	
□ 이단자	**heretic** 헤러틱	
□ 이달(에)	**this month** 디스 먼쓰	
□ 이데올로기	**ideology** 아이디알러지	
□ 이동(하다)	**move** 무브	
□ 이런	**such** 서치	
□ 이력	**career** 커리어	
□ 이력서	**resume** 레주메	
□ 이례적인	**exceptional** 익셉셔널	
□ 이론	**theory** 씨어리	
□ 이론적인	**theoretical** 씨어레티컬	
□ 이루다	**accomplish** 어컴플리시	
	complete 컴플리트	
□ 이륙(하다)	**takeoff** 테이크오프 ;	
	take off 테이크오프	
□ 이르다	**early** 얼리	
□ 이름	**name** 네임	
□ 이리	**wolf** 울프	
□ 이마	**forehead** 포어헤드	

가
나
다
라
마
바
사
아
자
차
카
타
파
하

□ 이메일	**e-mail** 이메일	
□ 이면	**the back** 더 백	
□ 이미	**already** 올레디	
□ 이미지	**image** 이미지	
□ 이민(하다)	**emigration** 이미그레이션 ;	
	emigrate 이미그레이트	
□ 이발	**haircut** 헤어컷	
□ 이발소	**barbershop** 바버샵	
□ 이벤트	**event** 이벤트	
□ 이별(하다)	**separation** 세퍼레이션 ;	
	separate 세퍼레이트	
□ 이불	**bed clothes** 베드 클로씨즈	
□ 이비인후과	**otorhinolaryngology** 오우토라이노래링갈러지	
□ 이사(하다)	**move** 무브	
□ 이삭	**ear** 이어	
□ 이산화탄소	**carbon dioxide** 카본 디옥사이드	
□ 이상〈以上〉	**more than** 모어 댄 **over** 오버	
	above 어버브	
□ 이상〈理想〉	**ideal** 아이디얼	
□ 이상적인	**ideal** 아이디얼	

이상주의	**idealism** 아이디얼리즘
이상한	**unusual** 언유주얼　**abnormal** 앱노멀
이상향	**Utopia** 유토피어
이색적인	**unique** 유닉
이성〈理性〉	**reason** 리즌
이성〈二姓〉	**the opposite sex** 아퍼짓 섹스
이성적인	**rational** 레이셔널
이스라엘	**Israel** 이즈레일
이스트〈균〉	**yeast** 이스트
이슬	**dew** 듀　**dewdrop** 듀드랍
이슬람교	**Islam** 이슬람
이슬람교도	**Muslim** 무슬림　**Islam** 이슬람
이슬비	**drizzle** 드리즐
이식	**transplantation** 트랜스플랜테이션
이쑤시개	**toothpick** 투쓰픽
이야기	**story** 스토리　**talk** 토크
이어받다	**inherit** 인헤릿
이어지다	**be connected with** 비 커넥팃 위드
이어폰	**earphone** 이어폰
이온	**ion** 아이언

□ 이외	**except** 익스펙트	
□ 이용(하다)	**use** 유즈 **utilize** 유틸라이즈	
□ 이용사	**hairdresser** 헤어드레서	
□ 이웃	**the next door** 더 넥스트 도어	
□ 이웃사람	**neighbor** 네아버	
□ 이월	**February** 페브루어리	
□ 이유	**reason** 리즌 **cause** 코즈	
□ 이유식	**baby food** 베이비 푸드	
□ 이윤	**profit** 프라핏 **gain** 게인	
□ 이율	**the rate of interest** 더 레잇 어브 더 인터레스트	
□ 이의	**objection** 옵젝션	
□ 이익	**profit** 프라핏 **return** 리턴	
□ 이자	**interest** 인터레스트	
□ 이재민	**sufferer** 서퍼러	
□ 이전	**ago** 어고우 **before** 비퍼	
□ 이전(하다)	**move to** 무브 투	
□ 이점	**advantage** 어드밴티지	
□ 이정표	**guide** 가이드	
	signpost 사인포스트	
□ 이제	**now** 나우	

□ 이주(하다)	**migration** 마이그레이션 ;	
	migrate 마이그레이트	나
□ 이중	**double** 더블　**dual** 듀얼	나
□ 이질	**dysentery** 디선테리	다
□ 이질	**heterogeneous** 헤터러지니어스	라
□ 이쪽	**this way** 디스 웨이　**here** 히어	마
□ 이차방정식	**quadratic equation** 쿼드러틱 이퀘이션	바
□ 이치	**reason** 리즌　**logic** 라직	바
□ 이탤릭체	**italics** 이탤릭스	사
□ 이하	**less than** 레스 댄　**under** 언더	아
□ 이해	**understanding** 언더스탠딩	
□ 이해(하다)	**understand** 언더스탠드	자
□ 이혼(하다)	**divorce** 디보스	차
□ 이후	**from now on** 프럼 나우 온	카
□ 익명	**anonymity** 어나니머티	
□ 익사하다	**be drowned** 비 드라운드	타
□ 익살	**buffoonery** 버푸너리　**joke** 조우크	파
	witticism 위티시즘	하
□ 익살맞은	**funny** 퍼니　**humorous** 휴머러스	
□ 익숙해지다	**get used to** 겟 유스 투	

389

□ 익히다	**boil** 보일 **cook** 쿡	
□ 인	**phosphorus** 파스퍼러스	
□ 인간	**human being** 휴먼빙	
□ 인감	**seal** 씰	
□ 인감증명	**certificate of one's seal** 서티피킷 어브 원스 씰	
□ 인건비	**personnel expenses** 퍼스넬 익스펜시즈	
□ 인격	**character** 캐릭터	
	personality 퍼스널리티	
□ 인격자	**noble person** 노우블 퍼슨	
□ 인공	**artificiality** 아티피셜리티	
□ 인공위성	**artificial satellite** 아티피셜 세털라이트	
□ 인공적인	**artificial** 아티피셜	
□ 인공호흡	**artificial respiration** 아티피셜 레스퍼레이션	
□ 인과	**cause and effect** 코즈 앤 이펙트	
□ 인과응보	**retribution** 리트리뷰션	
□ 인구	**population** 파퓰레이션	
□ 인권	**human rights** 휴먼 라이츠	
□ 인기	**popularity** 파퓰레러티	
□ 인내(하다)	**patience** 페이션스	

390

□ 인도	**humanity** 휴머니티
□ 인도적인	**humane** 휴메인
□ 인도주의	**humanitarianism** 휴머니테리어니즘
□ 인력	**gravitation** 그래버테이션
□ 인류	**the human race** 더 휴먼 레이스
	mankind 휴먼카인드
□ 인류학	**anthropology** 앤스러팔러지
□ 인맥	**connections** 커넥션즈
□ 인명	**human life** 휴먼 라이프
□ 인명구조	**life-saving** 라이프세이빙
□ 인문과학	**the humanities** 더 휴머니티즈
□ 인물	**person** 퍼슨 **man** 맨
□ 인물화	**portrait** 포트레이트
□ 인민	**the people** 더 피플
□ 인사	**bow** 바우 **salutation** 설루테이션
□ 인사	**personnel matters** 퍼스넬 매터즈
□ 인사(하다)	**greeting** 그리팅 ; **greet** 그릿
	salute 설루트
□ 인사과	**the personnel section** 더 퍼스넬 섹션
□ 인상	**impression** 임프레션

□ 인상하다	**raise** 레이즈
□ 인색한	**stingy** 스팅기
□ 인생	**life** 라이프
□ 인세	**royalty** 로열티
□ 인솔하다	**lead** 리드　**conduct** 컨덕트
□ 인쇄	**printing** 프린팅
□ 인수하다	**receive** 리시브
□ 인슐린	**insulin** 인슐린
□ 인스턴트	**instant** 인스턴트
□ 인식(하다)	**recognize** 레컥나이즈
□ 인어	**mermaid** 머메이드
□ 인용(하다)	**quotation** 쿼테이션
	citation 사이테이션
□ 인위적인	**artificial** 아티피셜
□ 인재	**talented person** 탤런티드 퍼슨
□ 인접(하다)	**be adjacent to** 비 어제슨트 투
	adjoin 어조인
□ 인정(하다)	**authorize** 오소라이즈
□ 인정하다	**recognize** 레컥나이즈
□ 인조인간	**robot** 로우벗

□ 인종	**race** 레이스
□ 인종차별	**racial discrimination** 레이셜 디스크리미네이션
□ 인질	**hostage** 하스티지
□ 인체	**human body** 휴먼 바디
□ 인출	**withdrawal** 위드로우얼
□ 인치	**inch** 인치
□ 인터넷	**internet** 인터넷
□ 인터뷰	**interview** 인터뷰
□ 인터페론	**interferon** 인터페런
□ 인터폰	**interphone** 인터폰
□ 인테리어	**interior design** 인티어리어 디자인
□ 인텔리	**intellectual** 인털렉추얼
□ 인파	**surging crowd** 서징 크라우드
□ 인품	**character** 캐릭터
□ 인프라	**infrastructure** 인프라스트럭춰
□ 인플레	**inflation** 인플레이션
□ 인플루엔자	**influenza** 인플루엔저
□ 인형	**doll** 달
□ 인화	**printing** 프린팅
□ 일〈사물 · 문제〉	**matter** 매터 **thing** 씽 **affair** 어페어

□ 일〈업무〉	**work** 워크　**business** 비즈니스
	task 태스크
□ 일곱	**seven** 세븐
□ 일과	**daily work** 데일리 워크
□ 일광	**sunlight** 썬라잇　**sunshine** 썬샤인
□ 일기	**diary** 다이어리
□ 일기예보	**weather forecast** 웨더 포캐스트
□ 일당	**daily allowance** 데일리 얼라우언스
□ 일등	**first prize** 퍼스트 프라이즈
□ 일러스트	**illustration** 일러스트레이션
□ 일러스트레이터	**illustrator** 일러스트레이터
□ 일몰	**sunset** 썬셋
□ 일반적으로	**generally** 제너럴리
□ 일방적인	**one-sided** 원사이디드
□ 일방통행	**one-way traffic** 원웨이 트래픽
□ 일부	**a part** 어 파트
□ 일부러	**on purpose** 온 퍼퍼스
□ 일사병	**sunstroke** 썬스트로우크
□ 일산화탄소	**carbon monoxide** 카본 모녹사이드
□ 일상	**daily** 데일리

일상생활	**everyday life** 에브리데이 라이프
일생	**〈whole〉 life** 〈호울〉 라이프
일시	**the date and hour** 더 데이트 앤 아워
일식	**solar eclipse** 솔러 이클립스
일어나다	**get up** 게럽 **rise** 라이즈
일어나다	**occur** 어커 **happen** 해픈
일요일	**Sunday** 썬데이
일월	**January** 재뉴어리
일으키다	**cause** 코즈
일으키다	**raise** 레이즈 **set up** 세럽
일자리	**job** 잡 **employment** 엠플로이먼트
일전에	**the other day** 디 아더 데이
일정	**schedule** 스케줄
일정한	**constant** 컨스턴트
일제히	**all at once** 올 앳 원스
일지	**diary** 다이어리 **journal** 저널
일찍이	**once** 원스 **before** 비포
일출	**sunrise** 선라이즈
일치(하다)	**agreement** 어그리먼트
	consent 컨센트

□ 일하다	**work** 워크	
□ 일행	**party** 파티	**suite** 스위트
□ 읽다	**read** 리드	
□ 잃다	**lose** 루즈	**miss** 미스
□ 임금	**wage** 웨이지	**pay** 페이
□ 임대(하다)	**rent** 렌트	**lease** 리스
□ 임대료	**rent** 렌트	
□ 임대주택	**house for rent** 하우스 포 렌트	
□ 임명(하다)	**appoint** 어포인트	
□ 임무	**duty** 듀티	**service** 서비스
□ 임산부	**pregnant woman** 프렉넌트 우먼	
□ 임상	**clinical** 클리니컬	
□ 임시	**temporary** 템퍼러리	**special** 스페셜
□ 임시의	**temporary** 템퍼러리	
□ 임신	**pregnancy** 프렉넌시	
□ 임업	**forestry** 포리스트리	
□ 임원	**officer** 오피서	**official** 오피셜
□ 임종	**death** 데쓰	
	last moment 래스트 모우먼트	
□ 입	**mouth** 마우쓰	

□ 입구	**entrance** 엔트런스
□ 입국(하다)	**entry into a country** 엔터 인투 어 컨추리
□ 입국관리	**immigration** 이미그레이션
□ 입금	**receipt of money** 리시트 어브 머니
□ 입다	**put on** 풋 온
□ 입덧	**morning sickness** 모닝 식니스
□ 입력(하다)	**input** 인풋
□ 입방체	**cube** 큐브
□ 입법	**legislation** 레지스레이션
□ 입법권	**legislative power** 레지스러티브 파워
□ 입사(하다)	**join a company** 조인 어 컴퍼니
□ 입수(하다)	**acquisition** 어퀴지션 **; get** 겟
□ 입술	**lip** 립
□ 입시	**entrance examination** 엔트런스 익재미네이션
□ 입원(하다)	**enter the hospital** 엔터 더 하스피틀
□ 입자	**particle** 파티클
□ 입장	**standpoint** 스탠드포인트
□ 입장(하다)	**entrance** 엔트런스 **; enter** 엔터
	get in 겟 인

□ 입장권	**admission ticket** 어드미션 티킷
□ 입장료	**admission fee** 어드미션 피
□ 입주(하다)	**move in** 무브 인
□ 입주자	**tenant** 테넌트
□ 입증(하다)	**prove** 프루브
□ 입지	**location** 로케이션
□ 입찰(하다)	**bid** 비드 **tender** 텐더
□ 입체	**solid** 솔리드
□ 입학(하다)	**enter a school** 엔터 어 스쿨
□ 입헌군주제	**constitutional monarchy** 컨스티튜셔널 머나키
□ 입회하다	**attend** 어텐드 **be present** 비 프레즌트
□ 입후보(하다)	**run for** 런 포
□ 입후보자	**candidate** 캔디데잇
□ 잇다	**link with** 링크 위드
□ 잇다	**succeed** 석시드 **inherit** 인헤릿
□ 잇달아	**one after another** 원 애프터 어나더
□ 잇몸	**gum** 검
□ 있다	**be** 비 **there is⟨are⟩** 데어 리즈⟨라⟩
□ 잉꼬	**parakeet** 패러킷
□ 잉꼬부부	**lovebirds** 러브버즈

□ 잉어	**carp** 카프
□ 잉여	**surplus** 서플러스 **remainder** 리매인더
□ 잉여가치	**surplus value** 서플러스 밸류
□ 잉크	**ink** 잉크
□ 잊다	**forget** 포겟
□ 잎	**leaf** 리프 **blade** 블레이드

과목 Subject

① math(ematics)
매스(매틱스)

② Korean
코리언

③ science
사이언스

④ art
아트

---

① 수학 ② (한)국어 ③ 과학 ④ 미술

400

⑤ music
뮤직

⑥ physical education
피지컬 에주케이션

⑦ social studies
소셜 스터디즈

⑤ 음악 ⑥ 체육 ⑦ 사회

□ **자**(잣대)　　**rule** 룰　**measure** 메저

□ **자각**　　**consciousness** 칸쉬어스니스

□ **자갈**　　**gravel** 그레벌

□ **자격**　　**qualification** 콸러피케이션

□ **자격시험**　　**qualification exam**
콸러피케이션 익잼

□ **자국**　　**mark** 마크　**trace** 트레이스

□ **자궁**　　**uterus** 유터러스　**womb** 움

□ **자극**(하다)　　**stimulus** 스티뮬러스

　　impulse 임펄스

□ **자극제**　　**stimulant** 스티뮬런트

□ **자금**　　**capital** 캐피털　**funds** 펀즈

□ **자금난**　　**financial difficulty**
파이낸셜 디프컬티

□ **자금조달**　　**fund-raising** 펀드레이징

□ **자급자족**　　**self-sufficiency** 셀프서피션시

□ **자기 자신**　　**oneself** 원셀프

□ **자기**〈磁氣〉　　**magnetism** 맥네티즘

402

□ 자기〈瓷器〉	**porcelain** 포슬린
□ 자기〈自己〉	**self** 셀프 **ego** 이고우
□ 자다	**sleep** 슬립
□ 자동	**automatic** 오토매틱
□ 자동사	**intransitive verb** 인트랜지티브 버브
□ 자동응답 전화기	**answer phone** 앤서 폰
□ 자동적으로	**automatically** 오토매티컬리
□ 자동차	**car** 카 **automobile** 오토모빌
□ 자동판매기	**vending machine** 벤딩 머신
□ 자두	**plum** 플럼
□ 자라	**soft-shelled turtle** 소프트쉘드 터틀
□ 자라다	**develop** 디벨롭 **grow** 그로우
□ 자랑	**pride** 프라이드
□ 자랑(하다)	**boast** 보스트 **vanity** 배니티
□ 자랑하다	**be proud of** 비 프라우드 어브
□ 자력	**magnetism** 맥네티즘
□ 자력	**one's own efforts** 원스 오운 에포츠
□ 자료	**materials** 머티어리얼즈 **data** 데이터
□ 자르다	**cut** 컷
□ 자리	**job** 잡 **work** 워크 **position** 퍼지션

가
나
다
라
마
바
사
아
자
차
카
타
파
하

자립(하다)	**independence** 인디펜던스
자막	**subtitle** 섭타이틀
자매	**sister** 시스터
자매회사	**affiliated company** 어필리에이티드 컴퍼니
자멸	**self-destruction** 셀프디스트럭션
자몽	**grapefruit** 그레이프프루트
자물쇠	**lock** 락
자발적	**spontaneous** 스판테이녀스
자백(하다)	**confession** 컨페션 ; **confess** 컨페스
자본	**capital** 캐피털
자본주의	**capitalism** 캐피털리즘
자부심	**pride** 프라이드
자비	**mercy** 머시 **pity** 피티
자산	**property** 프라퍼티 **fortune** 포춘
자살(하다)	**suicide** 수어사이드
자서전	**autobiography** 오토바이오그래피
자석	**magnet** 맥넷
자선	**charity** 채리티
	benevolence 베네버런스
자선가	**philanthropist** 필랜드로피스트

□ 자선사업	**charity** 채리티	
□ 자세	**posture** 포스춰	**pose** 포즈
□ 자세히	**in detail** 인 디테일	
□ 자손	**descendant** 디센던트	
□ 자수	**embroidery** 엠브로이더리	
□ 자숙(하다)	**self-restraint** 셀프리스트레인트	
□ 자식	**child** 차일드	**infant** 인펀트
□ 자신감	**confidence** 칸퍼던스	
□ 자신만만하게	**confidently** 칸퍼던틀리	
□ 자아	**self** 셀프	**ego** 이고우
□ 자연	**nature** 네이춰	
□ 자연과학	**natural science** 내추럴 사이언스	
□ 자연주의	**naturalism** 내추럴리즘	
□ 자영업	**self-employment** 셀프엠플로이먼트	
□ 자오선	**the meridian line** 더 미리디언 라인	
□ 자외선	**ultraviolet ray** 울트라바이얼릿 레이	
□ 자원	**resources** 리소시즈	
□ 자원봉사자	**volunteer** 발런티어	
□ 자유	**freedom** 프리덤	**liberty** 리버티
□ 자유무역	**free trade** 프리 트레이드	

가
나
다
라
마
바
사
아
자
차
카
타
파
하

405

□ 자유석	**non-reserved seat** 넌리저브드 시트	
□ 자유형	**free-style swimming** 프리스타일 스위밍	
□ 자음	**consonant** 컨서넌트	
□ 자의식	**self-consciousness** 셀프칸쉬어스니스	
□ 자작나무	**white birch** 화이트 버치	
□ 자장가	**lullaby** 럴러비	
□ 자재	**material** 머티어리얼	
□ 자전거	**bicycle** 바이시클	
□ 자제	**self-control** 셀프컨트롤	
□ 자존심	**self-respect** 셀프리스펙트	
	pride 프라이드	
□ 자주	**often** 어픈	**frequently** 프리퀀틀리
□ 자주권	**autonomy** 오타너미	
□ 자주성	**independence** 인디펜던스	
□ 자중(하다)	**caution** 코션 ; **be cautious** 비 코셔스	
□ 자질	**nature** 내이춰	
	temperament 템퍼러먼트	
□ 자취(하다)	**cook for oneself** 쿡 포 원셀프	
□ 자택	**one's house** 원스 하우스	
□ 자투리	**piece** 피스	**cut** 컷

406

□ 자폐증	**autism** 오티즘	
□ 자화상	**self-portrait** 셀프포트레이트	
□ 자활(하다)	**self-support** 셀프서포트	
□ 자회사	**subsidiary** 섭시다이어리	
□ 작가	**writer** 라이터	**author** 오서
□ 작곡(하다)	**composition** 컴포지션 ;	
	compose 컴포우즈	
□ 작곡가	**composer** 컴포우저	
□ 작년	**last year** 래스트 이어	
□ 작다	**small** 스몰	**little** 리틀
□ 작문(하다)	**composition** 컴포지션	
□ 작별을 고하다	**bid farewell** 비드 페어웰	
□ 작사하다	**write the lyrics** 라이트 더 리릭스	
□ 작성(하다)	**draw up** 드로 업	
	make out 메이크 아웃	
□ 작업(하다)	**work** 워크	**operations** 아퍼레이션즈
□ 작업복	**overalls** 오버롤즈	
□ 작용(하다)	**action** 액션	**function** 펑션
□ 작은곰자리	**the Little Bear** 더 리틀 베어	
□ 작전	**operation** 아퍼레이션	

자

407

☐ 작품	**work** 워크　**piece** 피스
☐ 잔고	**balance** 밸런스
☐ 잔돈	**change** 체인지
☐ 잔디밭	**lawn** 론
☐ 잔소리	**scolding** 스코울딩
☐ 잔액	**remainder** 리매인더
☐ 잔업(하다)	**overtime work** 오버타임 워크
☐ 잔해	**remains** 리매인즈
	wreckage 레키지
☐ 잔혹한	**cruel** 크루얼　**merciless** 머시리스
☐ 잘	**well** 웰
☐ 잘다	**small** 스몰　**fine** 파인
☐ 잘라내다	**cut off** 컷 오프　**separate** 세퍼레이트
☐ 잘못	**fault** 폴트　**error** 에러
☐ 잘못하다	**make a mistake** 메이커 미스테익
☐ 잠	**sleep** 슬립
☐ 잠기다	**be soaked** 비 소우크드
☐ 잠깐	**for a brief moment** 포어 브립 모우먼트
☐ 잠꼬대	**talk in one's sleep** 토킨 원스 슬립
☐ 잠꾸러기	**late riser** 레잇 라이저

408

잠들다	**fall asleep** 폴 어슬립
잠복(하다)	**concealment** 컨실먼트
	latency 레이턴시
잠복기	**the latent period** 더 레이턴트 피리어드
잠수하다	**dive into** 다이브 인투
잠수함	**submarine** 섭머린
잠옷	**pajamas** 퍼자머즈
잠을 깨다	**wake up** 웨이크 업
	awaken 어웨이큰
잠자리	**dragonfly** 드래건플라이
잠재의식	**subconsciousness** 섭칸셔스니스
잠재적	**latent** 레이턴트
잡다	**take** 테이크 **hold** 홀드
잡담(하다)	**gossip** 가십 **chat** 채트
잡동사니	**rubbish** 러비쉬 **trash** 트래쉬
잡무	**small jobs** 스몰 잡스
잡비	**miscellaneous expenses** 미셀러니어스 익스펜시즈
잡아당기다	**stretch** 스트레취
잡아채다	**snatch** 스내취

자

□ 잡음	**noise** 노이즈
□ 잡종	**crossbreed** 크로스브리드
	hybrid 하이브리드
□ 잡지	**magazine** 매거진
□ 잡초	**weeds** 위즈
□ 장〈腸〉	**intestines** 인테스틴즈
□ 장〈章〉	**chapter** 챕터
□ ～장〈枚〉	**sheet** 쉬트 **piece** 피스
□ 장갑	**gloves** 글러브즈
□ 장거리	**long distance** 롱 디스턴스
□ 장교	**officer** 어피서
□ 장군	**general** 제너럴
□ 장기계획	**long-term plan** 롱 텀 플랜
□ 장난	**mischief** 미스칩 **trick** 트릭
□ 장난감	**toy** 토이
□ 장난치다	**joke** 조우크 **jest** 제스트
□ 장남	**oldest son** 올디스트 썬
□ 장대	**pole** 포울 **rod** 로드
□ 장대한	**magnificent** 맥니피슨트 **grand** 그랜드
□ 장딴지	**calf** 캘프

□ 장래 **future** 퓨처

□ 장래성 **potential** 포텐셜

□ 장려(하다) **encouragement** 인커리지먼트

□ 장력 **tension** 텐션

□ 장례식 **funeral** 퓨너럴

□ 장르 **genre** 장러

□ 장마 **rainy season** 레이니 시즌

□ 장면 **scene** 씬

□ 장미 **rose** 로우즈

□ 장부 **account book** 어카운트 북

□ 장비 **equipment** 이큅먼트 **outfit** 아웃핏

□ 장사 **trade** 트레이드 **business** 비즈니스

□ 장소 **place** 플레이스 **site** 사이트

□ 장수하다 **live long** 리브 롱

□ 장시간 **long time** 롱 타임

□ 장식하다 **decoration** 데커레이션
ornament 오너먼트

□ 장식물 **ornament** 오너먼트

□ 장신구 **accessories** 액세서리즈

□ 장애물 **obstacle** 압스터클

가 나 다 라 마 바 사 아 자 차 카 타 파 하

□ 장엄한	**solemn** 살럼	**sublime** 서블라임
□ 장염	**intestinal catarrh** 인테스티널 카타르	
□ 장의사	**undertaker** 언더테이커	
□ 장인	**workman** 워크맨	**artisan** 아티전
□ 장작	**firewood** 파이어우드	
□ 장점	**strong point** 스트롱 포인트	
	merit 메리트	
□ 장치	**device** 디바이스	
	mechanism 매커니즘	
□ 장치(하다)	**device** 디바이스	
	equipment 이큅먼트	
□ 장티푸스	**typhoid** 타이포이드	
□ 장학금	**scholarship** 스칼러십	
□ 장학생	**scholar** 스칼러	
□ 장화	**boots** 부츠	
□ 잦다〈회수〉	**frequent** 프러퀀트	
□ 재	**ash** 애쉬	
□ 재검토하다	**reexamination** 리익재미네이션	
□ 재계	**the financial world** 더 파이낸셜 월드	
□ 재고	**stocks** 스탁스	

□ 재고정리	**clearance sale** 클리어런스 세일
□ 재고하다	**reexamine** 리익재민
□ 재기	**talent** 탤런트
□ 재난	**misfortune** 미스포춘
	calamity 컬래머티
□ 재능	**talent** 탤런트 **ability** 어빌리티
□ 재단	**foundation** 파운데이션
□ 재떨이	**ashtray** 애쉬트레이
□ 재력	**financial power** 파이낸셜 파워
□ 재료	**ingredient** 인그리디언트
□ 재미있다	**interesting** 인터레스팅
	amusing 어뮤징
□ 재발하다	**relapse** 릴랩스 ; **recur** 리커
□ 재배(하다)	**cultivation** 컬티베이션
	cultivate 컬티베이트
□ 재봉(하다)	**needlework** 니들워크 ; **sew** 소우
□ 재봉사	**tailor** 테일러
□ 재빠르다	**nimble** 님벌 **agile** 애절
□ 재산	**estate** 에스테이트
	fortune 포춘

재생(하다)	**rebirth** 리버스 ;
	regenerate 리제너레이트
재수 없는	**ominous** 아머너스
재스민	**jasmine** 재스민
재앙	**misfortune** 미스포춘
재우다	**put to bed** 풋투 베드
재원〈財源〉	**funds** 펀즈　**finances** 파이낸시즈
재원〈才媛〉	**talented girl** 탤런티드 걸
재원확보	**securing of funds** 씨큐어링 어브 펀즈
재작년	**the year before last** 더 이어 비포 래스트
재정	**finances** 파이낸시즈
재주 있는	**skillful** 스킬펄
재즈	**jazz** 재즈
재채기	**sneeze** 스니즈
재촉하다	**hurry** 허리　**hasten** 해이슨
재치 있는	**sensible** 센서블
재킷	**jacket** 재킷
재판(하다)	**justice** 저스티스　**trail** 트레일
재편	**reorganization** 리오거나이제이션

□ 재해	**calamity** 컬래머티 **disaster** 디재스터
□ 재현하다	**reproduce** 리프로듀스
□ 재혼	**second marriage** 세컨 매리지
□ 재활용(하다)	**recycle** 리사이클
□ 잼	**jam** 잼
□ 쟁반	**tray** 트레이
□ 저	**the** 더 **that** 댓 **those** 도우즈
□ 저금(하다)	**savings** 세이빙즈 **deposit** 디파짓
□ 저급한	**low** 라우 **vulgar** 벌거
□ 저기	**there** 데어
□ 저기압	**low pressure** 라우 프레저
	depression 디프레션
□ 저널리스트	**journalist** 저널리스트
□ 저녁	**evening** 이브닝
□ 저녁밥	**supper** 서퍼 **dinner** 디너
□ 저당	**mortgage** 모기지
□ 저당권	**the right of pledge** 더 라이트 어브 플레지
□ 저런	**such** 서치 **like that** 라이크 댓
□ 저렇게	**to that extent** 투 댓 익스텐트
□ 저력	**latent power** 레이턴트 파워

가 나 다 라 마 바 사 아 자 차 카 타 파 하

□ 저리다	**become numb** 비컴 넘
□ 저명한	**famous** 페이머스
□ 저수지	**reservoir** 레저브와
□ 저술하다	**write** 라이트　**publish** 퍼블리시
□ 저울	**balance** 밸런스　**scales** 스케일즈
□ 저울질하다	**weigh in a balance** 웨이 인 어 밸런스
□ 저자	**author** 오써　**writer** 라이터
□ 저작권	**copyright** 카피라이트
□ 저장(하다)	**storage** 스토리지
□ 저조한	**inactive** 인액티브　**dull** 덜
□ 저주	**curse** 커스
□ 저지(하다)	**obstruction** 업스트럭션
□ 저축하다	**save** 세이브　**store** 스토어
□ 저택	**residence** 레지던스
□ 저하(되다)	**fall** 폴　**decline** 디클라인
□ 저항(하다)	**resistance** 리지스턴스
□ 저항력	**resistance** 리지스턴스 **tolerance** 탈러런스
□ 저혈압	**low blood pressure** 라우 블럿 프레셔

□ 적	**enemy** 에너미	**opponent** 아퍼넌트
□ 적극성	**positiveness** 파지티브니스	
□ 적극적인	**positive** 파지티브	**active** 액티브
□ 적다	**few** 퓨	**little** 리틀
□ 적다	**write down** 라잇 다운	
□ 적당한	**reasonable** 리즈너블	
	suitable 수터블	
□ 적대시(하다)	**hostility** 하스털리티	
□ 적도	**the equator** 더 이퀘이터	
□ 적령기	**marriageable age** 매리저블 에이지	
□ 적립하다	**deposit** 디파짓	
□ 적분	**integral calculus** 인티그럴 캘큘러스	
□ 적성	**aptitude** 앱티튜드	
□ 적성검사	**aptitude test** 앱티튜드 테스트	
□ 적시다	**wet** 웻	**moisten** 모이슨
□ 적십자	**red cross** 레드 크로스	
□ 적어도	**at least** 앳 리스트	
□ 적외선	**infrared rays** 인프레어드 레이즈	
□ 적용	**application** 어플리케이션	
□ 적응	**adjustment** 어저스트먼트	

가
나
다
라
마
바
사
아
자
차
카
타
파
하

417

□ 적임의	**qualified** 퀄러파이드	
	competent 캄퍼턴트	
□ 적자	**deficit** 데퍼싯	
□ 적절한	**proper** 프라퍼	**adequate** 애더퀘이트
□ 적정	**appropriate** 어프로우프리이트	
□ 적합하다	**fit** 핏	**suit** 수트
□ 적혈구	**red blood vessel** 레드 블럿 베설	
□ 적확한	**precise** 프리사이즈	**exact** 익잭트
□ 전가(하다)	**shift** 쉬프트	
□ 전갈	**scorpion** 스코피언	
□ 전갈자리	**Scorpio** 스코피오우	
□ 전개(하다)	**development** 디벨롭먼트	
□ 전공(하다)	**major in** 메이저 인	
□ 전구	**electric bulb** 일렉트릭 벌브	
□ 전국적인	**national** 내셔널	
□ 전근(하다)	**transference** 트랜스퍼런스	
□ 전기	**biography** 바이오그래피	
□ 전기	**electricity** 일렉트리서티	
□ 전기밥솥	**electric rice-cooker** 일렉트릭 라이스쿠커	
□ 전기청소기	**vacuum cleaner** 배큠 클리너	

418

□ 전념(하다)	**devote oneself to** 디보우트 원셀프 투	
□ 전달(하다)	**communicate** 커뮤니케이트	
□ 전달사항	**message** 메시지	
□ 전당포	**pawnshop** 폰샵	
□ 전도	**conduction** 컨덕션	
□ 전도(하다)	**mission** 미션	
□ 전도체	**conductor** 컨덕터	
□ 전동식	**electrically powered** 일렉트리컬리 파워드	
□ 전등	**electric light** 일렉트릭 라잇	
□ 전락(하다)	**fall** 폴	
□ 전람회	**exhibition** 엑시비션	
□ 전략	**strategy** 스트래티지	
□ 전력	**all one's strength** 올 원스 스트렝쓰	
□ 전력	**electric power** 일렉트릭 파워	
□ 전례	**precedent** 프리시던트	
□ 전류	**electric current** 일렉트릭 커런트	
□ 전립선	**prostate** 프로스테이트	
□ 전망	**prospect** 프라스펙트 **view** 뷰	
□ 전망대	**observation platform** 압저베이션 플랫폼	

□ 전망하다	**see** 씨	**look at** 룩앳
□ 전매(하다)	**monopoly** 머나펄리	
□ 전매특허	**patent** 패이턴트	
□ 전면	**all aspects** 올 어스펙츠	
	entirety 엔타이어티	
□ 전멸(되다)	**annihilation** 어나이얼레이션	
□ 전문	**specialty** 스페셜티	
□ 전문	**whole sentence** 호울 센텐스	
□ 전문가	**specialist** 스페셜리스트	
	professional 프러페셔널	
□ 전문학교	**special school** 스페셜 스쿨	
□ 전반	**the first half** 더 퍼슷 해프	
□ 전반적	**whole** 호울	
□ 전방	**ahead** 어헤드	**forward** 포워드
□ 전보	**telegram** 텔리그램	
□ 전복(되다)	**overturn** 오버턴	
□ 전복〈조개〉	**abalone** 애벌로운	
□ 전부	**everything** 에브리씽	
□ 전분	**starch** 스타치	
□ 전사	**death in battle** 데쓰 인 배틀	

420

전생	**former life** 포머 라이프
전선	**electric wire** 일렉트릭 와이어
전선	**the front** 더 프런트
전설	**legend** 레전드
전성기	**best days** 베스트 데이즈
전세	**chartered** 차터드
전송하다	**forward** 포워드
전수하다	**instruct** 인스트럭트
전술	**tactics** 택틱스
전시	**exhibition** 엑시비션
전시회	**exhibition** 엑시비션 **show** 쇼우
전신	**telegraph** 텔리그랩
전압	**voltage** 보울티지
전야제	**pre-event party** 프리이벤트 파티
전언	**message** 메시지
전언판	**bulletin board** 불루틴 보드
전에	**before** 비포 **ago** 어고우
전염(되다)	**infection** 인펙션 **contagion** 컨테이전
전염병	**infectious disease** 인펙셔스 디지즈
전원	**all members** 올 멤버스

가
나
다
라
마
바
사
아
차
카
타
파
하

□ 전원	**power supply** 파워 서플라이
□ 전원을 넣다	**turn on power** 턴 온 파워
□ 전위예술	**avant garde art** 어반트가드 아트
□ 전이	**metastasis** 메터스태시스
□ 전임자	**predecessor** 프리디세서
□ 전입하다	**move in** 무브 인
□ 전자	**electron** 일렉트론
□ 전자	**former** 포머
□ 전자계산기	**calculator** 컬큘레이터
□ 전자공학	**electronics** 일렉트러닉스
□ 전자기타	**electric guitar** 일렉트릭 기타
□ 전자동	**full automation** 풀 오토메이션
□ 전자레인지	**microwave oven** 마이크로웨이브 어번
□ 전자오르간	**electronic organ** 일렉트로닉 오건
□ 전자파	**electromagnetic wave** 일렉트로맥네틱 웨이브
□ 전쟁(하다)	**war** 워 **warfare** 워페어
□ 전전(하다)	**wander** 완더
□ 전제	**premise** 프레미스
□ 전조	**omen** 오우먼

□ 전주곡	**overture** 오버추어 **prelude** 프릴루드
□ 전직	**job change** 잡 체인지
□ 전진하다	**progress** 프라그레스
	advance 어드밴스
□ 전차	**tank** 탱크
□ 전천후	**all-weather** 올웨더
□ 전철	**train** 트레인
□ 전체	**the whole** 더 호울
□ 전치사	**preposition** 프레포지션
□ 전통	**tradition** 트레디션
□ 전투(하다)	**battle** 배틀 **combat** 컴뱃
□ 전투기	**fighter** 파이터
□ 전투적인	**militant** 밀리턴트
□ 전파	**electric wave** 일렉트릭 웨이브
□ 전파하다	**spread** 스프레드 **circulate** 서큘레이트
□ 전표	**slip** 슬립
□ 전하다	**tell** 텔 **report** 리포트
	transmit 트랜스미트
□ 전학하다	**change one's school** 체인지 원스 스쿨
□ 전함	**battleship** 배틀쉽

□ 전향하다	**conversion** 컨버전	
□ 전향자	**convert** 컨버트	
□ 전혀	**not at all** 낫 앳 올	
□ 전형	**model** 마들	**type** 타입
□ 전형적인	**typical** 티피컬	**ideal** 아이디얼
□ 전화	**telephone** 텔러폰	
□ 전환기	**transitional period** 트랜지셔널 피리어드	
□ 절	**temple** 템플	
□ 절(하다)	**bow** 바우	
□ 절개하다	**cut off** 컷 오프	
□ 절교(하다)	**cutting contact** 커팅 컨택트	
□ 절단(하다)	**cutting off** 커팅 오프 ; **cut off** 컷 오프	
□ 절대적인	**absolute** 앱설루트	
□ 절도	**theft** 쎄프트	
□ 절망(하다)	**despair** 디스페어 ; **despair of** 디스페어 어브	
□ 절망적인	**desperate** 데스퍼리트 **hopeless** 호우프리스	
□ 절박	**urgency** 어전시	**imminence** 이미넌스
□ 절반	**half** 해프	

424

□ 절벽	**cliff** 클립	
□ 절상	**revaluation** 리밸류에이션	
□ 절실한	**earnest** 어니스트	
□ 절약하다	**thrift** 스리프트 ;	
	economize 이카너마이즈	
□ 절연(하다)	**breaking the connection** 브레이킹 더 커넥션	
□ 절연체	**isolator** 아이설레이터	
□ 절정	**summit** 서미트 **height** 하이트	
□ 절정에 달하다	**reach the peak** 리치 더 피크	
□ 절제(하다)	**temperance** 템퍼런스	
□ 절찬(하다)	**the highest praise** 더 하이스트 프레이즈 ; **extol** 엑스톨	
□ 절충(하다)	**negotiation** 니고우쉬에이션 ; **negotiate** 니고우쉬에잇	
□ 절충안	**compromise** 캄프러미스	
□ 절판	**out of print** 아웃 어브 프린트	
□ 절하	**devaluation** 디밸류에이션	
□ 젊다	**young** 영	
□ 젊어지다	**grow younger** 그로우 영거	
□ 젊은이	**young man** 영 맨	

□ 젊음	**youth** 유스
□ 점〈點〉	**dot** 닷 **point** 포인트
□ 점〈占〉	**fortune-telling** 포춘텔링
□ 점〈斑點〉	**mole** 모울
□ 점검(하다)	**inspection** 인스펙션 **check** 첵
□ 점령(하다)	**occupation** 아큐페이션 ;
	occupy 아큐파이
□ 점령군	**occupation army** 아큐페이션 아미
□ 점막	**mucous membrane** 뮤커스 멤브레인
□ 점멸(하다)	**flash** 플래쉬 **blink** 블링크
□ 점보	**jumbo** 점보
□ 점선	**dotted line** 다티드 라인
□ 점성술	**astrology** 어스트라러지
□ 점수	**marks** 막스 **score** 스코어
□ 점심(식사)	**lunch** 런치
□ 점심시간	**noon recess** 눈 리세스
□ 점원	**clerk** 클러크
□ 점유(하다)	**possession** 퍼제션
	occupancy 아큐펀시
□ 점유권	**the right of possession** 더 라이트 어브 퍼제션

□ 점자	**braille** 브레일	
□ 점쟁이	**fortune-teller** 포춘 텔러	
□ 점점 더	**more and more** 모어 앤 모어	
□ 점차	**gradually** 그래주얼리	
□ 점토	**clay** 클레이	
□ 점퍼	**windbreaker** 윈드브레이커	
□ 점포	**shop** 샵	
□ 점프(하다)	**jump** 점프	
□ 점화(하다)	**ignition** 익니션 **ignite** 익나잇	
□ 접근(하다)	**approach** 어프로치	
□ 접는 부채	**folding fan** 폴딩 팬	
□ 접는 우산	**folding umbrella** 폴딩 엄브렐러	
□ 접다	**fold** 폴드 **turn down** 턴 다운	
□ 접대(하다)	**reception** 리셉션 **welcome** 웰컴	
□ 접속(하다)	**connection** 커넥션 **joining** 조이닝	
□ 접속사	**conjunction** 컨정션	
□ 접수	**receipt** 리시트 **acceptance** 액셉턴스	
□ 접수원	**information clerk** 인포메이션 클러크	
□ 접수하다	**receive** 리시브 **accept** 액셉트	
□ 접시	**plate** 플레이트 **dish** 디쉬	

□ 접은 자리	**fold** 폴드	
□ 접점	**point of contact** 포인트 어브 컨택	
□ 접착제	**adhesive** 어드히어시브	
□ 접촉(하다)	**contact** 컨택	**touch** 터치
□ 접촉사고	**scrape** 스크래이프	
□ 젓가락	**chopsticks** 찹스틱스	
□ 정가	**fixed price** 픽스드 프라이스	
□ 정강이	**shin** 신	
□ 정견	**political opinion** 펄리티컬 어피니언	
□ 정계	**political world** 펄리티컬 월드	
□ 정관사	**definite article** 데피닛 아티클	
□ 정권	**political power** 펄리티컬 파워	
□ 정글	**jungle** 정글	
□ 정기	**deposit account** 디파짓 어카운트	
□ 정기권	**commuter pass** 커뮤터 패스	
□ 정기적인	**regular** 레귤러	**periodic** 피리아딕
□ 정기휴일	**regular holiday** 레귤러 할러데이	
□ 정년	**the retirement age** 더 리타이어먼트 에이지	
□ 정답	**correct answer** 커렉트 앤서	
□ 정당	**political party** 펄리티컬 파티	

□ 정당한	**just** 저스트	**proper** 프라퍼
	legal 리걸	
□ 정도	**degree** 디그리	**grade** 그레이드
□ 정돈(하다)	**order** 오더 ; **put in order** 풋 인 오더	
□ 정력	**energy** 에너지	**vitality** 바이털리티
□ 정력적인	**energetic** 에너제틱	
	vigorous 비거러스	
□ 정렬(하다)	**stand in a row** 스탠드 인 어 로	
□ 정리(하다)	**arrangement** 어레인지먼트 ;	
	arrange 어레인지	
□ 정말로	**really** 리얼리	**truly** 추룰리
□ 정맥	**vein** 베인	
□ 정면	**front** 프런트	
□ 정문	**front gate** 프런트 게이트	
□ 정밀검사	**minute examination** 마이뉴트 익재미네이션	
□ 정밀기계	**precision machine** 프리사이즈 머신	
□ 정밀한	**precise** 프리사이즈	**minute** 마이뉴트
□ 정박(하다)	**anchor** 앵커	
□ 정보	**information** 인포메이션	
□ 정보기관	**intelligence service** 인텔리전스 서비스	

상태를 나타내는 단어 Adjective

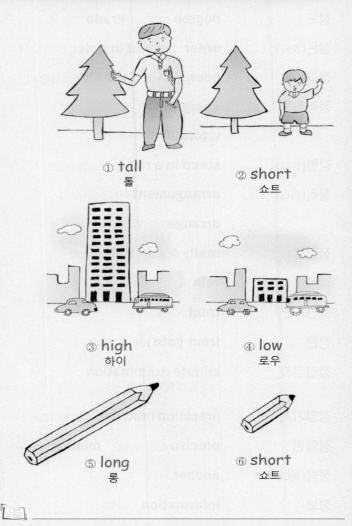

① tall
톨

② short
쇼트

③ high
하이

④ low
로우

⑤ long
롱

⑥ short
쇼트

① 키가 큰 ② 키가 작은 ③ 높은 ④ 낮은 ⑤ 긴 ⑥ 짧은

⑦ **big**
빅

⑧ **small**
스몰

⑨ **heavy**
헤비

⑩ **light**
라이트

⑪ **young**
영

⑫ **old**
올드

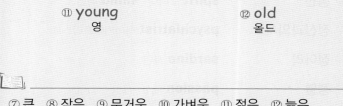

⑦ 큰　⑧ 작은　⑨ 무거운　⑩ 가벼운　⑪ 젊은　⑫ 늙은

정보망	**intelligence network** 인텔리전스 넷웍
정복(하다)	**conquest** 컹퀘스트 ; **conquer** 컹쿼
정부	**government** 가버먼트
정비(하다)	**maintenance** 메인터넌스
정사각형	**square** 스퀘어
정상	**summit** 서밋
정상적인	**normal** 노멀
정상회담	**the summit** 더 서밋
정설	**established theory** 이스태블리쉬드 씨어리
정세	**situation** 시추에이션
정수	**fixed number** 픽스트 넘버
정수	**integer** 인티거
정숙	**silence** 사일런스
정숙한	**graceful** 그레이스펄
정식	**formal** 포멀
정신	**spirit** 스피릿 **mind** 마인드
정신과의사	**psychiatrist** 사이키애트리스트
정어리	**sardine** 사딘
정열	**passion** 패션

□ 정열적	**passionate** 패셔닛
□ 정오	**noon** 눈
□ 정원	**capacity** 커패서티
□ 정원	**garden** 가든
□ 정육점	**meat shop** 미트 샵
□ 정의〈正義〉	**justice** 저스티스
□ 정의〈定義〉	**definition** 데피니션
□ 정의감	**sense of justice** 센스 어브 저스티스
□ 정자	**sperm** 스펌
□ 정적	**stillness** 스틸니스 **silence** 사일런스
□ 정적인	**static** 스태틱
□ 정전(되다)	**power failure** 파워 페일류어
□ 정전기	**static electricity** 스태틱 일렉트리서티
□ 정점	**peak** 피크
□ 정정(하다)	**correction** 커렉션
□ 정제	**tablet** 테이블릿
□ 정족수	**quorum** 쿼럼
□ 정중한	**polite** 펄라이트 **courteous** 커티어스
□ 정지(하다)	**stop** 스탑 **suspension** 서스펜션
□ 정직	**honesty** 아니스티

☐ 정착하다	**settle** 세틀	
☐ 정찰(하다)	**reconnaissance** 리카너전스	
☐ 정책	**policy** 팔러시	
☐ 정체	**true identity** 추루 아이덴터티	
☐ 정체(되다)	**jam** 잼	
☐ 정치	**politics** 펄리틱스	
☐ 정치가	**statesman** 스테이츠먼	
	politician 팔러티션	
☐ 정치학	**political science** 펄리티컬 사이언스	
☐ 정통적	**orthodox** 오소독스	
☐ 정통하다	**be familiar with** 비 퍼밀리어 위드	
☐ 정평	**established reputation** 이스태블리쉬드 레퓨테이션	
☐ 정하다	**decide on** 디사이드 온	**fix** 픽스
☐ 정해진	**appointed** 어포인티드	
☐ 정형외과	**plastic surgery** 플래스틱 서저리	
☐ 정확한	**exact** 익잭트	**correct** 커렉트
☐ 정황	**circumstances** 서컴스턴시즈	
☐ 젖	**mother's milk** 머더스 밀크	
☐ 젖다	**get wet** 겟웻	
☐ 젖소	**milk cow** 밀크카우	

□ 제거	**removal** 리무벌	
	elimination 일리미네이션	
□ 제거하다	**remove** 리무브	
□ 제공(하다)	**offer** 오퍼	
□ 제공자	**donor** 도우너	
□ 제국	**empire** 엠파이어	
□ 제단	**altar** 올터	
□ 제도	**islands** 아일런즈	
	archipelago 아치펠라고	
□ 제도	**system** 시스템	
	institution 인스티튜션	
□ 제라늄	**geranium** 저레이니엄	
□ 제로	**zero** 지어로우	
□ 제명	**expulsion** 익스펄전	
□ 제목	**title** 타이틀 **subject** 섭젝트	
□ 제발	**please** 플리즈	
□ 제방	**bank** 뱅크	
	embankment 임뱅크먼트	
□ 제법	**quite** 콰이트 **rather** 래더	
□ 제복	**uniform** 유너폼	

□ 제본	**binding** 바인딩	
□ 제비	**swallow** 스왈로우	
□ 제비꽃	**violet** 바이얼릿	
□ 제비뽑기	**draw** 드로 ; **lottery** 라터리	
□ 제3세계	**the third world** 더 써드 월드	
□ 제3자	**the third party** 더 써드 파티	
□ 제소하다	**appeal** 어필 **file a suit** 파일 어 수트	
□ 제시하다	**indicate** 인디케이트	
□ 제안	**proposal** 프러포우절	
□ 제약	**restriction** 리스트릭션	
	limitation 리미테이션	
□ 제왕절개	**Caesarean operation** 시제어리언 아퍼레이션	
□ 제외	**exception** 익셉션	
	exclusion 익스클루전	
□ 제외하다	**exclude** 익스클루드 **omit** 오우밋	
□ 제일	**first** 퍼스트 **primary** 프라이머리	
□ 제자	**pupil** 퓨필 **disciple** 디사이플	
□ 제작	**structure** 스트럭춰	
□ 제작(하다)	**production** 프러덕션	
	manufacture 매뉴팩춰	

436

□ 제작자	**producer** 프로듀서
	manufacturer 매뉴팩춰러
□ 제재(하다)	**punishment** 퍼니쉬먼트
	sanction 생션
□ 제조업	**manufacturing industry** 매뉴팩춰링 인더스트리
□ 제지	**paper manufacture** 페이퍼 매뉴팩춰
□ 제지(하다)	**restraint** 리스트레인트
	control 컨트롤
□ 제창하다	**propose** 프로포즈 **advocate** 어드보킷
□ 제철소	**steelworks** 스틸웍스
	ironworks 아이언웍스
□ 제출(하다)	**submit** 섭미트
□ 제트기	**jet plane** 젯 플레인
□ 제품	**product** 프러덕트
□ 제한(하다)	**limit** 리밋 **restrict** 리스트릭트
□ 제휴(하다)	**cooperation** 코아퍼레이션
	tie-up 타이업
□ 젤리	**jelly** 젤리
□ 조각(하다)	**sculpture** 스컬프춰

□ 조각가	**sculptor** 스컬터	**carver** 카버
□ 조각하다	**carve** 카브	**engrave** 인그레이브
□ 조간	**morning paper** 모닝 페이퍼	
□ 조감도	**bird's-eye view** 버즈아이 뷰	
□ 조개	**shellfish** 쉘피시	
□ 조개껍질	**shell** 쉘	
□ 조건	**condition** 컨디션	**terms** 텀즈
□ 조건반사	**conditioned reflex** 컨디션드 리플렉스	
□ 조경	**landscape gardening** 랜드스케이프 가드닝	
□ 조교수	**assistant professor** 어시스턴트 프러페서	
□ 조국	**motherland** 머더랜드	
□ 조금	**a little** 어 리틀	
□ 조기	**early stage** 얼리 스테이지	
□ 조깅(하다)	**jogging** 좌깅 ; **jog** 좍	
□ 조끼	**vest** 베스트	
□ 조난〈당하다〉	**accident** 액시던트	
	disaster 디재스터	
□ 조달(하다)	**supply** 서플라이	**provide** 프러바이드
□ 조동사	**auxiliary verb** 옥질러리 버브	

438

□ 조류	**avian life** 애이비언 라이프	
□ 조류	**current** 커런트　**tide** 타이드	
□ 조르다	**tease** 티즈	
□ 조리	**reason** 리즌　**logic** 라직	
□ 조리(하다)	**cooking** 쿠킹 ; **cook** 쿡	
□ 조리법	**recipe** 레서피	
□ 조립	**assembling** 어셈블링	
□ 조립하다	**put... together** 풋 투게더	
	assemble 어셈블	
□ 조만간	**sooner or later** 수너 오어 레이터	
□ 조망(하다)	**view** 뷰	
□ 조명	**illumination** 일루미네이션	
□ 조미료	**seasoning** 시즈닝	
□ 조부모	**grandparents** 그랜드패어런츠	
□ 조사하다	**investigate** 인베스티게이트	
	inquire 인콰이어	
□ 조선	**shipbuilding** 쉽빌딩	
□ 조선소	**shipyard** 쉽야드	
□ 조소(하다)	**ridicule** 리디큘	
□ 조수	**assistant** 어시스턴트	

가　나　다　라　마　바　사　아　**자**　차　카　타　파　하

□ 조숙한	**precocious** 프리코우셔스
	premature 프리머추어
□ 조약	**treaty** 트리티 **pact** 팩트
□ 조언(하다)	**advice** 어드바이스 **counsel** 카운설
□ 조연	**supporting player** 서포팅 플레이어
□ 조용한	**silent** 사일런트 **still** 스틸 **calm** 캄
□ 조율	**tuning** 튜닝
□ 조율사	**tuner** 튜너
□ 조잡한	**impolite** 임펄라이트 **rough** 러프
□ 조정하다	**put in order** 풋인 오더
□ 조제(하다)	**mixing** 믹싱
	preparation 프리퍼레이션
□ 조종(하다)	**handling** 핸들링 ; **handle** 핸들
□ 조직(하다)	**organization** 오거나이제이션
□ 조짐	**sign** 사인 **indication** 인디케이션
□ 조카	**nephew** 네퓨
□ 조커	**joker** 조우커
□ 조퇴(하다)	**leave earlier than usual** 리브 얼리 댄 유주얼
□ 조합	**association** 어소우시에이션
	union 유니언

440

□ 조합하다	**compare** 컴페어
□ 조항	**articles** 아티클즈 **clauses** 코지즈
□ 조형미술	**plastic arts** 플래스틱 아츠
□ 조화	**harmony** 하머니
□ 조회(하다)	**inquiry** 인콰이어리 ; **inquire** 인콰이어
□ 족제비	**weasel** 위절
□ 존경(하다)	**respect** 리스펙트 ; **esteem** 이스팀
□ 존엄	**dignity** 딕니티 **prestige** 프레스티지
□ 존재(하다)	**existence** 익지스턴스 ; **exist** 익지스트
□ 졸리다	**be sleepy** 비 슬리피
□ 졸업	**graduation** 그래주에이션
□ 졸업생	**graduate** 그래주잇
□ 졸음	**drowsiness** 드라우지니스
□ 좁다	**narrow** 내로우 **small** 스몰
□ 종	**bell** 벨
□ 종교	**religion** 릴리전
□ 종기	**swelling** 스웰링 **eruption** 이럽션
□ 종다리	**lark** 라크
□ 종단하다	**traverse** 트래버스
□ 종료(하다)	**end** 엔드 **conclusion** 컨클루전

□ 종류	**kind** 카인드 **sort** 소트
□ 종목	**item** 아이템
□ 종사(하다)	**engagement** 인게이지먼트 ;
	engage 인게이지
□ 종속(되다)	**be subordinate to** 비 서보디네이트 투
□ 종신형	**life imprisonment** 라이프 임프리즌먼트
□ 종양	**tumor** 튜머
□ 종이	**paper** 페이퍼
□ 종자	**seed** 씨드
□ 종지부	**period** 피리어드
□ 종착역	**terminus** 터미너스 **terminal** 터미늘
□ 종합(하다)	**synthesize** 신서사이즈
□ 좋다	**good** 굿 **fine** 파인 **nice** 나이스
□ 좋아하는	**favorite** 패이버릿
□ 좋아하다	**like** 라이크 **be fond of** 비 판드 어브
□ 좌석	**seat** 씨트
□ 좌약	**suppository** 서포지터리
□ 좌절하다	**be frustrated** 비 프러스트레이티드
□ 좌초	**striking a rock** 스트라이킹 어 락
□ 좌표	**coordinates** 코디네이츠

□ 좌회전(하다)	**left turn** 레프트 턴 ; **turn left** 턴 레프트
□ 죄	**crime** 크라임 **sin** 씬
□ 주〈州〉	**state** 스테이트 **province** 프라빈스
□ 주〈週〉	**week** 위크
□ 주간	**daytime** 데이타임
□ 주거	**dwelling** 드웰링 **residence** 레지던스
□ 주걱	**ladle** 레이들
□ 주관	**subjectivity** 섭젝티버티
□ 주관적인	**subjective** 섭젝티브
□ 주권	**sovereignty** 사버린티
□ 주근깨	**freckles** 프렉클즈
□ 주기	**cycle** 사이클 **period** 피리어드
□ 주다	**give** 기브 **offer** 아퍼
□ 주도권	**initiative** 이니셔티브
□ 주된	**main** 메인 **principal** 프린서플
□ 주름	**fold** 폴드 **wrinkles** 링클즈
□ 주말	**weekend** 위켄드
□ 주먹	**fist** 피스트
□ 주목(하다)	**pay attention** 페이 어텐션
□ 주문	**charm** 참 **spell** 스펠

가
나
다
라
마
바
사
아
자
차
카
타
파
하

443

□ 주문(하다)	**order** 오더　**request** 리퀘스트
□ 주문서	**form of order** 폼 어브 오더
□ 주문하다	**order** 오더
□ 주민	**inhabitants** 인해비턴츠
	residents 레지던츠
□ 주민등록	**resident registration** 레지던트 레지스트레이션
□ 주민세	**resident tax** 레지던트 택스
□ 주발	**bowl** 바울　**pot** 팟
□ 주방	**kitchen** 키친
□ 주변	**neighborhood** 네이버훗
□ 주부	**housewife** 하우스와이프
□ 주사(하다)	**injection** 인젝션　**shot** 샷
□ 주사기	**syringe** 시린지
□ 주사위	**die** 다이
□ 주석	**notes** 노우츠
□ 주선하다	**arrange** 어레인지
□ 주소	**address** 어드레스
□ 주소록	**address book** 어드레스 북
□ 주스	**juice** 주스
□ 주식	**stocks** 스탁스

444

□ 주식시장	**stock market** 스탁마킷	
□ 주야	**day and night** 데이앤 나잇	
□ 주어	**subject** 섭젝트	
□ 주연배우	**leading actor** 리딩 액터	
□ 주옥	**jewel** 주얼	
□ 주요한	**main** 메인 **chief** 칩	
□ 주위	**circumference** 서컴퍼런스	
□ 주유소	**gas station** 개스테이션	
□ 주의(하다)	**attention** 어텐션	
□ 주의력	**attentiveness** 어텐티브니스	
□ 주의하다	**bear in mind** 베어 인 마인드	
□ 주인	**master** 매스터 **owner** 오우너	
□ 주인공	**hero** 히어로 **heroine** 히로인	
□ 주임	**chief** 칩 **head** 헤드	
□ 주자	**runner** 러너	
□ 주장	**captain** 캡틴	
□ 주장	**opinion** 어피니언	
□ 주장하다	**state** 스테이트 **allege** 얼레지	
□ 주저(하다)	**hesitation** 헤저테이션 **;**	
	hesitate 헤저테이트	

□ 주전자	**kettle** 케틀
□ 주제	**subject** 섭젝트　**theme** 심
□ 주조(하다)	**casting** 캐스팅 ; **cast** 캐스트
□ 주주	**stock holder** 스탁 홀더
□ 주차(하다)	**parking** 파킹 ; **park** 파크
□ 주차장	**parking lot** 파킹 랏
□ 주체성	**independence** 인디펜던스
	autonomy 오터너미
□ 주최(하다)	**sponsor** 스판서
□ 주택	**house** 하우스　**housing** 하우징
□ 주파수	**frequency** 프리퀀시
□ 주판	**abacus** 애버커스
□ 주행(하다)	**traveling** 트레벌링 ; **travel** 트레벌
□ 주행거리	**mileage** 마일리지
□ 죽	**rice gruel** 라이스 그루얼
□ 죽다	**die** 다이
□ 죽순	**bamboo shoot** 뱀부 슛
□ 죽음	**death** 데스
□ 죽이다	**kill** 킬　**murder** 머더
□ 준	**semi-** 세미

□ 준결승	**semi-finals** 세미 파이널즈
□ 준비하다	**prepare** 프리페어
□ 줄	**rope** 로우프
□ 줄〈공구〉	**file** 파일
□ 줄기	**stalk** 스토크　**stem** 스템
□ 줄넘기	**jump rope** 점프 로우프
□ 줄다	**decrease** 디크리즈　**diminish** 디미니쉬
□ 줄다리기	**tug of war** 턱 어브 워
□ 줄무늬	**stripe** 스트라이프
□ 줄어들다	**shrink** 쉬링크
□ 줄이다	**decrease** 디크리즈　**reduce** 리듀스
□ 줄타기	**rope walking** 로우프 워킹
□ 줍다	**pick up** 픽 업
□ 중	**priest** 프리스트　**monk** 멍크
□ 중간	**middle** 미들
□ 중간자	**meson** 미잔
□ 중개(하다)	**mediation** 미디에이션 ;
	mediate 미디에이트
□ 중개료	**commission** 커미션
□ 중개인	**broker** 브로커

447

□ 중계	**relay** 릴레이
□ 중고	**used** 유즈드 ; **secondhand** 세컨핸드
□ 중고품	**secondhand goods** 세컨핸드 굿즈
□ 중공업	**heavy industries** 헤비 인더스트리즈
□ 중금속	**heavy metal** 헤비메털
□ 중급	**intermediate** 인터미디에이트
□ 중년	**middle age** 미들에이지
□ 중단(하다)	**interruption** 인터럽션 ; **interrupt** 인터럽트
□ 중대한	**serious** 씨리어스
□ 중독	**poisoning** 포이즈닝
□ 중동	**Middle East** 미들 이스트
□ 중등교육	**secondary education** 세컨더리 에주케이션
□ 중량	**weight** 웨이트
□ 중량급	**heavyweight class** 헤비웨이트 클래스
□ 중력	**gravity** 그래비티 / **gravitation** 그래비테이션
□ 중류	**midstream** 미드스트림
□ 중립	**neutrality** 뉴트럴리티
□ 중매결혼	**arranged marriage** 어레인지드 매리지

□ 중매쟁이	**matchmaker** 매치 메이커
□ 중복(되다)	**repetition** 리피티션 ; **repeat** 리피트
□ 중성자	**neutron** 뉴트런
□ 중세	**the Middle Ages** 더 미들 에이지즈
□ 중소기업	**smaller enterprise** 스몰러 엔터프라이즈
□ 중심	**center** 센터 **core** 코어
□ 중앙	**center** 센터
□ 중앙난방	**central heating** 센트럴 히팅
□ 중앙집권	**centralization** 센트럴라이제이션
□ 중얼거리다	**murmur** 머머
□ 중역	**director** 디렉터
□ 중요성	**importance** 임포턴스
□ 중요한	**important** 임포턴트 **essential** 이센셜
□ 중용	**moderation** 마더레이션
□ 중유	**heavy oil** 헤비 오일
□ 중이염	**tympanitis** 팀퍼나이티스
□ 중재(하다)	**arbitration** 아비트레이션 ;
	arbitrate 아비트레이트
□ 중재인	**mediator** 미디에이터
□ 중절(하다)	**abortion** 어보션 ; **abor** 어보

가
나
다
라
마
바
사
아
자
차
카
타
파
하

449

□ 중점	**emphasis** 엠퍼시스
	importance 임포턴스
□ 중지	**the middle finger** 더 미들 핑거
□ 중지하다	**cancel** 캔슬 **call off** 콜 오프
□ 중추신경	**the central nervous system** 더 센트럴 너버스 시스템
□ 중태	**serious condition** 시리어스 컨디션
□ 중퇴하다	**drop out** 드랍 아웃
□ 중학교	**junior high school** 주니어 하이 스쿨
□ 중화되다	**neutralize** 뉴트럴라이즈
□ 중화요리	**Chinese food** 차이니즈 푸드
□ 쥐	**rat** 랫 **mouse** 마우스
□ 쥐다	**pick** 픽 **pinch** 핀치
□ 쥐어뜯다	**pluck** 플럭 **pick** 픽
□ 즉	**namely** 네임리 **that is** 댓 이즈
□ 즉석	**improvised** 임프러바이즈드
	instant 인스턴트
□ 즉효	**immediate effect** 이미디에잇 이펙트
□ 즉흥적	**improvisational** 임프라버제이셔널
□ 즐거움	**pleasure** 플레저 **joy** 조이
□ 즐겁다	**happy** 해피 **cheerful** 치어펄

□ 즐기다	**enjoy** 인조이	
□ 즙	**juice** 주스	
□ 증가(하다)	**increase** 인크리즈	
	augmentation 옥멘테이션	
□ 증거	**proof** 프루프	**evidence** 에버던스
□ 증권	**bill** 빌	**bond** 반드
□ 증기	**vapor** 베이퍼	**steam** 스트림
□ 증류(하다)	**distillation** 디스틸레이션 ;	
	distill 디스틸	
□ 증류주	**distilled liquor** 디스틸드 리쿼	
□ 증명(하다)	**proof** 프루프	**evidence** 에버던스
□ 증명서	**certificate** 서티피킷	
□ 증발(하다)	**evaporation** 이배퍼레이션 ;	
	evaporate 이배퍼레이트	
□ 증상	**symptom** 심프텀	
□ 증서	**bond** 반드	**deed** 디드
□ 증세(하다)	**tax increase** 택스 인크리즈	
□ 증손	**great-grandchild** 그레잇 그랜드차일드	
□ 증언(하다)	**testimony** 테스터머니 ;	
	testify 테스터파이	

451

□ 증여	**donation** 도우네이션	
	presentation 프리젠테이션	
□ 증오	**hatred** 헤이트리드	
□ 증인	**witness** 위트니스	
□ 증정하다	**offer** 아퍼	**show** 쇼우
□ 증조부	**great-grandfather** 그레잇 그랜드파더	
□ 지가	**land prices** 랜드 프라이시즈	
□ 지각(하다)	**being late** 빙 레잇	
□ 지갑	**purse** 퍼스	**wallet** 월릿
□ 지구	**the earth** 디 어쓰	
□ 지구	**district** 디스트릭트	**section** 섹션
□ 지구본	**globe** 글로웁	
□ 지그재그	**zigzag** 직잭	
□ 지금	**now** 나우	
□ 지급(하다)	**supply** 서플라이 ;	
	provide 프러바이드	
□ 지나가다	**pass** 패스	**go by** 고우 바이
□ 지난달〈에〉	**last month** 래스트 먼쓰	
□ 지네	**centipede** 센티피드	
□ 지느러미	**fin** 핀	

□ 지능	**intellect** 인털렉트	
	intelligence 인텔리전스	
□ 지능지수	**IQ〈intelligence quotient〉** 인텔러전스 쿼오션트	
□ 지다	**be defeated** 비 디피티드 **lose** 루즈	
□ 지당한	**reasonable** 리즈너블 **natural** 내추럴	
□ 지도	**map** 맵 **atlas** 애틀러스	
□ 지렁이	**earthworm** 어쓰웜	
□ 지뢰	**mine** 마인	
□ 지류	**tributary** 트리뷰터리 **branch** 브랜치	
□ 지름길	**short cut** 숏 컷	
□ 지리학	**geography** 지아그래피	
□ 지망(하다)	**wish** 위쉬 **desire** 디자이어	
□ 지명(하다)	**nomination** 나머네이션	
□ 지명도	**celebrity** 셀러브리티	
□ 지명수배	**wanted** 원티드	
□ 지문	**fingerprint** 핑거프린트	
□ 지반	**foundation** 파운데이션 **base** 베이스	
□ 지방	**fat** 팻 **grease** 그리스	
□ 지방	**locality** 로캘러티 **country** 컨추리	
□ 지방자치체	**local government** 로컬 가버먼트	

□ 지배(하다)	**management** 매니지먼트
	control 컨트롤
□ 지배인	**manager** 매니저
□ 지병	**chronic disease** 크라닉 디지즈
□ 지불	**payment** 페이먼트
□ 지불능력	**solvency** 솔번시
□ 지불하다	**pay** 페이
□ 지붕	**roof** 루프
□ 지사	**branch** 브랜치
□ 지상	**the ground** 더 그라운드
□ 지성	**intellect** 인털렉트
	intelligence 인텔러전스
□ 지속(하다)	**continuance** 컨티뉴언스 ;
	continue 컨티뉴
□ 지속성	**continuity** 컨티뉴어티
□ 지수	**index number** 인딕스 넘버
□ 지시	**indication** 인디케이션
□ 지식	**knowledge** 나리지
□ 지압요법	**chiropractic** 카이로프랙틱
□ 지엔피	**Gross National Product** 그로스 내셔널 프라덕트

□ 지역	**area** 에어리어	**region** 리전
	zone 존	
□ 지연(되다)	**delay** 딜레이	
□ 지엽	**minor** 마이너	**unessential** 언이센셜
□ 지옥	**hell** 헬	**inferno** 인퍼노
□ 지우개	**eraser** 이레이저	**rubber** 러버
□ 지원(하다)	**desire** 디자이어	
	aspire to 어스파이어 투	
□ 지원(하다)	**support** 서포트	
□ 지원을 받다	**receive support** 리시브 서포트	
□ 지위	**position** 퍼지션	
□ 지장	**hindrance** 힌드런스	
	troubles 트러블즈	
□ 지저귀다	**sing** 씽	**chirp** 첩
□ 지적인	**intellectual** 인텔렉추얼	
□ 지적하다	**point out** 포인트 아웃	
	indicate 인디케이트	
□ 지적능력	**intelligence** 인텔리전스	
□ 지점	**branch** 브랜치	
□ 지점	**spot** 스팟	

☐ 지정	**designation** 데직네이션	
☐ 지정석	**reserved seat** 리저브드 시트	
☐ 지주	**landowner** 랜드 오우너	
☐ 지중해	**the Mediterranean** 더 메디터레이니언	
☐ 지지(하다)	**support** 서포트	
☐ 지진	**earthquake** 어쓰퀘이크	
☐ 지질	**soil** 소일	
☐ 지질학	**geology** 지알러지	
☐ 지참금	**dowry** 다우리	
☐ 지출	**expenses** 익스펜시즈	
☐ 지치다	**be tired** 비 타이어드	
☐ 지키다	**defend** 디펜드	**protect** 프러텍트
☐ 지탱하다	**hold on** 홀드 온	**endure** 인듀어
☐ 지팡이	**stick** 스틱	**cane** 케인
☐ 지퍼	**zipper** 지퍼	
☐ 지평선	**horizon** 허라이즌	
☐ 지폐	**bill** 빌	
☐ 지표	**index** 인딕스	
☐ 지프	**jeep** 집	
☐ 지하	**underground** 언더그라운드	

지하도	**underpass** 언더패스 **subway** 섭웨이
지하실	**basement** 베이스먼트
지하철	**subway** 섭웨이
지향하다	**aim at** 에임 앳
지형	**land form** 랜드폼
지혜	**wisdom** 위즈덤
지휘(하다)	**command** 커맨드
지휘봉	**baton** 배턴
지휘자	**commander** 커맨더 **director** 디렉터
직각	**right angle** 라잇 앵글
직감	**intuition** 인튜이션
직경	**diameter** 다이어미터
직권	**one's authority** 원스 오쏘리티
직권남용	**abuse of authority** 어뷰즈 어브 오쏘리티
직류	**direct current** **DC** 다이렉트 커런트
직립	**stand upright** 스탠드 업라이트
직매	**direct sales** 다이렉트 세일즈
직면하다	**face** 페이스
직무	**duty** 듀티 **service** 서비스
직물	**textile** 텍스털 **fabrics** 패브릭스

☐ 직사각형	**rectangle** 렉탱글	
☐ 직선	**straight line** 스트레잇 라인	
☐ 직선거리	**one-line distance** 원라인 디스턴스	
☐ 직업	**occupation** 아큐페이션	
	profession 프러페션	
☐ 직원	**the staff** 스탭	
☐ 직위	**post** 포스트	
☐ 직접	**directly** 다이렉트리	
☐ 직접세	**direct tax** 다이렉트 택스	
☐ 직진하다	**go straight** 고우 스트레이트	
☐ 직통	**direct** 다이렉트	
	nonstop 넌스탑	
☐ 직통전화	**hot line** 핫라인	
☐ 직함	**title** 타이틀	
☐ 직행(하다)	**go direct** 고우 다이렉트	
☐ 진	**gin** 진	
☐ 진공	**vacuum** 베큠	
☐ 진공관	**vacuum tube** 베큠 튜브	
☐ 진급하다	**promotion** 프러모우션	
☐ 진눈깨비	**sleet** 슬리트	

□ 진단(하다)	**diagnosis** 다이액노우시스 ;
	diagnose 다이액노우즈
□ 진단서	**medical certificate** 메디컬 서티피킷
□ 진동(하다)	**vibration** 바이브레이션 ;
	vibrate 바이브레이트
□ 진드기	**tick** 틱
□ 진로	**course** 코스 **way** 웨이
□ 진료소	**clinic** 클리닉
□ 진리	**truth** 트루쓰
□ 진보(하다)	**progress** 프라그레스
	advance 어드밴스
□ 진보적	**advanced** 어드밴스트
	progressive 프라그레시브
□ 진부한	**old-fashioned** 올드패션드
□ 진술(하다)	**statement** 스테이트먼트 ;
	state 스테이트
□ 진실	**truth** 트루쓰
□ 진압하다	**suppress** 서프레스
□ 진열(하다)	**display** 디스플레이
□ 진의	**real intention** 리얼 인텐션

가
나
다
라
마
바
사
아
자
차
카
타
파
하

459

□ 진자	**pendulum** 펜절럼	
□ 진전	**development** 디벨롭먼트	
□ 진절머리가나다	**be sick** 비 식	**be bored** 비 보어드
□ 진정(하다)	**petition** 페티션	
□ 진정시키다	**soothe** 수쓰	**calm** 캄
□ 진정제	**sedative** 세더티브	
□ 진주	**pearl** 펄	
□ 진지한	**serious** 시리어스	**earnest** 어니스트
□ 진짜	**genuine article** 제뉴인 아티클	
□ 진찰하다	**medical examination** 메디컬 익재미네이션	
□ 진척되다	**make progress** 메이크 프라그레스	
□ 진출하다	**advance** 어드밴스	
□ 진통제	**analgesic** 애널쥐직	
□ 진하다	**thick** 씩	**strong** 스트롱
□ 진행하다	**progress** 프라그레스	
□ 진화(하다)	**evolution** 에벌루션 ; **evolve** 이발브	
□ 질	**vagina** 버자이너	
□ 질량	**mass** 매스	
□ 질문(하다)	**question** 퀘스천	
□ 질산	**nitric acid** 나이트릭 애시드	

□ 질서	**order** 오더	
□ 질소	**nitrogen** 나이트로전	
□ 질식(하다)	**suffocation** 서포케이션	
□ 질의응답	**questions and answers** 퀘스천즈 앤 앤서즈	
□ 질주(하다)	**running at full speed** 러닝 앳 풀 스피드	
□ 질책(하다)	**reproof** 리프루프	**reproach** 리프로치
□ 질투	**jealousy** 젤러시	**envy** 엔비
□ 질투하다	**be jealous of** 비 젤러스 어브	
	envy 엔비	
□ 짊어지다	**carry on one's back** 캐리 온 원스 백	
□ 짐	**baggage** 배기지	
□ 짐수레	**cart** 카트	
□ 짐승	**beast** 비스트	
□ 짐을 꾸리다	**pack** 팩	
□ 짐을 싣다	**load** 로우드	
□ 집	**house** 하우스	
□ 집게손가락	**forefinger** 포어핑거	
□ 집계	**total** 토털	
□ 집념	**deep attachment** 딥 어태취먼트	

가
나
다
라
마
바
사
아
자
차
카
타
파
하

□ 집단	**group** 그룹	**body** 바디
□ 집세	**rent** 렌트	
□ 집시	**Gypsy** 집시	
□ 집오리	〈**domestic**〉 **duck** 〈도메스틱〉 덕	
□ 집중	**concentration** 컨센트레이션	
□ 집착(하다)	**attachment** 어태취먼트 ;	
	stick to 스틱 투	
□ 집합(하다)	**gathering** 게더링 ; **gather** 게더	
□ 징	**gong** 공	
□ 징수(하다)	**collection** 컬렉션 ; **collect** 컬렉트	
□ 징역	**imprisonment** 임프리즌먼트	
□ 징크스	**jinx** 징크스	
□ 짖다	**bark** 바크 **howl** 하울 **roar** 로어	
□ 짚	**straw** 스트로	
□ 짜다	**salty** 솔티	
□ 짜다	**weave** 위브	
□ 짝수	**even number** 이븐 넘버	
□ 짧다	**short** 숏 **brief** 브리프	
□ 쫓아가다	**run after** 런 애프터	
□ 쫓아내다	**drive out** 드라이브 아웃	

□ 찌그러진	**distorted** 디스토티드
□ 찌다	**steam** 스팀
□ 찌르다	**thrust** 스러스트 **pierce** 피어스
□ 찔리다	**stick** 스틱
□ 찢다	**rend** 렌드 **tear** 티어 **sever** 세버
□ 찢어지다	**split** 스플릿

생선가게와 정육점 Fish Shop & Butcher Shop

① octopus
악터퍼스

② cuttlefish
커틀피쉬

③ salmon
새먼

④ hairtail
헤어테일

⑤ mackerel
맥커럴

① 문어 ② 오징어 ③ 연어 ④ 갈치 ⑤ 오징어

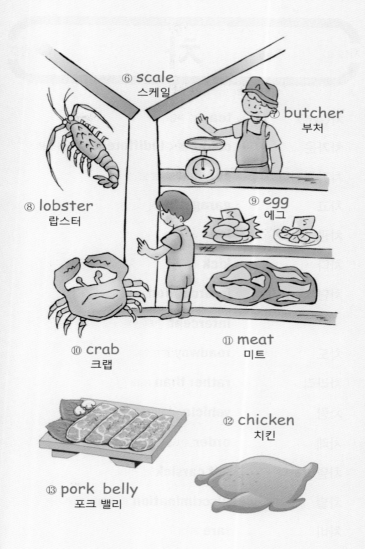

⑥ scale
스케일

⑦ butcher
부처

⑧ lobster
랍스터

⑨ egg
에그

⑩ crab
크랩

⑪ meat
미트

⑫ chicken
치킨

⑬ pork belly
포크 밸리

⑥ 저울   ⑦ 정육점 주인   ⑧ 바닷가재   ⑨ 달걀   ⑩ 게
⑪ 고기   ⑫ 닭고기   ⑬ 삼겹살

□ **차〈음료〉**　　　**tea** 티

□ **차가운**　　　**cold** 콜드　　**indifferent** 인디퍼런트

□ **차가워지다**　　**get cold** 겟 콜드

□ **차고**　　　**garage** 거라쥐

□ **차관**　　　**loan** 론

□ **차다**　　　**kick** 킥

□ **차단(하다)**　　**interception** 인터셉션 **;**

　　　　　　intercept 인터셉트

□ **차도**　　　**roadway** 로드웨이

□ **차라리**　　　**rather than** 래더 댄

□ **차량**　　　**vehicle** 비이클　**car** 카

□ **차례**　　　**order** 오더　**process** 프라세스

□ **차멀미하다**　　**get carsick** 겟 카식

□ **차별**　　　**discrimination** 디스크리미네이션

□ **차비**　　　**fare** 페어

□ **차선**　　　**lane** 레인

□ **차압당하다**　　**have... seized** 해브 씨즈드

차용	**borrowing** 바로우잉
차원	**dimension** 디멘션
차이	**difference** 디퍼런스
차장	**conductor** 컨덕터 **guard** 가드
차지하다	**occupy** 아큐파이
착각	**misunderstanding** 미스언더스탠딩
착륙(하다)	**landing** 랜딩 ; **land** 랜드
착수(하다)	**start** 스타트
	commencement 커멘스먼트
착시	**optical illusion** 압티컬 일루전
착실하게	**steadily** 스테딜리
착실한	**serious** 씨리어스
착취(하다)	**exploitation** 엑스플로이테이션 ;
	squeeze 스퀴즈
찬부	**yes or no** 예스 오어 노우
찬성(하다)	**approval** 어프루벌 ; **approve** 어프루브
찬송가	**hymn** 힘
찬장	**cabinet** 캐비닛
찰과상	**abrasion** 어브레이전
참가(하다)	**participation** 파티시페이션

□ 참가자	**participant** 파티시펀트	
□ 참견	**meddling** 메들링	
□ 참고(하다)	**reference** 레퍼런스	
□ 참고문헌	**references** 레퍼런시즈	
	bibliography 비블리오그래피	
□ 참고서	**reference book** 레퍼런스 북	
□ 참고인	**witness** 위트니스	
□ 참관(하다)	**visit** 비지트 ; **inspect** 인스펙트	
□ 참기름	**sesame oil** 세서미 오일	
□ 참다	**persevere** 퍼시비어 **bear** 베어	
	endure 인듀어	
□ 참새	**sparrow** 스패로우	
□ 참석(하다)	**attendance** 어탠던스 ; **attend** 어탠드	
□ 참을 수 없는	**unbearable** 언베어러블	
□ 참회(하다)	**confession** 컨페션	
	repentance 리펜턴스	
□ 창	**spear** 스피어 **lance** 랜스	
□ 창고	**warehouse** 웨어하우스	
	storehouse 스토어하우스	
□ 창구	**window** 윈도우	

468

□ 창문	**window** 윈도우
□ 창백하다	**pale** 페일
□ 창자	**bowels** 바우얼즈
	intestines 인테스틴즈
□ 창작(하다)	**creation** 크리에이션 ;
	create 크리에이트
□ 창조적인	**creative** 크리에이티브
	original 어리저널
□ 창포	**flag** 플래 **iris** 아이리스
□ 찾다	**seek for** 시크 포 **look for** 룩 포
□ 찾아내다	**find** 파인드 **discover** 디스커버
□ 채굴(하다)	**mining** 마이닝 ; **mine** 마인
□ 채권	**debenture** 디벤춰 **bond** 반드
□ 채널	**channel** 채널
□ 채비(하다)	**preparation** 프레퍼레이션 ;
	prepare for 프리페어 포
□ 채식주의자	**vegetarian** 베지테리언
□ 채용(하다)	**adoption** 어답션 ; **adopt** 어답트
□ 채우다	**stuff** 스터프 **fill** 필
□ 채점(하다)	**mark** 마크 **grade** 그레이드

가
나
다
라
마
바
사
아
자
차
카
타
파
하

□ 채집(하다)	**collection** 컬렉션 ; **collect** 컬렉트
□ 채택(하다)	**adoption** 어답션 **choice** 초이스
□ 책	**book** 북
□ 책상	**desk** 데스크 **bureau** 뷰로우
□ 책임	**responsibility** 리스판서빌리티
□ 처녀	**girl** 걸 **virgin** 버진
□ 처녀자리	**the Virgin** 더 버진
□ 처녀작	**first work** 퍼스트 워크
□ 처리하다	**manage** 매니지 **deal with** 딜 위드
□ 처방(하다)	**prescribe** 프리스크라이브
□ 처방전	**prescription** 프리스크립션
□ 처벌(하다)	**punishment** 퍼니쉬먼트 ; **punish** 퍼니쉬
□ 처분(하다)	**disposal** 디스포우절 ; **dispose of** 디스포우즈어브
□ 처우	**treatment** 트리트먼트
□ 처음	**beginning** 비기닝
□ 척도	**measure** 메저 **scale** 스케일
□ 척수	**spinal cord** 스파이널 코드
□ 척추	**spine** 스파인

470

□ 척추동물	**vertebrate animal** 버터브레이트 애니멀
□ 천	**thousand** 싸우전드
□ 천국	**heaven** 헤븐　**paradise** 패러다이스
□ 천동설	**the geocentric theory** 더 지어센트릭 씨어리
□ 천둥	**thunder** 썬더
□ 천문대	**astronomical observatory** 애스트러나미컬 업저버토리
□ 천문학	**astronomy** 어스트라너미
□ 천부적 재능	**innate talent** 이네이트 탤런트
□ 천사	**angel** 에인절
□ 천성	**birth** 버쓰　**origin** 어리진
□ 천식	**asthma** 애스머
□ 천연가스	**natural gas** 내추럴 개스
□ 천연두	**smallpox** 스몰팍스
□ 천연색	**natural color** 내추럴 컬러
□ 천연자원	**natural resources** 내추럴 리소시즈
□ 천왕성	**Uranus** 유어러너스
□ 천장	**ceiling** 씰링
□ 천재	**genius** 지니어스
□ 천재지변	**calamity** 컬래머티

□ 천주교	**Roman Catholicism** 로먼 캐서리시즘
□ 천직	**vocation** 보우캐이션
□ 천천히	**slowly** 슬로우리
□ 천체	**heavenly body** 헤븐리 바디
□ 천칭	**balance** 밸런스
□ 천칭자리	**the Balance** 더 밸런스 **Libra** 리브러
□ 철	**iron** 아이언
□ 철강	**iron and steel** 아이언 앤 스틸
□ 철골	**iron frame** 아이언 프래임
□ 철근콘크리트	**ferroconcrete** 페로우칸크리트
□ 철기시대	**the Iron Age** 디 아이언 에이지
□ 철도	**railroad** 레일로드
□ 철망	**wire netting** 와이어 네팅
□ 철물	**hardware** 하드웨어
□ 철벽	**iron wall** 아이언 월
□ 철봉	**iron bar** 아이언 바
□ 철사	**wire** 와이어
□ 철새	**migratory bird** 마이그래터리 버드
□ 철야(하다)	**stay up all night** 스테이 업 올 나잇
□ 철의 장막	**the Iron Curtain** 디 아이언 커튼

□ 철자	**spelling** 스펠링	
□ 철저한	**thorough** 써로우	**complete** 컴플리트
□ 철조망	**barbed wire** 바브드 와이어	
□ 철쭉	**azalea** 어제일러	
□ 철판	**iron plate** 아이언 플레이트	
□ 철하다	**bind** 바인드	**file** 파일
□ 철학	**philosophy** 필라소피	
□ 철학자	**philosopher** 필라소퍼	
□ 철회(하다)	**withdrawal** 위드드로얼	
□ 첨가물	**additive** 애더티브	
□ 첨부(하다)	**attachment** 어태치먼트	
□ 첨부하다	**affix** 어픽스	**attach** 어태치
□ 청각	**hearing** 히어링	
□ 청구(하다)	**demand** 디맨드	**claim** 클레임
□ 청구서	**bill** 빌	
□ 청문회	**hearing** 히어링	
□ 청소(하다)	**cleaning** 클리닝 ; **clean** 클린	
	sweep 스윕	
□ 청소기	**vacuum cleaner** 배큠 클리너	
□ 청소년	**the younger generation** 더 영거 제너레이션	

□ 청소차	**garbage truck**	가비지 트럭
□ 청어	**herring**	헤링
□ 청진기	**stethoscope**	스테서스코프
□ 청취	**hearing**	히어링
□ 청취자	**listener**	리스너
□ 체감온도	**effective temperature**	이펙티브 템퍼러춰
□ 체격	**physique**	피직
□ 체계	**system**	시스템
□ 체계적	**systematic**	세스터메틱
□ 체력	**physical strength**	피지컬 스트렝쓰
□ 체면	**face**	페이스
□ 체벌	**corporal punishment**	코퍼럴 퍼니시먼트
□ 체온	**temperature**	템퍼러춰
□ 체온계	**thermometer**	써머미터
□ 체육	**physical education**	피지컬 에주케이션
□ 체육관	**gymnasium**	짐네이지엄
□ 체재	**organization**	오거나이재이션
	structure	스트럭춰
□ 체조	**gymnastics**	짐네스틱스

474

☐ 체조선수	**gymnast** 짐네스트
☐ 체중	**weight** 웨이트
☐ 체포(하다)	**arrest** 어레스트　**capture** 캡춰
☐ 체험(하다)	**experience** 익스피리언스
☐ 체형	**figure** 피겨
☐ 첼로	**cello** 첼로
☐ 초〈시간〉	**second** 세컨드
☐ 초〈양초〉	**candle** 캔들
☐ 초〈식초〉	**vinegar** 비니거
☐ 초과(하다)	**excess** 익세스 ; **exceed** 익시드
☐ 초기	**the first stage** 더 퍼스트 스테이지
☐ 초능력	**extrasensory perception** 엑스트라센서리 퍼셉션
☐ 초대(하다)	**invitation** 인비테이션 ; **invite** 인바이트
☐ 초등학교	**elementary school** 엘리멘터리 스쿨
☐ 초등학생	**schoolchild** 스쿨차일드
☐ 초라하다	**poor** 푸어　**miserable** 미저러블
☐ 초래하다	**incur** 인커
☐ 초면	**the first meeting** 더 퍼스트 미팅
☐ 초반	**the early stage** 디 얼리 스테이지
☐ 초보자	**beginner** 비기너

☐ 초산	**acetic acid** 어시틱 애시드	
☐ 초상권	**right of portrait** 라이트 어브 포트레이트	
☐ 초상화	**portrait** 포트레이트	
☐ 초승달	**crescent** 크레슨트	
☐ 초안	**draft** 드레프트	
☐ 초원	**plain** 플레인	**prairie** 프레이리
☐ 초월(하다)	**transcend** 트랜센드	
☐ 초음파	**ultrasound** 울트라사운드	
☐ 초인	**superman** 수퍼맨	
☐ 초인적	**superhuman** 수퍼휴먼	
☐ 초점	**focus** 포커스	
☐ 초침	**the second hand** 더 세컨 핸드	
☐ 초콜릿	**chocolate** 초컬릿	
☐ 촌스러운	**senseless** 센스리스	
☐ 촌평	**brief commentary** 브리프 커멘터리	
☐ 총	**gun** 건	
☐ 총계	**total amount** 토털 어마운트	
☐ 총동원(하다)	**general mobilization** 제너럴 모빌러제이션	
☐ 총명한	**bright** 브라잇	**intelligent** 인텔러전트
☐ 총알	**bullet** 불릿	

476

□ 총액	the total 〈amount〉 더 토털 〈어마운트〉
□ 최고	supremacy 수프리머시
	maximum 맥시멈
□ 최근(에)	recently 리슨틀리
□ 최대	the maximum 더 맥시멈
□ 최면술	hypnotism 힙나티즘
□ 최선	the best 더 베스트
□ 최소	the least 더 리스트
□ 최악	the worst 더 워스트
□ 최저	the minimum 더 미니멈
□ 추가	addition 애디션
□ 추격(하다)	pursuit 퍼수잇 ; pursue 퍼수
□ 추락(하다)	fall 폴 drop 드랍
□ 추론(하다)	reasoning 리즈닝 ; reason 리즌
□ 추리소설	detective story 디텍티브 스토리
□ 추방(하다)	banishment 배니쉬먼트
□ 추분	the autumnal equinox 디 오텀널 이쿼낙스
□ 추상	abstraction 앱스트랙션
□ 추상명사	abstract noun 앱스트랙트 나운
□ 추상적인	abstract 앱스트랙트

□ 추상화	**abstract painting** 앱스트랙트 페인팅	
□ 추신	**postscript** **P.S.** 포스트스크립트	
□ 추억	**memories** 메모리즈	
	reminiscence 레머니슨스	
□ 추월금지	**no passing** 노우 패싱	
□ 추위	**the cold** 더 코울드	
□ 추이	**change** 체인지	
□ 추적하다	**pursuit** 퍼수잇	**chase** 체이스
□ 추정	**presumption** 프리점션	
□ 추진	**propulsion** 프러펄전	
	promotion 프러모우션	
□ 추천하다	**recommendation** 레커멘데이션	
	recommend 레커멘드	
□ 추첨	**lottery** 라터리	
□ 추측하다	**guess** 게스	**conjecture** 컨젝춰
□ 추파	**stare** 스테어	**ogle** 오우글
□ 축 늘어지다	**hang** 행	**dangle** 댕글
□ 축	**axis** 액시스	**shaft** 샤프트
□ 축구	**soccer** 사커	**football** 풋볼
□ 축농증	**empyema** 엠파이이머	

478

□ 축배	**toast** 토스트	
□ 축복(하다)	**blessing** 블레싱 ; **bless** 블레스	
□ 축산업	**stockbreeding** 스탁브리딩	
□ 축소(하다)	**reduction** 리덕션 ; **reduce** 리듀스	
□ 축일	**public holiday** 퍼블릭 할러데이	
	festival 페스티벌	
□ 축적(하다)	**accumulation** 어큘멀레이션	
□ 축제	**festival** 페스티벌	
□ 축하	**celebration** 셀러브레이션	
□ 축하하다	**congratulate** 컹그레출레이트	
	celebrate 셀러브레이트	
□ 춘분	**the vernal equinox** 더 버널 이쿼낙스	
□ 출구	**exit** 엑시트 **way out** 웨이 아웃	
□ 출국하다	**leave a country** 리브어 컨추리	
□ 출국수속	**departure procedures** 디파춰 프러시줘즈	
□ 출근(하다)	**attendance** 어텐던스 ;	
	go to work 고우투 워크	
□ 출력	**output** 아웃풋	
□ 출력장치	**output device** 아웃풋 디바이스	

가
나
다
라
마
바
사
아
자
차
카
타
파
하

479

□ 출발(하다)	**departure** 디파춰 ; **start** 스타트	
	depart 디파트	
□ 출발점	**the starting point** 더 스타팅 포인트	
□ 출발하다	**start** 스타트 **leave** 리브	
□ 출산(하다)	**birth** 버쓰 **delivery** 딜리버리	
□ 출산율	**birth rate** 버쓰 레잇	
□ 출석(하다)	**attend** 어텐드	
	be present at 비 프레즌트 앳	
□ 출석부	**roll book** 롤북	
□ 출석자	**attendance** 어텐던스	
□ 출세	**success in life** 석세스 인 라이프	
□ 출신	**place of origin** 플레이스 어브 어리진	
□ 출신지	**hometown** 홈타운	
□ 출신학교	**alma mater** 앨머 메이터	
□ 출연(하다)	**appear on the stage** 어피어 온 더 스테이지	
□ 출연자	**performer** 퍼포머 **player** 플레이어	
□ 출입	**coming and going** 커밍 앤 고잉	
□ 출입구	**doorway** 도어웨이	
□ 출입금지	**No Admittance** 노우 어드미턴스	
□ 출장〈出張〉	**business trip** 비즈니스 추립	

480

□ 출장〈出場〉	**participation** 파티시페이션
□ 출장가다	**make a business trip** 메이커 비즈니스 추립
□ 출장소	**branch office** 브랜치 오피스
□ 출중하다	**excel others** 엑셀 아더스
□ 출처	**the source** 더 소스
□ 출판(하다)	**publication** 퍼블리케이션 ; **publish** 퍼블리시
□ 출판사	**publishing company** 퍼블리싱 컴퍼니
□ 출하	**shipment** 쉽먼트 **forwarding** 포워딩
□ 출현(하다)	**appearance** 어피어런스 ; **appear** 어피어
□ 출혈	**hemorrhage** 헤머리지 **bleeding** 블리딩
□ 춤	**dance** 댄스
□ 춤추다	**dance** 댄스
□ 춥다	**cold** 코울드 **chilly** 칠리
□ 충격	**shock** 샥 **impact** 임팩트
□ 충고(하다)	**advice** 어드바이스 ; **advise** 어드바이즈
□ 충돌(하다)	**collision** 컬리전 **clash** 클래쉬
□ 충동	**impulse** 임펄스

가
나
다
라
마
바
사
아
자
차
카
타
파
하

481

충분한	**sufficient** 서피션트 **enough** 이너프
충분히	**fully** 풀리 **well** 웰
충실하다	**full** 풀 **complete** 컴플리트
충실한	**faithful** 페이스펄
충전하다	**charge** 차쥐
충전기	**recharger** 리차저
충치	**decayed tooth** 디케이드 투쓰
취급	**management** 매니지먼트
	treatment 트리트먼트
취급주의	**handle with care** 핸들 위드 케어
취급하다	**treat** 트리트
취기	**drunkenness** 드렁커니스
취득	**acquisition** 억퀴지션
취미	**taste** 테이스트 **hobby** 하비
취소하다	**cancel** 캔슬
취임	**inauguration** 인오겨레이션
취임식	**inaugural ceremony** 인오겨럴 세러머니
취재하다	**gather information** 게더 인포메이션
취주악	**wind music** 윈드 뮤직

□ 취직하다	**obtain employment** 옵테인 엠플로이먼트	
□ 취학	**school attendance** 스쿨 어텐던스	
□ 취향	**taste** 테이스트　**elegance** 엘리건스	
□ 측량(하다)	**measurement** 메저먼트 **survey** 서베이	
□ 측면	**aspect** 어스펙트　**side** 사이드	
□ 측정(하다)	**measurement** 메저먼트 **;** **measure** 메저	
□ 치과의사	**dentist** 덴티스트	
□ 치다	**strike** 스트라이크　**hit** 히트	
□ 치료	**medical treatment** 메디컬 트리트먼트	
□ 치밀한	**careful** 케어펄　**elaborate** 일레버릿	
□ 치석	**tartar** 타터	
□ 치수	**measure** 메저　**size** 사이즈	
□ 치안	**public peace** 퍼블릭 피스	
□ 치약	**toothpaste** 투쓰페이스트	
□ 치외법권	**extraterritorial rights** 익스트라테러토리얼 라이츠	
□ 치우다	**remove** 리무브	

가
나
다
라
마
바
사
아
자
차
카
타
파
하

□ 치우치다	**lean to** 린 투	**be biased** 비 바이어스드
□ 치즈	**cheese** 치즈	
□ 치질	**piles** 파일즈	**hemorrhoids** 헤머로이즈
□ 치킨	**chicken** 치킨	
□ 치통	**toothache** 투쓰에익	
□ 친구	**friend** 프렌드	
□ 친권	**parental authority** 페어런털 오쏘리티	
□ 친권자	**guardian** 가디언	
□ 친근감	**affinity** 어피니티	
□ 친목회	**social gathering** 소셜 게더링	
□ 친밀한	**intimate** 인티밋 ; **close** 클로우즈	
□ 친선시합	**friendly match** 프렌들리 매치	
□ 친숙하다	**familiar** 퍼밀리어	
□ 친숙함	**closeness** 클로우즈니스	
	intimacy 인티머시	
□ 친절	**kindness** 카인드니스	
□ 친절하다	**gentle** 젠틀	**kind** 카인드
□ 친정	**parents' home** 페어런츠 홈	
□ 친척	**relative** 렐러티브	
□ 친하다	**close** 클로우즈	**familiar** 퍼밀리어

484

칠면조	**turkey** 터키
칠월	**July** 줄라이
칠판	**blackboard** 블랙보드
칠하다	**paint** 페인트
침 뱉다	**spit** 스핏
침	**slaver** 슬래버
침	**spittle** 스피틀 **saliva** 설라이버
침구	**bedding** 베딩
침낭	**sleeping-bag** 슬리핑백
침대	**bed** 베드
침대보	**bedspread** 베드스프레드
침대차	**sleeping car** 슬리핑카
침략(하다)	**aggression** 어그레션 ; **invade** 인베이드
침략자	**invader** 인베이더
침몰	**sinking** 싱킹
침묵	**silence** 사일런스
침수(되다)	**flood** 플럿 **inundation** 이넌데이션
침식	**eating and sleeping** 이팅 앤 슬리핑
침식하다	**encroach** 인크로치
침식작용	**erosion** 이로우전

가
나
다
라
마
바
사
아
자
차
카
타
파
하

욕실 Bathroom

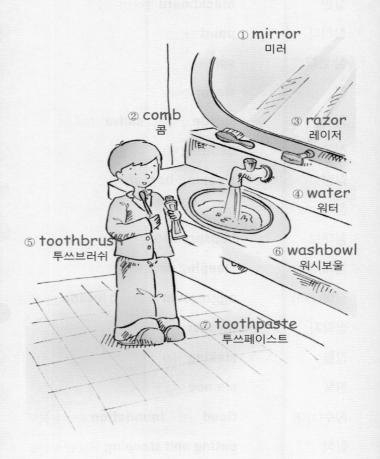

① mirror
미러

② comb
콤

③ razor
레이저

④ water
워터

⑤ toothbrush
투쓰브러쉬

⑥ washbowl
워시보울

⑦ toothpaste
투쓰페이스트

① 거울 ② 빗 ③ 면도기 ④ 물 ⑤ 칫솔 ⑥ 세면대 ⑦ 치약

⑧ **towel**
타월

⑨ **hot water**
핫 워터

⑩ **waterworks**
워터웍스

⑪ **soap**
소우프

⑫ **bathtub**
배쓰텁

⑧ 수건　⑨ 온수　⑩ 수도꼭지　⑪ 비누　⑫ 욕조

□ 침실	**bedroom** 베드룸
□ 침엽수	**conifer** 카너퍼
□ 침입하다	**invade** 인베이드
□ 침착성	**composure** 컴포우저
□ 침착한	**calm** 캄 **composed** 컴포우즈드
□ 침체(되다)	**inactivity** 인액티버티 ;
	stagnate 스택네이트
□ 침투(하다)	**penetration** 페너트레이션 ;
	penetrate 페너트레이트
□ 침팬지	**chimpanzee** 침팬지
□ 침하(하다)	**subsidence** 섭시던스 ;
	subside 섭사이드
□ 침해(하다)	**infringement** 인프린지먼트 ;
	infringe 인프린지
□ 칫솔	**toothbrush** 투쓰브러쉬
□ 칭찬하다	**praise** 프레이즈
□ 칭호	**title** 타이틀

- □ 카나리아   **canary** 커네어리

- □ 카 내비게이션   **car navigation system** 카 내비게이션 시스템

- □ 카네이션   **carnation** 카네이션

- □ 카드   **card** 카드

- □ 카디건   **cardigan** 카디건

- □ 카레   **curry** 커리

- □ 카리스마   **charisma** 커리즈머

- □ 카메라   **camera** 캐머러

- □ 카메라맨   **cameraman** 캐머러맨

- □ 카멜레온   **chameleon** 커밀리언

- □ 카세트   **cassette** 커셋

- □ 카세트테이프   **cassette tape** 커셋 테입

- □ 카운슬러   **counselor** 카운슬러

- □ 카운터   **counter** 카운터

- □ 카운트(하다)   **count** 카운트

- □ 카지노   **casino** 커시노

- □ 카탈로그   **catalog** 캐털록

□ 카테고리	**category** 캐터고리	
□ 카톨릭 신자	**Catholic** 캐더릭	
□ 카톨릭	**Catholicism** 캐더리시즘	
□ 카트리지	**cartridge** 카트리지	
□ 카페	**cafe** 캐페이	
	coffeehouse 커피하우스	
□ 카페인	**caffeine** 캐피인	
□ 카펫	**carpet** 카핏	
□ 칵테일	**cocktail** 칵테일	
□ 칼	**edged tool** 에지드 툴	
□ 칼라	**collar** 칼러	
□ 칼럼	**column** 칼럼	
□ 칼럼니스트	**columnist** 칼럼니스트	
□ 칼로리	**calorie** 캘러리	
□ 칼륨	**potassium** 퍼태시엄	
□ 칼슘	**calcium** 캘시엄	
□ 칼집	**sheath** 쉬쓰	
□ 캄보디아	**Cambodia** 캠보디어	
□ 캐나다	**Canada** 캐너더	
□ 캐리어	**career** 커리어	

□ 캐릭터	**character** 캐릭터	
□ 캐비아	**caviar** 캐비어	
□ 캐스터	**caster** 캐스터	
□ 캐스터네츠	**castanets** 캐스터네츠	
□ 캐시미어	**cashmere** 캐시미어	
□ 캐시카드	**bank card** 뱅크카드	
□ 캐주얼한	**casual** 캐주얼	
□ 캐치하다	**catch** 캐취 ; **get** 겟 **obtain** 업테인	
□ 캐치프레이즈	**catch phrase** 캐취프레이즈	
□ 캔	**can** 캔	
□ 캔디	**candy** 캔디	
□ 캔버스	**canvas** 캔버스	
□ 캘린더	**calendar** 캘린더	
□ 캠페인	**campaign** 캠페인	
□ 캠프	**camp** 캠프	
□ 캡슐	**capsule** 캡슐	
□ 캡틴	**captain** 캡틴	
□ 캥거루	**kangaroo** 캥거루	
□ 커닝	**cheating** 치팅	
□ 커리큘럼	**curriculum** 커리큘럼	

491

□ 커뮤니케이션	**communication** 커뮤니케이션
□ 커미션	**commission** 커미션
□ 커브	**curve** 커브 **turn** 턴
□ 커서	**cursor** 커서
□ 커지다	**extend** 익스텐드 **expand** 익스펜드
□ 커튼	**curtain** 커튼
□ 커플	**couple** 커플
□ 커피	**coffee** 커피
□ 커피숍	**coffee shop** 커피샵
□ 컨디션	**physical condition** 피지컬 컨디션
□ 컨버터	**converter** 컨버터
□ 컨설턴트	**consultant** 컨설턴트
□ 컨셉트	**concept** 컨셉
□ 컨테이너	**container** 컨테이너
□ 컬러	**color** 컬러
□ 컬러사진	**color photograph** 컬러 포우터그랩
□ 컬러필름	**color film** 컬러 필름
□ 컬렉션	**collection** 컬렉션
□ 컬렉트콜	**collect call** 컬렉트콜
□ 컴퍼스	**compasses** 컴퍼시즈

□ 컴퓨터	**computer** 컴퓨터	
□ 컵	**cup** 컵	
□ 컷	**cut** 컷 **illustration** 일러스트레이션	
□ 케이블	**cable** 케이블	
□ 케이블카	**ropeway** 로웁웨이	
□ 케이크	**cake** 케익	
□ 케첩	**catsup** 캐첩	
□ 켜다	**light** 라잇	
□ 코	**nose** 노우즈	
□ 코끼리	**elephant** 엘리펀트	
□ 코너	**corner** 코너	
□ 코드	**code** 코우드	
□ 코드	**cord** 코드	
□ 코러스	**chorus** 코러스	
□ 코르크	**cork** 코르크	
□ 코를 골다	**snore** 스노어	
□ 코멘트	**comment** 카멘트	
□ 코미디	**comedy** 카머디	
□ 코발트	**cobalt** 코우볼트	
□ 코뿔소	**rhinoceros** 라이나서러스	

☐ 코스	**course** 코스
☐ 코스모스	**cosmos** 카즈머스
☐ 코알라	**koala** 코우알러
☐ 코치	**coach** 코치
☐ 코카인	**cocaine** 코우캐인
☐ 코코넛	**coconut** 코코넛
☐ 코코아	**cocoa** 코우코우
☐ 코트〈외투〉	**coat** 코우트
☐ 코트	**court** 코트
☐ 코피	**nosebleed** 노우즈블리드
☐ 콘	**corn** 콘
☐ 콘도미니엄	**condominium** 칸더미니엄
☐ 콘돔	**condom** 칸덤
☐ 콘서트	**concert** 칸서트
☐ 콘센트	**outlet** 아웃렛
☐ 콘크리트	**concrete** 칸크리트
☐ 콘택트	**contact** 칸택트
☐ 콘택트렌즈	**contact lenses** 칸택트렌즈
☐ 콘테스트	**contest** 칸테스트
☐ 콘트라베이스	**contrabass** 칸트러베이스

494

□ 콘트라스트	**contrast** 칸트래스트	
□ 콜라	**Coke** 코우크	
□ 콜레스테롤	**cholesterol** 컬레스터롤	
□ 콜론	**colon** 코울런	
□ 콤마	**comma** 카머	
□ 콤비	**combination** 캄버네이션	
	partner 파트너	
□ 콧물	**snivel** 스니벌	
□ 콩	**soybean** 소이빈	
□ 콩나물	**bean sprouts** 빈 스프라우츠	
□ 쾌적한	**agreeable** 어그리어블	
	comfortable 컴퍼터블	
□ 쾌활한	**cheerful** 치어펄	
□ 쿠데타	**coup⟨d'etat⟩** 쿠⟨데이타⟩	
□ 쿠션	**cushion** 쿠션	
□ 쿠키	**cookie** 쿠키　**biscuit** 비스킷	
□ 퀴즈	**quiz** 퀴즈	
□ 크게	**greatly** 그레이틀리	
	very much 베리 머취	
□ 크기	**size** 사이즈	

□ 크다	**big** 빅　**huge** 휴쥐
□ 크래커	**cracker** 크래커
□ 크레디트 카드	**credit card** 크레딧카드
□ 크레용	**crayon** 크레이언
□ 크레인	**crane** 크레인
□ 크레파스	**pastel crayon** 파스텔 크레이언
□ 크로와상	**croissant** 크라상트
□ 크로켓	**croquette** 크로우켓
□ 크롬	**chrome** 크롬
□ 크리스마스	**Christmas** 크리스머스
□ 크리스천	**Christian** 크리스천
□ 크리스털	**crystal** 크리스털
□ 크림	**cream** 크림
□ 큰곰자리	**the Great Bear** 더 그레잇 베어
□ 클라리넷	**clarinet** 클래러넷
□ 클라이맥스	**climax** 클라이맥스
□ 클래식	**classic** 클래식
□ 클래식음악	**classical music** 클래식 뮤직
□ 클랙슨	**horn** 혼
□ 클럽	**club** 클럽

□ 클레임	**claim** 클레임	**complaint** 컴플레인트
□ 클로버	**clover** 클로버	
□ 클로즈업	**close-up** 클로우즈업	
□ 클리닉	**clinic** 클리닉	
□ 클릭(하다)	**click** 클릭	
□ 클립	**clip** 클립	
□ 키〈열쇠〉	**key** 키	
□ 키〈신장〉	**height** 하이트	**stature** 스태춰
□ 키다리	**tall person** 톨 퍼슨	
□ 키보드	**keyboard** 키보드	
□ 키스(하다)	**kiss** 키스	
□ 키우다	**bing up** 브링 업	
□ 키위	**kiwi** 키위	
□ 키홀더	**key ring** 키 링	
□ 킥복싱	**kick boxing** 킥박싱	
□ 킥오프	**kick off** 킥 오프	
□ 킬로그램	**kilogram** 킬로그램	
□ 킬로미터	**kilometer** 킬로미터	

정원 Garden

① flower bed
플라워 베드

② rabbit
래빗

③ cat
캣

④ dog
도그

⑤ fence
펜스

① 화단 ② 토끼 ③ 고양이 ④ 개 ⑤ 울타리

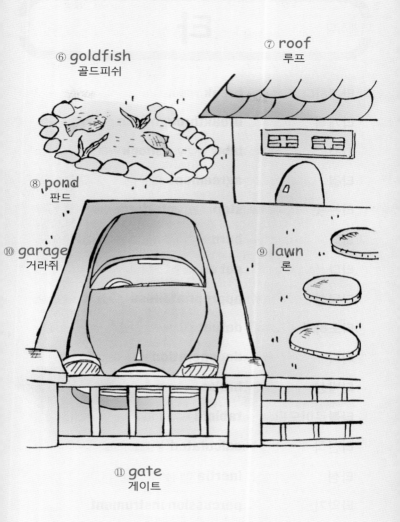

⑥ **goldfish**
골드피쉬

⑦ **roof**
루프

⑧ **pond**
판드

⑩ **garage**
거라쥐

⑨ **lawn**
론

⑪ **gate**
게이트

⑥ 금붕어　⑦ 지붕　⑧ 연못　⑨ 잔디　⑩ 차고　⑪ 대문

□ 타개하다	**break** 브레이크
□ 타개책	**breakthrough plan** 브레익드루 플랜
□ 타격	**blow** 블로우　**shock** 샤크
□ 타결	**agreement** 어그리먼트
□ 타는 곳	**stop** 스탑　**platform** 플랫폼
□ 타다	**burn** 번
□ 타다	**get on** 겟 온
□ 타당성	**appropriateness** 어프로우프리잇니스
□ 타도하다	**defeat** 디피트
□ 타락	**degeneration** 디제너레이션
□ 타박상	**bruise** 브루이즈
□ 타블로이드판	**tabloid** 태블로이드
□ 타산적	**calculated** 캘컬레이티드
□ 타성	**inertia** 이너쉬어
□ 타악기	**percussion instrument** 퍼커션 인스트루먼트
□ 타액	**saliva** 설라이버
□ 타원	**ellipse** 일립스　**oval** 오우벌

타원형	**oval shape** 오우벌 쉐이프
타의	**ulterior motive** 얼티어리어 모우티브
타이밍	**timing** 타이밍
타이틀	**title** 타이틀
타인	**others** 아더스
타일	**tile** 타일
타자	**batter** 배터
타조	**ostrich** 오스트리취
타협(하다)	**compromise** 캄프러미스
탁상시계	**table clock** 테이블 클럭
탁아소	**day nursery** 데이 너스리
탁월한	**excellent** 엑설런트
탁함	**impurity** 임퓨리티
	muddiness 머디니스
탄광	**coal mine** 코울 마인
탄력	**elasticity** 일레스티서티
	flexibility 플렉서빌리티
탄산	**carbonic acid** 카보닉 애시드
탄산가스	**carbonic acid gas** 카보닉 애시드 개스
탄산수	**soda water** 소우더 워터

탄생	**birth** 버쓰 **origin** 어리진
탄생하다	**birth** 버쓰 ; **be born** 비 본
탄소	**carbon** 카본
탄수화물	**carbohydrate** 카보하이드레이트
탄식	**sorrow** 소로우 **grief** 그리프
탄식하다	**lament** 러멘트 **grieve** 그리브
탄압하다	**suppress** 서프레스
탄약	**ammunition** 어뮤니션
탄핵하다	**accuse** 어큐즈 **impeach** 임피치
탄환	**bullet** 불릿 **shell** 쉘
탈것	**vehicle** 비이클
탈곡(하다)	**threshing** 스레싱 ; **thresh** 스레쉬
탈구하다	**dislocation** 디스로우케이션
탈락하다	**omission** 오우미션
탈락자	**dropout** 드랍아웃
탈모증	**depilation** 디필레이션
탈선	**derailment** 디레일먼트
탈세	**tax evasion** 택스 이베이전
탈수	**dehydration** 디하이드레이션
탈수기	**spin-drier** 스핀드라이어

□ 탈지면	**absorbent cotton** 앱소번트 카튼	가
□ 탈지분유	**skim milk** 스킴 밀크	나
□ 탈출하다	**escape** 이스케입	
□ 탈퇴하다	**leave** 리브 **withdraw** 위드로	다
□ 탐구(하다)	**study** 스터디	라
	investigation 인베스티게이션	
□ 탐내다	**devour** 디바우어	마
□ 탐닉하다	**indulge in** 인덜지 인	
□ 탐미주의	**aestheticism** 애스세티시즘	바
□ 탐욕	**greed** 그리드	사
□ 탐정	**detective** 디텍티브	아
□ 탐정소설	**detective novel** 디텍티브 노블	
□ 탐험하다	**exploration** 익스플로레이션	자
□ 탐험가	**explorer** 익스플로러	차
□ 탑	**tower** 타워	카
□ 탑승하다	**board** 보드	타
□ 탑승게이트	**boarding gate** 보딩 게이트	
□ 탑승권	**boarding pass** 보딩 패스	파
□ 태도	**attitude** 애티튜드 **manner** 매너	하
□ 태만한	**negligent** 네그리전트	

☐ 태아	**fetus** 페터스
☐ 태양	**the sun** 더 썬
☐ 태어나다	**be born** 비 본
☐ 태연한	**nonchalant** 넌셜런트
☐ 태우다	**burn** 번 **scorch** 스코치
☐ 태워주다	**give a lift** 기버 리프트
	pick up 픽업
☐ 태클	**tackle** 태클
☐ 태평스러운	**easy** 이지 **carefree** 캐어프리
☐ 태평양	**the Pacific** 더 퍼시픽
☐ 태풍	**typhoon** 타이푼
☐ 택배	**door-to-door delivery** 도어투도어 딜리버리
☐ 택시	**taxi** 택시
☐ 탤런트	**personality** 퍼스널리티
☐ 탬버린	**tambourine** 탬버린
☐ 탭댄스	**tap dance** 탭댄스
☐ 탱고	**tango** 탱고
☐ 탱커	**tanker** 탱커
☐ 탱크	**tank** 탱크
☐ 터널	**tunnel** 터널

한국어	영어	발음
□ 터무니없는	**absurd** 업서드	
	unreasonable 언리즈너블	
□ 터미널	**terminal** 터미늘	
□ 터부	**taboo** 터부	
□ 터지다	**burst** 버스트 **split** 스플릿	
□ 터키	**Turkey** 터키	
□ 턱	**jaw** 조 **chin** 친	
□ 턱수염	**beard** 비어드	
□ 턱시도	**tuxedo** 턱시도	
□ 털	**hair** 헤어	
□ 텅스텐	**tungsten** 텅스턴	
□ 테너	**tenor** 테너	
□ 테니스	**tennis** 테니스	
□ 테러	**terrorism** 테러리즘	
□ 테러리스트	**terrorist** 테러리스트	
□ 테마	**theme** 팀 **subject** 섭직트	
□ 테스트(하다)	**test** 테스트	
□ 테이블	**table** 테이블	
□ 테이프	**tape** 테입	
□ 테크닉	**technique** 테크닉	

□ 텍스트	**text** 테스트
□ 텐트	**tent** 텐트
□ 텔레비전	**television** 텔레비전
□ 텔레파시	**telepathy** 털레퍼시
□ 템포	**tempo** 템포우
□ 토끼	**rabbit** 래빗 **hare** 헤어
□ 토너먼트	**tournament** 토너먼트
□ 토대	**foundation** 파운데이션
□ 토라지다	**be sulky** 비 설키 **be cynical** 비 시니컬
□ 토론(하다)	**discussion** 디스커션 ;
	discuss 디스커스
□ 토마토	**tomato** 터메이토우
□ 토목	**public works** 퍼블릭 웍스
□ 토목공사	**engineering works** 엔지니어링 웍스
□ 토성	**Saturn** 새턴
□ 토스터	**toaster** 토스터
□ 토스트	**toast** 토스트
□ 토양	**soil** 소일
□ 토요일	**Saturday** 세터데이
□ 토지	**land** 랜드

□ 토하다	**throw up** 스로우 업	**vomit** 보밋
□ 톤	**ton** 턴	
□ 톱	**saw** 쏘	
□ 톱니모양	**serrated** 세레이티드	
□ 통	**barrel** 배럴	**cask** 캐스크
□ 통	**pipe** 파이프	**tube** 튜브
□ 통감하다	**feel keenly** 필 킨리	
□ 통계	**statistics** 스태티스틱스	
□ 통과(하다)	**pass** 패스	
□ 통관	**customs clearance** 커스텀즈 클리어런스	
□ 통나무	**log** 락	
□ 통렬한	**severe** 시비어	**bitter** 비터
□ 통로	**passage** 패시지	**path** 패쓰
□ 통로측 좌석	**aisle seat** 아일 씨트	
□ 통솔(하다)	**leadership** 리더십	**command** 커맨드
□ 통신	**communication** 커뮤니케이션	
□ 통신사	**news agency** 뉴즈 에이전시	
□ 통역하다	**interpret** 인터프리트	
□ 통일하다	**unite** 유나이트	**unify** 유너파이
□ 통장	**passbook** 패스북	

가
나
다
라
마
바
사
아
자
차
카
타
파
하

507

□ 통제(하다)	**regulation** 레귤레이션　**control** 컨트롤
□ 통제력	**control** 컨트롤
□ 통조림	**canned food** 캔드 푸드
□ 통지(하다)	**notice** 노우티스
□ 통찰력	**insight** 인사이트
□ 통치(하다)	**government** 가버먼트
□ 통풍	**ventilation** 벤틸레이션
□ 통하다	**go to** 고우 투　**lead to** 리드 투
□ 통학하다	**go to school** 고우 투 스쿨
□ 통행하다	**traffic** 트래픽
□ 통화	**currency** 커런시
□ 통화하다	**call** 콜
□ 퇴각하다	**retreat** 리트리트
□ 퇴거하다	**leave** 리브　**withdraw** 위드드로
□ 퇴비	**compost** 컴포스트
□ 퇴역(하다)	**retirement** 리타이어먼트 **;** **retire** 리타이어
□ 퇴역군인	**ex-serviceman** 엑스서비스맨
□ 퇴원하다	**leave the hospital** 리브 더 하스피털
□ 퇴장하다	**leave** 리브　**exit** 엑시트

508

퇴직(하다)	**retirement** 리타이어먼트 ;
	retire from 리타이어 프럼
퇴직금	**retirement allowance** 리타이어 얼라우언스
퇴치하다	**exterminate** 엑스터미네이트
퇴폐	**decadence** 데커던스
퇴폐적인	**decadent** 데커던트
투고	**contribution** 컨트리뷰션
투구벌레	**beetle** 비틀
투기	**speculation** 스페큘레이션
투덜거리다	**grumble** 그럼블
투명	**transparency** 트랜스패어런시
투베르쿨린	**tuberculin** 튜버컬린
투병하다	**struggle against illness** 스트러글 어겐스트 일니스
투서하다	**contribute to** 컨트리뷰트 투
투우	**bullfight** 불파이트
투우사	**bullfighter** 불파이터
	matador 마터도어
투자	**investment** 인베스트먼트
투자가	**investor** 인베스터

509

□ 투쟁하다	**fight** 파이트 **struggle** 스트러글
□ 투지	**fighting spirit** 파이팅 스피리트
□ 투표하다	**vote for** 보우트 포
□ 투피스	**two-pieces** 투 피시즈
□ 퉁소	**bamboo flute** 뱀부 플루트
□ 튀기다	**deep-fry** 딥프라이
□ 튀다	**bounce** 바운스 **bound** 바운드
□ 튜너	**tuner** 튜너
□ 튜닝	**tuning** 튜닝
□ 튜브	**tube** 튜브
□ 튤립	**tulip** 튤립
□ 트랙터	**tractor** 트랙터
□ 트랜지스터	**transistor** 트랜지스터
□ 트랩	**gangway** 갱웨이 **ramp** 램프
□ 트러블	**trouble** 트러블
□ 트럭	**truck** 트럭
□ 트럼펫	**trumpet** 트럼펫
□ 트럼프	**cards** 카즈
□ 트렁크	**trunk** 트렁크 **suitcase** 수트케이스
□ 트레이너	**trainer** 트레이너

□ 트레이드	**trading** 트레이딩	
□ 트로피	**trophy** 트로피	
□ 트롬본	**trombone** 트럼본	
□ 트리오	**trio** 트리오	
□ 트릭	**trick** 트릭	
□ 트림	**burp** 버프	
□ 특권	**privilege** 프리빌리지	
□ 특급	**special express** 스페셜 익스프레스	
□ 특기	**specialty** 스페셜티	
□ 특매	**sale** 세일	
□ 특매품	**loss leader** 로스 리더	
□ 특별한	**special** 스페셜	
	exceptional 익셉셔널	
□ 특산품	**special product** 스페셜 프러덕트	
□ 특색	**characteristic** 캐릭터리스틱	
□ 특수	**special** 스페셜 **particular** 파티큘러	
□ 특유의	**peculiar to** 피큘리어 투	
□ 특이	**uniqueness** 유닉니스	
□ 특정한	**particular** 파티큘러	
□ 특집	**feature articles** 피쳐 아티클즈	

□ 특징	**characteristic** 캐릭터리스틱	
□ 특징짓다	**characterize** 캐릭터라이즈	
□ 특파원	**correspondent** 커레스판던트	
□ 특허	**patent** 페이턴트	
□ 특히	**especially** 이스페셜리	
□ 튼튼한	**healthy** 헬씨	
□ 틀	**frame** 프레임	**rim** 림
□ 틀니	**artificial tooth** 아티피셜 투쓰	
□ 틀다	**twist** 트위스트	**twirl** 트월
□ 틀리다	**mistake** 미스테익	
□ 틀림없이	**surely** 슈얼리	
	without a doubt 위다우러 다웃	
□ 틀어박히다	**shut oneself up** 셧 원셀프 업	
□ 틈	**interval** 인터벌	**leisure** 리져
□ 틈	**opening** 오프닝	**gap** 갭
□ 티백	**tea bag** 티백	
□ 티베트	**Tibet** 티벳	
□ 티셔츠	**T-shirt** 티셧	
□ 티슈	**tissue** 티슈	
□ 티스푼	**teaspoon** 티스푼	

□ 티켓	**ticket** 티킷	
□ 티탄	**titanium** 티태이니엄	
□ 팀	**team** 팀	
□ 팀워크	**teamwork** 팀웍	
□ 팁	**tip** 팁	

① bathroom
배쓰룸

② lavatory
러바토리

③ kitchen
키친

④ dining room
다이닝 룸

① 욕실 ② 화장실 ③ 부엌 ④ 식당

⑤ **second floor**
세컨드 플로어

⑥ **window**
윈도우

⑦ **wall**
월

⑧ **stairs**
스테어즈

⑨ **door**
도어

⑩ **first floor**
퍼스트 플로어

⑪ **living room**
리빙 룸

⑤ 2층   ⑥ 창문   ⑦ 벽   ⑧ 계단   ⑨ 문   ⑩ 1층   ⑪ 거실

- □ 파　　　　　**leek** 리크
- □ 파견(하다)　　**dispatch** 디스패취
- □ 파괴(하다)　　**destruction** 디스트럭션 **;**

　　　　　　　　destroy 디스트로이
- □ 파국　　　　**catastrophe** 커태스트로피
- □ 파급(되다)　　**spread** 스프레드　**influence** 인플루언스
- □ 파급효과　　**the ripple effect** 더 리플 이펙트
- □ 파기(하다)　　**cancellation** 캔설레이션 **; cancel** 캔슬
- □ 파내다　　　**dig out** 딕 아웃
- □ 파노라마　　**panorama** 패너래머
- □ 파다　　　　**dig** 딕　**excavate** 엑스커베이트
- □ 파도　　　　**wave** 웨이브
- □ 파라솔　　　**parasol** 패러솔
- □ 파란만장　　**full of ups and downs**
　　　　　　　　풀 어브 업스 앤 다운즈
- □ 파랑　　　　**blue** 블루
- □ 파렴치　　　**shamelessness** 쉐임리스니스
- □ 파렴치한 행위　**infamous deed** 인퍼머스 디드

□ 파르페	**parfait** 파페이
□ 파리	**fly** 플라이
□ 파마	**permanent wave** 퍼머넌트 웨이브
□ 파면(하다)	**dismissal** 디스미설 ; **dismiss** 디스미스
□ 파멸(하다)	**ruin** 루인 **destruction** 디스트럭션
□ 파문	**ripple** 리플
□ 파벌	**faction** 팩션
□ 파산하다	**go bankrupt** 고우 뱅크럽트
□ 파생(되다)	**derive from** 디라이브 프럼
□ 파생어	**derivative** 디리버티브
□ 파손	**damage** 데미지
□ 파수꾼	**watch** 워취 **lookout** 룩아웃
□ 파스타	**pasta** 파스터
□ 파스텔	**pastel** 패스텔
□ 파슬리	**parsley** 파슬리
□ 파시스트	**fascist** 페시스트
□ 파시즘	**fascism** 페시즘
□ 파악하다	**grasp** 그래스프
□ 파업	**strike** 스트라이크
□ 파열	**explosion** 익스플로전

가
나
다
라
마
바
사
아
자
차
카
타
파
하

517

□ 파운데이션	**foundation** 파운데이션	
□ 파운드	**pound** 파운드	
□ 파울	**foul** 파울	
□ 파이	**pie** 파이	**tart** 타트
□ 파이프	**pipe** 파이프	
□ 파이프오르간	**pipe organ** 파이프 오르건	
□ 파인애플	**pineapple** 파인애플	
□ 파일	**file** 파일	
□ 파일럿	**pilot** 파일럿	
□ 파자마	**pajamas** 퍼자마스	
□ 파장	**wavelength** 웨이브렝쓰	
□ 파출소	**police box** 폴리스박스	
□ 파충류	**the reptiles** 더 렙타일즈	
□ 파키스탄	**Pakistan** 파키스탄	
□ 파트너	**partner** 파트너	
□ 판가름하다	**dispose** 디스포우즈	
□ 판결을 내리다	**pass judgment on** 패스 저지먼트 온	
□ 판권	**copyright** 카피라이트	
□ 판단(하다)	**judgment** 저쥐먼트 ; **judge** 저쥐	
□ 판례	**precedent** 프리시던트	

□ 판매(하다)	**sale** 세일 ; **sell** 셀
□ 판매촉진	**sales promotion** 세일즈 프로모우션
□ 판명되다	**turn out** 턴 아웃
□ 판사	**judge** 저쥐
□ 판정(하다)	**judgment** 저쥐먼트 ; **judge** 저쥐
□ 판정승	**win on a decision** 윈 온어 디시전
□ 판화	**print** 프린트 **woodcut** 우드컷
□ 팔	**arm** 암
□ 팔걸이의자	**armchair** 암체어
□ 팔꿈치	**elbow** 엘보우
□ 팔다	**sell** 셀
□ 팔레트	**palette** 팰리트
□ 팔씨름	**arm wrestling** 암 레슬링
□ 팔월	**August** 어거스트
□ 팔짱을 끼다	**cross one's arms** 크로스 원스 암즈
□ 팔찌	**bracelet** 브레이스릿
□ 팝송	**pop music** 팝 뮤직
□ 팝콘	**popcorn** 팝콘
□ 패권	**supremacy** 수프리머시
□ 패닉	**panic** 패닉

☐ 패랭이꽃	**pink** 핑크	
☐ 패배	**defeat** 디피트	
☐ 패션	**fashion** 패션	
☐ 패스워드	**password** 패스워드	
☐ 패스트푸드	**fast food** 패스트푸드	
☐ 패키지투어	**package tour** 패키지투어	
☐ 패턴	**pattern** 패턴	
☐ 패트롤	**patrol** 패트롤	
☐ 패트롤카	**squad car** 스쿼드 카	
☐ 패하다	**be beaten** 비 비튼	
☐ 팬	**fan** 팬	
☐ 팬레터	**fan letter** 팬 레터	
☐ 팬지	**pansy** 팬지	
☐ 팬츠	**briefs** 브립스	**shorts** 쇼츠
☐ 팬터마임	**pantomime** 팬터마임	
☐ 팬티	**panties** 팬티즈	
☐ 팬티스타킹	**pantyhose** 팬티호스	
☐ 팸플릿	**pamphlet** 팸플릿	**brochure** 브로우셔
☐ 팽이	**top** 탑	
☐ 팽이를 돌리다	**spin a top** 스핀 어 탑	

□ 팽창(하다)	**expansion** 익스펜전 ; **expand** 익스펜드	가
□ 퍼센트	**percent** 퍼센트	나
□ 퍼즐	**puzzle** 퍼즐	
□ 펀치	**punch** 펀치	다
□ 펄럭이다	**flutter** 플러터	라
□ 펄프	**pulp** 펄프	
□ 펌프	**pump** 펌프	마
□ 펑크	**puncture** 펑춰	바
□ 페널티킥	**penalty kick** 페널티 킥	사
□ 페니실린	**penicillin** 페니실린	
□ 페달	**pedal** 페들	아
□ 페더급	**featherweight** 페더 웨잇	자
□ 페루	**Peru** 퍼루	
□ 페르시아	**Persia** 퍼저	차
□ 페미니스트	**feminist** 페미니스트	카
□ 페미니즘	**feminism** 페미니즘	
□ 페스트	**the plague** 더 플레이그	타
□ 페스티벌	**festival** 페스티벌	파
□ 페이지	**page** 페이지	하
□ 페인트	**paint** 페인트	

□ 페트	**pet** 펫
□ 페트병	**PET bottle** 펫 바틀
□ 펜	**pen** 펜
□ 펜던트	**pendant** 펜던트
□ 펜션	**pension** 펜션
□ 펜싱	**fencing** 펜싱
□ 펠리컨	**pelican** 펠리컨
□ 펭귄	**penguin** 펭귄
□ 펴다	**lengthen** 렝슨　**stretch** 스트레취
□ 펴지다	**extend** 익스텐드　**stretch** 스트레취
□ 편〈항공기〉	**flight** 플라이트
□ 편견	**prejudice** 프레주디스　**bias** 바이어스
□ 편도	**one way** 원 웨이
□ 편도선	**tonsils** 탄설즈
□ 편도선염	**tonsillitis** 탄설라이티스
□ 편두통	**migraine** 마이그레인
□ 편들다	**take sides with** 테이크 사이즈 위드
□ 편리	**convenience** 컨비니언스
□ 편물	**knitting** 니팅
□ 편성(하다)	**formation** 포메이션 ; **form** 폼

□ 편승하다	**get a lift** 겟 어 리프트
□ 편안한	**comfortable** 컴퍼터블
□ 편의점	**convenience store** 컨비년스 스토어
□ 편지	**letter** 레터
□ 편지교환	**correspondence** 커레스판던스
□ 편집(하다)	**editing** 에디팅 ; **edit** 에딧
□ 편집광	**monomania** 마너메이니아
□ 편집자	**editor** 에디터
□ 편찬(하다)	**compile** 컴파일
□ 편한	**easy** 이지
□ 편히	**easily** 이질리
□ 펼치다	**extend** 익스텐드 **enlarge** 인라지
□ 평가(하다)	**estimation** 에스티메이션 ;
	estimate 에스티메이트
□ 평가절상	**revaluation** 리밸류에이션
□ 평균	**average** 애버리지
□ 평균대	**balance beam** 밸런스 빔
□ 평균수명	**average life span** 애버리지 라이프 스팬
□ 평등	**equality** 이퀄리티
□ 평론(하다)	**criticism** 크리티시즘 **review** 리뷰
□ 평론가	**critic** 크리틱 **reviewer** 리뷰어

□ 평면	**plane** 플레인
□ 평면도	**floor plan** 플로어 플랜
□ 평방	**square** 스퀘어
□ 평방미터	**square meter** 스퀘어 미터
□ 평범한	**common** 커먼 **ordinary** 오디너리
□ 평상복	**casual wear** 캐주얼 웨어
□ 평생교육	**lifelong education** 라이프롱 에주케이션
□ 평소	**usually** 유주얼리 **always** 올웨이즈
□ 평야	**plain** 플레인
□ 평영	**the breast stroke** 더 브레스트 스트로우크
□ 평온	**tranquility** 트랭퀼리티
□ 평원	**plain** 플레인
□ 평일	**weekday** 위크데이
□ 평판	**reputation** 레퓨테이션
□ 평평하다	**flat** 플랫 **level** 레벌
□ 평행하다	**parallel to** 패럴렐 투
□ 평행봉	**parallel bars** 패럴렐 바즈
□ 평행사변형	**parallelogram** 패럴렐로그램
□ 평행선	**parallel lines** 패럴렐 라인즈
□ 평형	**equilibrium** 이퀼리브리엄

□ 평화	**peace** 피스	
□ 평화교섭	**peace negotiation** 피스 니고우쉬에이션	
□ 폐〈허파〉	**lung** 렁	
□ 폐〈피해〉	**trouble** 트러블 **nuisance** 뉴이슨스	
□ 폐가 되다	**be troubled with** 비 트러블드 위드	
□ 폐결핵	**tuberculosis** 튜버큘로시스	
□ 폐기물	**waste** 웨이스트	
□ 폐렴	**pneumonia** 뉴모니어	
□ 폐를 끼치다	**trouble** 트러블 **bother** 바더	
□ 폐문시각	**curfew** 커퓨	
□ 폐쇄(하다)	**closing** 클로우징 ; **close** 클로우즈	
□ 폐암	**lung cancer** 렁 캔서	
□ 폐지(하다)	**abolition** 어벌리션 ; **abolish** 어발리시	
□ 폐허	**ruins** 루인즈	
□ 폐활량	**the breathing capacity** 더 브리딩 커패서티	
□ 폐회(하다)	**closing** 클로우징 ; **close** 클로우즈	
□ 폐회식	**closing ceremony** 클로우징 세러머니	
□ 포개다	**pile up** 파일 업	
□ 포경선	**whaler** 훼일러	

가 나 다 라 마 바 사 아 자 차 카 타 **파** 하

525

□ 포괄(하다)	**comprehension**	컴프리헨션
□ 포근한	**mild**	마일드
□ 포기하다	**give up**	기브 업
□ 포도	**grapes**	그레입스
□ 포도주	**wine**	와인
□ 포동포동한	**plump**	플럼프
□ 포로	**captive**	캡티브
□ 포르노	**pornography**	포어노그러피
□ 포르투갈	**Portugal**	포어처걸
□ 포맷	**format**	포맷
□ 포목	**cloth**	클로쓰
□ 포부	**ambition**	앰비션
□ 포상	**reward**	리워드
□ 포스터	**poster**	포스터
□ 포스트	**mailbox**	메일박스
□ 포옹하다	**embrace**	엠브레이스
□ 포유동물	**mammal**	매멀
□ 포인트	**point**	포인트
□ 포장(하다)	**wrapping** 래핑 **; wrap**	랩
□ 포장도로	**paved road**	페이브드 로드

□ 포장마차	**stall** 스톨　**stand** 스탠드
□ 포장지	**wrapping paper** 래핑 페이퍼
□ 포커	**poker** 포우커
□ 포크	**fork** 포크
□ 포플러	**poplar** 포플러
□ 포함하다	**contain** 컨테인　**include** 인클루드
□ 포화	**saturation** 새터레이션
□ 포획하다	**capture** 캡춰
□ 폭	**width** 위드쓰　**breadth** 브레스
□ 폭격(하다)	**bombing** 바밍 ; **bomb** 밤
□ 폭격기	**bomber** 밤버
□ 폭군	**tyrant** 타이어런트
□ 폭넓다	**wide** 와이드　**broad** 브로드
□ 폭동	**riot** 라이엇
□ 폭락(하다)	**fall heavily** 폴 헤빌리
□ 폭력	**violence** 바이얼런스
□ 폭로하다	**disclose** 디스클로우즈
□ 폭리	**excessive profits** 익세시브 프라피츠
□ 폭발(하다)	**explosion** 익스플로전 ; **explode** 익스플로드

□ 폭언	**abusive words** 어뷰시브 워즈	
□ 폭주(하다)	**drive recklessly** 드라이브 렉리스리	
□ 폭주족	**hot-rodder** 핫라더	
□ 폭탄	**bomb** 밤	
□ 폭파(하다)	**blast** 블래스트	
□ 폭포	**waterfall** 워터폴	**falls** 폴즈
□ 폭풍	**storm** 스톰	**tempest** 템페스트
□ 폭행(하다)	**violence** 바이얼런스	
	outrage 아웃레이지	
□ 폴란드	**Poland** 폴랜드	
□ 폴리에스테르	**polyester** 폴리에스터	
□ 폴리에틸렌	**polyethylene** 팔리에설린	
□ 폼	**form** 폼	
□ 푄현상	**foehn phenomenon** 페인 피나메넌	
□ 표〈표시〉	**mark** 마크	**sign** 사인
□ 표〈도표〉	**table** 테이블	**diagram** 다이어그램
□ 표〈티켓〉	**ticket** 티킷	
□ 표〈투표〉	**vote** 보우트	
□ 표결하다	**vote** 보우트	
□ 표류하다	**drift** 드리프트	

528

□ 표면	**surface** 서피스	
□ 표백하다	**bleach** 블리치	
□ 표범	**leopard** 리어파드	**panther** 팬서
□ 표본	**specimen** 스피서먼	**sample** 샘플
□ 표시	**indication** 인디케이션 ;	
	indicate 인디케이트	
□ 표어	**slogan** 슬로건	
□ 표적	**mark** 마크	**target** 타깃
□ 표절	**plagiarism** 플래이지어리즘	
□ 표정	**expression** 익스프레션	
□ 표제	**title** 타이틀	**heading** 헤딩
□ 표준	**standard** 스탠다드	
□ 표준어	**the standard language** 더 스탠다드 랭귀지	
□ 표지	**cover** 커버	
□ 표지	**sign** 사인	**mark** 마크
□ 표창하다	**commend honor** 커멘드 아너	
□ 표현하다	**expression** 익스프레션 ;	
	express 익스프레스	
□ 푸다	**draw** 드로	
□ 푸딩	**pudding** 푸딩	

529

풀	**grass** 그래스 **herb** 허브
□ 풀	**paste** 페이스트 **starch** 스타치
□ 풀다	**dispel** 디스펠
□ 풀다	**untie** 언타이 **undo** 언두
□ 풀리다	**get loose** 겟 루스
□ 풀솜	**floss** 플로스
□ 풀장	**swimming pool** 스위밍 풀
□ 품다	**have** 해브 **bear** 베어
□ 품목	**item** 아이텀
□ 품위 있는	**elegant** 엘리건트
□ 품위	**dignity** 딕니티
□ 품절	**sold out** 솔드 아웃
□ 품종	**kind** 카인드 **variety** 버라이어티
□ 품질	**quality** 퀄리티
□ 풍경	**scenery** 씨너리
□ 풍경화	**landscape** 랜드스케이프
□ 풍력	**the force of the wind** 더 포스 어브 더 윈드
□ 풍부한	**abundant** 어번던트 **rich** 리치
□ 풍선	**balloon** 벌룬
□ 풍속〈風俗〉	**customs** 커스텀즈

□ 풍속〈風速〉	**wind velocity** 윈드 벌라서티
□ 풍자(하다)	**satire** 새타이어 ; **satirize** 새터라이즈
□ 풍차	**windmill** 윈드밀
□ 풍채	**appearance** 어피어런스
□ 풍화작용	**weathering** 웨더링
□ 퓨즈	**fuse** 퓨즈
□ 프라이드	**pride** 프라이드
□ 프라이버시	**privacy** 프라이버시
□ 프라이팬	**frying pan** 프라잉 팬
□ 프랑스	**France** 프랜스
□ 프랑스어	**French** 프렌치
□ 프랜차이즈	**franchise** 프랜차이즈
□ 프러포즈	**proposal** 프러포우절
□ 프런트	**front desk** 프런트 데스크
□ 프로	**professional** 프로페셔널
□ 프로그래머	**programmer** 프로그래머
□ 프로그램	**program** 프로그램
□ 프로덕션	**production** 프러덕션
□ 프로듀서	**producer** 프로듀서
□ 프로모션	**promotion** 프러모우션

☐ 프로젝트	**project** 프러젝트	
☐ 프로테스탄트	**Protestantism** 프라터스탄티즘	
☐ 프로판	**propane** 프로우페인	
☐ 프로펠러	**propeller** 프러펠러	
☐ 프로필	**profile** 프로우파일	
☐ 프롤레타리아	**proletarian** 프로우러테리언	
☐ 프리랜스	**freelance** 프리랜스	
☐ 프리마돈나	**prima donna** 프림머 다너	
☐ 프리미엄	**premium** 프리미엄	
☐ 프리즘	**prism** 프리점	
☐ 프린터	**printer** 프린터	
☐ 프린트(하다)	**copy** 카피 **print** 프린트	
☐ 플라스틱	**plastic** 플래스틱	
☐ 플라이급	**fly weight** 플라이 웨이트	
☐ 플라타너스	**plane tree** 플레인 트리	
☐ 플랑크톤	**plankton** 플랭크턴	
☐ 플래시	**flashlight** 플래시라잇	
☐ 플래카드	**placard** 플래카드	
☐ 플랫폼	**platform** 플랫폼	
☐ 플러그	**plug** 플럭	

□ 플러스	**plus** 플러스	
□ 플레이오프	**play-off** 플레이오프	
□ 플롯	**flute** 플루트	
□ 피	**blood** 블럿	
□ 피겨스케이팅	**figure skating** 피겨 스케이팅	
□ 피고	**defendant** 디펜던트	
□ 피고인	**the accused** 디 어큐즈드	
□ 피구	**dodge ball** 다지 볼	
□ 피난(하다)	**refuge** 레퓨쥐 **shelter** 쉘터	
□ 피라미드	**pyramid** 피러미드	
□ 피로	**fatigue** 퍼티그	
□ 피로연	**wedding banquet** 웨딩 뱅큇	
□ 피리	**whistle** 휘슬 **flute** 플루트	
□ 피망	**green pepper** 그린 페퍼	
□ 피부	**skin** 스킨	
□ 피부과	**dermatology** 더머탈러쥐	
□ 피부병	**skin disease** 스킨 디지즈	
□ 피상적인	**superficial** 수퍼피셜	
□ 피서지	**summer resort** 써머 리조트	
□ 피스톤	**piston** 피스턴	

☐ 피아노	**piano** 피애노우	
☐ 피아니스트	**pianist** 피애니스트	
☐ 피앙세	**fiance** 피앙세이	
☐ 피에로	**pierrot** 피에로우	
☐ 피우다	**smoke** 스모우크	
☐ 피임	**contraception** 컨트라셉션	
☐ 피자	**pizza** 핏서	
☐ 피처	**pitcher** 피처	
☐ 피크닉	**picnic** 픽닉	
☐ 피클	**pickles** 피클즈	
☐ 피투성이	**bloody** 블러디	
☐ 피하다	**avoid** 어보이드	**evade** 이베이드
☐ 피하지방	**subcutaneous fat** 섭큐테이녀스 팻	
☐ 피해	**damage** 데미지	
☐ 피해망상	**persecution complex** 퍼시큐션 캄플렉스	
☐ 피해자	**sufferer** 서퍼러	**victim** 빅팀
☐ 피혁제품	**leather goods** 레더 굿즈	
☐ 픽션	**fiction** 픽션	
☐ 핀	**pin** 핀	
☐ 핀셋	**tweezers** 트위저즈	

□ 핀치히터	**pinch hitter** 핀치히터
□ 핀트	**focus** 포커스
□ 필기(하다)	**note** 노우트 **record** 리코드
□ 필기시험	**written examination** 리튼 익제미네이션
□ 필름	**film** 필름
□ 필사적인	**desperate** 데스퍼릿
□ 필수적인	**indispensable** 인디스펜서블
□ 필수조건	**indispensable condition** 인디스펜서블 컨디션
□ 필수품	**necessaries** 네서세리즈
□ 필요	**necessity** 니세서티 **need** 니드
□ 필요하다	**need** 니드 **want** 원트
□ 필자	**author** 오서 **writer** 라이터
□ 필적	**handwriting** 핸드라이팅
□ 필적하다	**be equal to** 비 이퀄 투
□ 필터	**filter** 필터
□ 핑크	**pink** 핑크

직업 Job

① tailor
테일러

② barber
바버

③ driver
드라이버

④ postman
포스트맨

⑤ fireman
파이어맨

⑥ carpenter
카펜터

---

① 재단사 ② 이발사 ③ 운전사 ④ 우체부 ⑤ 소방관 ⑥ 목수

⑦ **waitress**
웨이트리스

⑧ **cook**
쿡

⑨ **waiter**
웨이터

⑩ **policeman**
폴리스맨

⑪ **hairdresser**
헤어드레서

⑫ **doctor**
닥터

⑬ **nurse**
너스

⑦ 여종업원　⑧ 요리사　⑨ 남종업원　⑩ 경찰　⑪ 미용사
⑫ 의사　⑬ 간호사

□ 하계	**summer** 써머
□ 하급	**lower class** 로우어 클래스
□ 하급생	**lower grade student** 로우어 그레이드 스튜던트
□ 하기	**summertime** 써머타임
□ 하나	**one** 원
□ 하늘	**sky** 스카이
□ 하다	**do** 두 　 **try** 트라이 　 **play** 플레이
□ 하드웨어	**hardware** 하드웨어
□ 하등동물	**lower animals** 로우어 애니멀즈
□ 하락(하다)	**fall** 폴
□ 하루 종일	**all day ⟨long⟩** 올 데이 ⟨롱⟩
□ 하루	**a day** 어 데이
□ 하마	**hippopotamus** 히퍼파터머스
□ 하모니카	**harmonica** 하마니커
□ 하부	**lower part** 로우어 파트
□ 하수도	**drainage** 드레이니쥐
□ 하숙(하다)	**lodgings** 라징즈 ; **room at** 룸 앳

□ 하순	**the latter part of a month** 더 레터 파트 어브 어 먼쓰	
□ 하이에나	**hyena** 하이이너	
□ 하이킹	**hiking** 하이킹	
□ 하이테크	**high tech** 하이텍	
□ 하이픈	**hyphen** 하이픈	
□ 하이힐	**high-heeled shoes** 하이힐드 슈즈	
□ 하인	**servant** 서번트 **maid** 메이드	
□ 하중	**load** 로우드	
□ 하지	**the summer solstice** 더 써머 살리스티스	
□ 하찮은 일	**trifle** 트라이플 **triviality** 트리비얼리티	
□ 하천	**river** 리버	
□ 하청	**subcontract** 섭컨트랙트	
□ 하키	**hockey** 하키	
□ 하품	**yawn** 욘	
□ 하프	**half** 해프	
□ 학	**crane** 크레인	
□ 학계	**academic circles** 어캐더믹 서클즈	
□ 학과	**department** 디파트먼트	
□ 학과	**lesson** 레슨	

☐ 학교	**school** 스쿨	
☐ 학급	**class** 클래스	
☐ 학기	**term** 텀	**semester** 씨메스터
☐ 학기말	**semester-end** 씨메스터엔드	
☐ 학년	**school year** 스쿨 이어	
☐ 학대(하다)	**abuse** 어뷰즈	
☐ 학력	**scholarship** 스칼러쉽	
☐ 학문	**learning** 러닝	**study** 스터디
☐ 학부	**faculty** 패컬티	
☐ 학비	**school expenses** 스쿨 익스펜시즈	
☐ 학사	**bachelor** 배춰러	
☐ 학생	**student** 스튜던트	**pupil** 퓨필
☐ 학생증	**student's ID card** 스튜던츠 아이디 카드	
☐ 학설	**doctrine** 닥트린	**theory** 씨어리
☐ 학술	**learning** 러닝	
☐ 학습(하다)	**study** 스터디	**learn** 런
☐ 학습지도	**tutor** 튜터	
☐ 학예	**arts and sciences** 아츠 앤 사이언시즈	
☐ 학예회	**school show** 스쿨 쇼우	
☐ 학원	**cram school** 크램 스쿨	

학위	**degree** 디그리
학자	**scholar** 스칼러
학장	**president** 프레지던트
학점을 따다	**acquire credits** 어콰이어 크레디츠
학회	**society** 소사이어티　**academy** 어캐더미
한 개	**one piece** 원 피스
한 벌	**a set** 어 셋
한 조각	**a piece of** 어 피스 어브
한겨울	**midwinter** 미드윈터
한계	**limit** 리미트　**bounds** 바운즈
한국	**Korea** 코리어
한국인〈어〉	**Korean** 코리언
한기	**chill** 칠
한나절	**half a day** 해프 어 데이
한낮	**midday** 미데이　**noon** 눈
한눈팔다	**look away** 룩 어웨이
한대	**the Frigid Zone** 프리짓 존
한대기후	**arctic climate** 아틱 클라이밋
한도	**limit** 리밋
한때	**once** 원스

□ 한류	**cold current** 콜드 커런트	
□ 한문	**Chinese classics** 차이니즈 클래식스	
□ 한밤중	**midnight** 미드나잇	
□ 한복판	**the center of** 더 센터 어브	
□ 한 사람	**one** 원	**a man** 어 맨
□ 한숨	**sigh** 사이	
□ 한심하다	**shameful** 쉐임펄	
□ 한여름	**midsummer** 미드써머	
□ 한자	**Chinese character** 차이니즈 캐릭터	
□ 한 잔	**a cup of** 어 컵 어브	
	a glass of 어 글래스 어브	
□ 한정	**limitation** 리미테이션	
□ 한쪽	**one side** 원 사이드	
□ 한창	**in the midst of** 인 더 밋스트 어브	
□ 한층 더	**much more** 머치 모어	
□ 한턱내다	**treat** 트리트	
□ 한파	**cold wave** 콜드 웨이브	
□ 한편〈으로〉	**meanwhile** 민와일	
□ 할당	**assignment** 어싸인먼트	
□ 할당하다	**assign** 어싸인	

□ 할머니	**grandmother** 그랜드마더	
□ 할부	**installment plan** 인스톨먼트 플랜	
□ 할아버지	**grandfather** 그랜드파더	
	old man 올드 맨	
□ 할인하다	**discount** 디스카운트	
□ 할증	**premium** 프리미엄	
□ 할증요금	**extra charge** 익스트라 차지	
□ 핥다	**lick** 릭 **lap** 랩	
□ 함께	**together** 투게더	
□ 함락(되다)	**surrender** 서렌더	
□ 함부로	**at random** 앳 랜덤	
□ 함수	**function** 펑션	
□ 합	**the sum** 더 썸	
□ 합격(하다)	**passing** 패싱 ; **pass** 패스	
□ 합계(하다)	**the sum** 더 섬 **total** 토털 ;	
	sum up 섬 업	
□ 합금	**alloy** 앨로이	
□ 합동	**union** 유니언	
	combination 컴비네이션	
□ 합류(하다)	**confluence** 컨플루언스	

가
나
다
라
마
바
사
아
자
차
카
타
파
하

543

□ 합리	**rationality** 래셔널리티
□ 합리적인	**rational** 래셔늘
□ 합리주의	**rationalism** 래셔널리즘
□ 합리화	**rationalization** 래셔널리제이션
□ 합법	**lawfulness** 로펄니스
□ 합법적인	**legal** 리걸
□ 합병(하다)	**merger** 머저 ; **merge** 머쥐
□ 합성	**synthesis** 신서시스
□ 합성수지	**synthetic resin** 신세틱 레이진
□ 합의하다	**agree** 어그리
□ 합작투자사업	**joint venture** 조인트 벤춰
□ 합주하다	**play in concert** 플레이 인 컨서트
□ 합창(하다)	**chorus** 코러스 ; **sing in chorus** 싱 인 코러스
□ 핫도그	**hot dog** 핫독
□ 항공	**aviation** 에이비에이션
□ 항공기	**aircraft** 에어크래프트
□ 항공사	**airline** 에어라인
□ 항공우편	**airmail** 에어메일
□ 항구	**harbor** 하버 **port** 포트

□ 항목	**item** 아이템
□ 항문	**anus** 애너스
□ 항복하다	**surrender** 서렌더
□ 항생물질	**antibiotic** 앤티바이오틱
□ 항아리	**jar** 자 **pot** 팟
□ 항암제	**anticancer agent** 앤티캔서 에이전트
□ 항의(하다)	**protest** 프러테스트
□ 항해(하다)	**voyage** 보이지
□ 해〈태양〉	**the sun** 더 썬 **sunlight** 썬라이트
□ 해 年	**year** 이어
□ 해결(하다)	**settlement** 세틀먼트
□ 해결책	**solution** 솔루션
□ 해고당하다	**be fired** 비 파이어드 ;
	be laid off 비 레이드 오프
□ 해골	**skeleton** 스켈러턴
□ 해구	**oceanic trench** 오우셔닉 트렌치
□ 해군	**the navy** 더 네이비
□ 해녀	**woman diver** 우먼 다이버
□ 해답	**solution** 솔루션
□ 해독(하다)	**decipherment** 디사이퍼먼트

가
나
다
라
마
바
사
아
자
차
카
타
파
하

□ 해류	**current** 커런트
□ 해리	**nautical mile** 노티컬 마일
□ 해마	**sea horse** 씨 호스
□ 해명(하다)	**explanation** 익스플레네이션 ;
	explain 익스플레인
□ 해바라기	**sunflower** 썬플라워
□ 해발	**above the sea** 어버브 더 씨
□ 해방(하다)	**emancipation** 이맨서페이션 ;
	liberation 리버레이션
□ 해변	**beach** 비치 **shore** 쇼어
□ 해부	**dissection** 디섹션
□ 해산	**breakup** 브레이컵
□ 해산물	**marine products** 머린 프러덕츠
□ 해삼	**sea cucumber** 씨큐컴버
□ 해상도	**resolution** 레졸루션
□ 해석	**interpretation** 인터프리테이션
	explanation 익스플레네이션
□ 해설자	**commentator** 코멘테이터
□ 해수욕	**sea bathing** 씨 배이씽
□ 해안	**seashore** 씨쇼어 **beach** 비치

□ 해약(하다)	**cancellation** 캔설레이션 **; cancel** 캔슬
□ 해양	**ocean** 오우션
□ 해열제	**antipyretic** 앤티파이어레틱
□ 해왕성	**Neptune** 넵튠
□ 해외	**overseas** 오버씨즈
□ 해일	**tsunami** 쯔나미
	tidal wave 타이덜 웨이브
□ 해적	**pirate** 파이어럿
□ 해제	**cancellation** 캔설레이션
□ 해초	**seaweed** 씨위드
□ 해충	**harmful insect** 함펄 인섹트
	vermin 버민
□ 해치다	**hurt** 허트 **harm** 함
□ 해파리	**jellyfish** 젤리피쉬
□ 해피엔드	**happy ending** 해피엔딩
□ 해협	**strait** 스트레이트 **channel** 채널
□ 핵가족	**nuclear family** 뉴클리어 페밀리
□ 핵무기	**nuclear weapon** 뉴클리어 웨펀
□ 핵분열	**nuclear fission** 뉴클리어 피션
□ 핸드백	**handbag** 핸드백 **purse** 퍼스

가
나
다
라
마
바
사
아
자
차
카
타
파
하

□ 핸드볼	**handball** 핸드볼	
□ 핸디캡	**handicap** 핸디캡	
□ 햄	**ham** 햄	
□ 햄버거	**hamburger** 햄버거	
□ 햄버그	**hamburg steak** 햄벅 스테이크	
□ 햄스터	**hamster** 햄스터	
□ 햅쌀	**new rice** 뉴 라이스	
□ 햇볕을 쬐다	**bask in the sun** 베이크 인 더 썬	
□ 햇살	**sunlight** 썬라잇	
□ 행	**line** 라인	
□ 행간을 읽다	**read between the lines** 리드 비튄 더 라인즈	
□ 행동(하다)	**action** 액션 **conduct** 컨덕트 ; **act** 액트	
□ 행동하다	**behave** 비헤이브	
□ 행락	**excursion** 익스커전	
□ 행렬	**procession** 프러세션	
	parade 퍼레이드	
□ 행방	**whereabouts** 웨어러바이우츠	
□ 행방불명	**missing** 미씽	
□ 행복	**happiness** 해피니스	
□ 행사	**event** 이벤트 **function** 펑션	

□ 행상인	**peddler** 페들러
□ 행선지	**destination** 데스터네이션
□ 행운	**fortune** 포춘 **luck** 럭
□ 행위	**act** 액트 **action** 액션 **deed** 디드
□ 행정	**administration** 어드미니스트레이션
□ 행정부	**government office** 가버먼트 오피스
□ 행진(하다)	**march** 마치 **parade** 퍼레이드
□ 행진곡	**march** 마치
□ 행하다	**do** 두 **act** 액트
□ 향	**smell** 스멜 **fragrance** 프레그런스
□ 향내가 나다	**smell** 스멜
□ 향료	**perfume** 퍼퓸
□ 향상(되다)	**improvement** 임프루브먼트
	progress 프라그레스
□ 향상시키다	**promote** 프러모우트
	improve 임프루브
□ 향수	**nostalgia** 노스탤저
□ 향수	**perfume** 퍼퓸
□ 향신료	**spices** 스파이시즈
□ 향하다	**go to** 고우 투 **leave for** 리브 포

□ 허가(하다)	**permission** 퍼미션 ; **permit** 퍼밋
□ 허가하다	**admit** 어드밋
□ 허구	**fiction** 픽션
□ 허니문	**honeymoon** 허니문
□ 허둥거리다	**be upset** 비 업셋
□ 허들	**hurdle** 허들
□ 허락하다	**allow** 얼라우 **permit** 퍼밋
□ 허를 찌르다	**catch unexpectedly** 캐취 언익스펙티들리
□ 허리	**waist** 웨이스트
□ 허무	**nothingness** 낫씽니스
□ 허무주의적인	**nihilistic** 니힐리스틱
□ 허무하다	**transient** 트랜션트 **vain** 베인
□ 허수아비	**scarecrow** 스캐어크로우
□ 허스키	**husky** 허스키
□ 허약한	**weak** 웍 **delicate** 델리킷
□ 허영심	**vanity** 베니티
□ 허위	**falsehood** 폴스후드
□ 허전하다	**forlorn** 포론
□ 허점	**unguarded point** 언가딧 포인트
□ 허풍	**exaggeration** 익제저레이션

□ 허풍선이	**brag** 브랙	**boaster** 보스터
□ 허풍을 떨다	**talk big** 톡 빅	**brag** 브랙
□ 헌금(하다)	**donation** 도우네이션	
	contribution 컨트리뷰션	
□ 헌법	**constitution** 컨스티튜션	
□ 헌신	**self-devotion** 셀프디보우션	
□ 헌신적으로	**devotedly** 디보우티들리	
□ 헌정	**dedication** 데디케이션	
□ 헌책	**used book** 유즈드 북	
□ 헌혈	**blood donation** 블럿 도우네이션	
□ 헐뜯다	**speak ill of** 스픽 일 어브	
□ 헐렁한	**loose-fitting** 루스피팅	
□ 험악한	**threatening** 스레트닝	
□ 험하다	**steep** 스팁	
□ 헛간	**barn** 반	**shed** 쉐드
□ 헛기침(하다)	**cough** 코프	
□ 헛소리	**delirium** 딜리리엄	
□ 헛수고	**vain effort** 베인 에퍼트	
□ 헝클어지다	**entangle** 인탱글	
□ 헤드라이트	**headlight** 헤드라잇	

가
나
다
라
마
바
사
아
자
차
카
타
파
하

551

□ 헤드폰	**headset** 헤드셋	
□ 헤딩	**heading** 헤딩	
□ 헤르니아	**hernia** 허니어	
□ 헤르츠	**hertz** 허츠	
□ 헤매다	**wander about** 완더 어바웃	
□ 헤모글로빈	**hemoglobin** 히머글로우빈	
□ 헤비급	**heavyweight** 헤비웨잇	
□ 헤아리다	**guess** 게스	**imagine** 이매진
□ 헤어	**hair** 헤어	
□ 헤어스타일	**hairstyle** 헤어스타일	
□ 헤어지다	**part from** 파트 프럼	
□ 헤어짐	**parting** 파팅	**farewell** 페어웰
□ 헤어핀	**hairpin** 헤어핀	
□ 헤엄치다	**swim** 스윔	
□ 헥타르	**hectare** 헥테어	
□ 헬리콥터	**helicopter** 헬리캅터	
□ 헬멧	**helmet** 헬멧	
□ 헷갈리다	**be confused with** 비 컨퓨즈드 위드	
□ 헹구다	**rinse** 린스	
□ 혀	**tongue** 텅	

□ 혁명	**revolution** 레볼루션
□ 혁신(하다)	**reform** 리폼
□ 현관	**entrance** 엔트런스
□ 현금	**cash** 캐쉬
□ 현기증	**dizziness** 디지니스
□ 현대	**the present age** 더 프레즌트 에이지
□ 현명한	**wise** 와이즈 **prudent** 프루던트
□ 현미	**brown rice** 브라운 라이스
□ 현미경	**microscope** 마이크로스코우프
□ 현상	**phenomenon** 피나메넌
□ 현상금	**prize money** 프라이즈 머니
□ 현수교	**suspension bridge** 서스펜션 브리지
□ 현실	**reality** 리얼리티 **actuality** 액추얼리티
□ 현실적	**real** 리얼 **actual** 액추얼
□ 현악기	**the strings** 더 스트링즈
□ 현역	**active service** 액티브 서비스
□ 현인	**sage** 세이지
□ 현장	**the spot** 더 스팟 **the scene** 더 씬
□ 현재	**the present** 더 프레즌트
□ 현저하다	**remarkable** 리마커블 **marked** 마크트

□ 현존하는	**existing** 익지스팅	
□ 현지	**the spot** 더 스팟	
□ 현지시간	**local time** 로컬 타임	
□ 현행법	**current law** 커런트 로	
□ 혈관	**blood vessel** 블럿 베슬	
□ 혈소판	**blood platelet** 블럿 플레이트릿	
□ 혈압	**blood pressure** 블럿 프레셔	
□ 혈액	**blood** 블럿	
□ 혈액형	**blood type** 블럿 타입	
□ 혈연	**blood relatives** 블럿 렐러티브즈	
□ 혈청	**serum** 시어럼	
□ 혈통	**blood** 블럿 **lineage** 리니지	
□ 혐오(하다)	**abhorrence** 앱허런스	
□ 혐오감	**abhorrence** 앱허런스	
	hatred 헤이트리드	
□ 혐의	**suspicion** 서스피션	
□ 협동조합	**cooperative** 코우아퍼러티브	
□ 협력(하다)	**cooperation** 코우아퍼레이션	
□ 협박(하다)	**threat** 스레트 ; **threaten** 스레튼	
□ 협잡	**fake** 페이크	

□ 협정	**agreement** 어그리먼트
	convention 컨벤션
□ 협주곡	**concerto** 콘체토우
□ 협회	**association** 어소우시에이션
	society 소사이어티
□ 형	**elder brother** 엘더 브라더
□ 형	**penalty** 페널티　**sentence** 센텐스
□ 형광등	**fluorescent lamp** 플루오레슨트 램프
□ 형벌	**punishment** 퍼니시먼트
	penalty 페널티
□ 형사	**detective** 디텍티브
□ 형사사건	**criminal case** 크리미널 케이스
□ 형사소송	**criminal action** 크리미널 액션
□ 형성	**formation** 포메이션
□ 형식	**form** 폼　**formality** 포멀리티
□ 형식적인	**formal** 포멀
□ 형식주의	**formalism** 포멀리즘
□ 형용사	**adjective** 애직티브
□ 형이상학	**metaphysics** 메터피직스
□ 형제	**brother** 브라더

□ 형태	**pattern** 패턴　**shape** 쉐입
	form 폼
□ 혜택 받다	**be blessed with** 비 블레스트 위드
□ 호〈號〉	**number** 넘버　**issue** 이슈
□ 호감이 가다	**agreeable** 어그리어블
□ 호경기	**prosperity** 프라서페리티　**boom** 붐
□ 호기	**good opportunity** 굿 아퍼튜니티
□ 호기심	**curiosity** 큐리아서티
□ 호두	**walnut** 월넛
□ 호랑이	**tiger** 타이거
□ 호령하다	**command** 커맨드
□ 호르몬	**hormone** 호어몬
□ 호른	**horn** 혼
□ 호리호리한	**slender** 슬렌더
□ 호모	**homosexuality** 호모섹수얼리티
□ 호밀	**rye** 라이
□ 호박	**amber** 앰버
□ 호박	**pumpkin** 펌프킨
□ 호반	**lakeside** 레익사이드
□ 호소하다	**sue** 수

□ 호수	lake 레이크	
□ 호스	hose 호스	
□ 호스트	host 호스트	
□ 호스티스	hostess 호스티스	
□ 호외	extra 엑스트러	
□ 호우	heavy rain 헤비 레인	
□ 호위(하다)	guard 가드	escort 에스코트
□ 호의	goodwill 굿윌	
□ 호일	foil 포일	
□ 호적	family register 패밀리 리지스터	
□ 호적수	rival 라이벌	good match 굿 매치
□ 호전(되다)	change for the better 체인지 포 더 베터	
□ 호주머니	pocket 파킷	
□ 호치키스	stapler 스테이플러	
□ 호텔	hotel 호우텔	
□ 호통 치다	cry 크라이	yell 옐
□ 호평	favorable comment 페이버러블 커멘트	
□ 호화로운	gorgeous 고저스	deluxe 디럭스
□ 호환 가능한	compatible 컴패터블	

가
나
다
라
마
바
사
아
자
차
카
타
파
하

557

□ 호환성	**compatibility** 컴패터빌리티	
□ 호황	**prosperity** 프라스페리티	
□ 호흡(하다)	**respiration** 레스퍼레이션 ;	
	breathe 브리쓰	
□ 호흡기	**respiratory organs** 레스퍼레이터리 오건즈	
□ 혹	**lump** 럼프	**bump** 범프
□ 혹성	**planet** 플래닛	
□ 혹은	**or** 오어	
□ 혼	**soul** 소울	**spirit** 스피릿
□ 혼내주다	**punish** 퍼니시	
□ 혼담	**marriage proposal** 매리지 프러포우절	
□ 혼돈	**chaos** 캐이어스	
□ 혼동하다	**confuse** 컨퓨즈	
□ 혼란	**confusion** 컨퓨전	
□ 혼선되다	**get crossed** 겟 크로스트	
□ 혼성	**mixed** 믹스트	
□ 혼잡하다	**be crowded** 비 크라우디드	
□ 혼잣말	**monologue** 모놀로그	
□ 혼합하다	**mix** 믹스	**blend** 블렌드

558

□ 혼합물	**mixture** 믹스춰	
□ 혼혈아	**half-blood** 해프블럿	
□ 홀	**hall** 홀	
□ 홀딱 반하다	**utterly enchanted** 어털리 인챈티드	
□ 홀수	**odd number** 오드 넘버	
□ 홀인원	**hole in one** 홀인원	
□ 홈런	**home run** 홈런	
□ 홈스테이(하다)	**homestay** 홈스테이	
□ 홈페이지	**home-page** 홈페이지	
□ 홍보	**public information** 퍼블릭 인포메이션	
□ 홍수	**flood** 플럿	
□ 홍역	**measles** 미절즈	
□ 홍차	**tea** 티	
□ 화가	**painter** 페인터	
□ 화내다	**get angry** 겟 앵그리	
□ 화단	**flower bed** 플라워 베드	
□ 화랑	**art gallery** 아트 갤러리	
□ 화려한	**gorgeous** 고저스 **bright** 브라이트	
□ 화로	**fireplace** 파이어플레이스	
□ 화를 내다	**get angry** 겟 앵그리	

□ 화면	**screen** 스크린	**picture** 픽쳐
□ 화물	**freight** 프레이트	**cargo** 카고
□ 화물선	**freighter** 프레이터	
□ 화산	**volcano** 볼케이노우	
□ 화살표	**arrow** 애로우	
□ 화상	**burn** 번	
□ 화상	**picture** 픽쳐	**image** 이미지
□ 화석	**fossil** 파슬	
□ 화성	**Mars** 마즈	
□ 화술	**art of talking** 아트 어브 토킹	
□ 화약	**gunpowder** 건파우더	
□ 화요일	**Tuesday** 튜즈데이	
□ 화음	**harmony** 하머니	
□ 화장(하다)	**makeup** 메이컵	
□ 화장실	**lavatory** 래버토리	**toilet** 토일럿
□ 화장지	**toilet paper** 토일럿 페이퍼	
□ 화장품	**toilet article** 토일럿 아티클	
□ 화재	**fire** 파이어	
□ 화재경보기	**fire alarm** 파이어 얼람	
□ 화재보험	**fire insurance** 파이어 인슈어런스	

□ 화제	**topic** 타픽	
□ 화폐	**money** 머니　**coin** 코인	
□ 화학	**chemistry** 케미스트리	
□ 화학조미료	**chemical seasoning** 케미컬 시즈닝	
□ 화합(하다)	**combination** 컴비네이션 ;	
	combine 컴바인	
□ 화해하다	**be reconciled with** 비 레컨사일드 위드	
□ 확대(하다)	**magnification** 맥니피케이션	
□ 확률	**probability** 프라버빌리티	
□ 확립	**establishment** 이스테블리시먼트	
□ 확보하다	**secure** 씨큐어	
□ 확신	**conviction** 컨빅션	
□ 확실한	**sure** 슈어　**certain** 서튼	
□ 확실히	**surely** 슈어리　**certainly** 서튼리	
□ 확인	**confirmation** 컨퍼메이션	
□ 확인하다	**make sure of** 메이크 슈어 러브	
	confirm 컨펌	
□ 확장	**extension** 익스텐션	
□ 확정(하다)	**decision** 디시전 ; **decide** 디사이드	
□ 환각	**hallucination** 헐루서네이션	

가
나
다
라
마
바
사
아
자
차
카
타
파
하

561

□ 환각제	**hallucinogen** 헐류서너전
	LSD 엘에스디
□ 환경	**environment** 인바이어런먼트
□ 환금(하다)	**cash** 캐쉬
□ 환기시키다	**arouse** 어라우즈　**excite** 익사이트
□ 환락가	**amusement center** 어뮤즈먼트 센터
□ 환불	**repayment** 리페이먼트　**refund** 리펀드
□ 환불하다	**refund** 리펀드　**repay** 리페이
□ 환산(하다)	**conversion** 컨버전 ; **convert** 컨버트
□ 환상	**phantom** 팬텀　**illusion** 일루전
□ 환상적	**fantastic** 팬태스틱
□ 환성	**shout of joy** 샤우트 어브 조이
□ 환어음	**money order** 머니 오더
	exchange 익스체인지
□ 환영(하다)	**welcome** 웰컴
□ 환율	**the exchange rate** 더 익스체인지 레이트
□ 환자	**patient** 페이션트　**case** 케이스
□ 환전(하다)	**exchange** 익스체인지
□ 환풍기	**ventilation fan** 벤틸레이션 팬

□ 환호(하다)	**cheer** 치어
□ 환희	**joy** 조이
□ 활	**bow** 바우
□ 활기	**life** 라이프 **animation** 애니메이션
□ 활동(하다)	**activity** 액티버티 ; **act** 액트
□ 활발한	**active** 액티브 **lively** 라이블리
□ 활약(하다)	**activity** 액티버티 ;
	be active in 비 액티브 인
□ 활용	**conjugation** 컨줘게이션
□ 활용	**practical use** 프랙티컬 유즈
□ 활자	**type** 타이프
□ 활주로	**runway** 런웨이
□ 황금	**gold** 골드
□ 황금분할	**golden division** 골든 디비전
□ 황량	**desolation** 데설레이션 ;
	bleakness 블리크니스
□ 황새	**stork** 스토크
□ 황소자리	**the Bull** 더 불 **Taurus** 토러스
□ 황야	**wilderness** 윌더니스
□ 황제	**emperor** 엠퍼러

□ 황혼	**dusk** 더스크	**twilight** 트와일라잇
□ 황후	**empress** 엠프리스	
□ 회계	**accounting** 어카운팅	
□ 회계사	**accountant** 어카운턴트	
□ 회계연도	**fiscal year** 피스컬 이어	
□ 회고하다	**look back** 룩 백	
□ 회관	**hall** 홀	
□ 회담(하다)	**conference** 컨퍼런스	**talk** 토크
□ 회답하다	**reply** 리플라이	
□ 회로	**circuit** 서킷	
□ 회복	**restoration** 리스토레이션	
□ 회비	**membership fee** 멤버십 피	
□ 회사	**company** 컴퍼니	
	corporation 코퍼레이션	
□ 회사원	**office worker** 오피스 워커	
□ 회색	**gray** 그레이	
□ 회생(하다)	**revive** 리바이브 ;	
	regenerate 리제너레이트	
□ 회오리바람	**tornado** 토네이도	
□ 회원	**member** 멤버	

□ 회의	**meeting** 미팅 **conference** 컨퍼런스	가
□ 회장	**president** 프레지던트	나
□ 회전(하다)	**turn** 턴	다
□ 회전목마	**merry-go-round** 매리고우라운드	
□ 회충	**roundworm** 라운드웜	라
□ 회피하다	**evade** 이베이드 **excuse** 익스큐즈	
□ 회합	**meeting** 미팅 **gathering** 게더링	마
□ 회화	**picture** 픽쳐 **painting** 페인팅	바
□ 회화	**conversation** 칸버세이션	사
□ 획기적인	**epoch-making** 에퍽메이킹	
□ 획득(하다)	**acquire** 어콰이어 **obtain** 업테인	아
□ 획책하다	**plan** 플랜 **design** 디자인	자
□ 횟수	**the number of times** 더 넘버 러브 타임즈	차
□ 횡격막	**diaphragm** 다이어프램	
□ 횡단(하다)	**crossing** 크로싱 ; **cross** 크로스	카
□ 횡단보도	**crosswalk** 크로스워크	타
□ 횡령(하다)	**embezzlement** 임베즐먼트	파
□ 효과	**effect** 이펙트 **efficacy** 에퍼커시	
□ 효도	**filial piety** 필리얼 파이어티	하
□ 효모	**yeast** 이스트 **leaven** 레번	

□ 효소	**enzyme** 엔자임
□ 효용	**uses** 유지즈 **effect** 이펙트
□ 효율	**efficiency** 이피션시
□ 효율적인	**efficient** 이피션트
□ 후계자	**successor** 석세서
□ 후미진 곳	**inlet** 인릿
□ 후반	**the latter half** 더 레터 해프
□ 후배	**junior** 주니어
□ 후보	**candidate** 캔더데이트
□ 후비다	**pick** 픽
□ 후생	**public welfare** 퍼블릭 웰페어
□ 후세	**future** 퓨처
□ 후에	**afterward** 앱터워드 **later** 레이터
□ 후예	**descendant** 디센던트
□ 후원하다	**favor** 페이버
□ 후유증	**sequela** 씨퀼러
□ 후일	**later** 레이터 **some day** 섬데이
□ 후일담	**sequel** 씨퀼
□ 후임	**successor** 석세서
□ 후자	**the latter** 더 레터

□ 후진국	**developing countries** 디벨로핑 컨추리즈
□ 후회(하다)	**regret** 리그렛 **remorse** 리모스
□ 훈련(하다)	**training** 트레이닝 ; **train** 트레인 **drill** 드릴
□ 훈장	**decoration** 데커레이션
□ 훈제	**smoked** 스모욱드
□ 훈제연어	**smoked salmon** 스모욱드 새먼
□ 훌륭한	**excellent** 엑설런트 **splendid** 스플렌딧
□ 훔치다	**steal** 스틸 **rob** 랍
□ 휘날리다	**flutter** 플러터
□ 휘다	**bend** 벤드
□ 휘두르다	**swing around** 스윙 어라운드
□ 휘슬	**whistle** 휘슬
□ 휘젓다	**stir** 스터
□ 휘파람	**whistle** 휘슬
□ 휘파람새	**bush warbler** 부쉬 워블러
□ 휴가	**vacation** 베이케이션 **holiday** 할러데이
□ 휴게소	**resting area** 레스팅 에어리어 ; **lobby** 라비
□ 휴대(하다)	**carrying** 캐링 ; **carry** 캐리

□ 휴대폰	**cellular phone** 셀룰러 폰	
□ 휴머니스트	**humanist** 휴머니스트	
□ 휴머니즘	**humanism** 휴머니즘	
□ 휴식(하다)	**repose** 리포우즈	**rest** 레스트
□ 휴양(하다)	**rest** 레스트 ;	
	take a rest 테이커 레스트	
□ 휴양지	**health resort** 헬스 리조트	
□ 휴업	**closure** 클로저	
□ 휴일	**holiday** 할러데이	
□ 휴전	**armistice** 아미스티스	
□ 휴지	**tissue** 티슈	
□ 휴지(하다)	**pause** 포즈	
□ 휴지통	**wastebasket** 웨이스트배스킷	
□ 휴직하다	**take a leave** 테이커 리브	
□ 휴학	**absence from school** 앱슨스 프럼 스쿨	
□ 흉기	**weapon** 웨펀	
□ 흉내	**imitation** 이미테이션	**mimicry** 미미크리
□ 흉내 내다	**imitate** 이미테이트	**mimic** 미믹
□ 흉상	**bust** 버스트	
□ 흐려지다	**grow senile** 그로우 씨나일	

□ 흐르다	**flow** 플로우	**run** 런
□ 흐름	**stream** 스트림	**current** 커런트
□ 흐리게 하다	**shade off** 쉐이드 오프	
□ 흐리다	**become cloudy** 비컴 클라우디	
□ 흐림	**cloudy weather** 클라우디 웨더	
□ 흐물흐물한	**muddy** 머디	
□ 흐뭇한	**pleasing** 플리징	
□ 흑백	**black and white** 블랙 앤 화이트	
□ 흑백필름	**monochrome film** 모노크롬 필름	
□ 흑자	**the black** 더 블랙	
□ 흔들거리다	**swing** 스윙	**dangle** 댕걸
□ 흔들다	**shake** 쉐이크	**wave** 웨이브
□ 흔들의자	**rocking chair** 락킹 체어	
□ 흔적	**trace** 트레이스	**vestige** 베스티지
□ 흔한	**common** 커먼	**ordinary** 오디너리
□ 흘러들어가다	**flow into** 플로우 인투	
□ 흘리다	**spill** 스필	
□ 흙	**earth** 어쓰	**soil** 소일
□ 흠모하다	**yearn after** 연 애프터	**long for** 롱포
□ 흠뻑 젖다	**wet through** 웻 쓰루	

□ 흠을 들춰내다	**find fault of** 파인드 폴트 어브
□ 흠집	**flaw** 플로
□ 흠칫흠칫하다	**be scared of** 비 스케어드 어브
□ 흡수(하다)	**absorption** 앱숍션 ; **absorb** 앱소브
□ 흡연(하다)	**smoking** 스모킹 ; **smoke** 스모우크
□ 흡연실	**smoking room** 스모킹 룸
□ 흥미	**interest** 인터레스트
□ 흥미위주	**mere curiosity** 미어 큐리아서티
□ 흥미진진한	**very interesting** 베리 익사이팅
□ 흥분하다	**excitement** 익사이트먼트
□ 흥분제	**stimulant drug** 스티뮬런트 드럭
□ 흥분	**be flushed** 비 플러시드
□ 흥을 깨다	**spoil one's pleasure** 스포일 원스 플레저
□ 흥이 깨지다	**be chilled** 비 칠드
□ 흥정	**tactics** 택틱스
□ 흩어지다	**be scattered** 비 스캐터드
□ 희곡	**drama** 드라머 **play** 플레이
□ 희극	**comedy** 카머디
□ 희망	**wish** 위시 **desire** 디자이어
□ 희망(하다)	**hope** 호웁 **wish** 위시

☐ 희미하게	**faintly** 페인틀리
☐ 희미한	**faint** 페인트 **slight** 슬라이트
☐ 희미해지다	**grow dim** 그로우 딤
☐ 희생	**sacrifice** 새크러파이스
☐ 희생자	**victim** 빅팀
☐ 희생하다	**make a sacrifice of** 메이커 새크러파이스 어브
☐ 흰색	**white** 화이트
☐ 흰자위	**albumen** 앨뷰먼
☐ 히스테리	**hysteria** 히스테리어
☐ 히죽거리다	**grin** 그린
☐ 히터	**heater** 히터
☐ 히트송	**hit song** 힛쏭
☐ 힌두교	**Hinduism** 힌두이즘
☐ 힌트	**hint** 힌트
☐ 힐책하다	**blame** 블레임
☐ 힘	**power** 파워 **energy** 에너지
☐ 힘껏	**as hard as possible** 애즈 하드 애즈 파서블
☐ 힘들다	**hard** 하드
☐ 힘줄	**tendon** 텐던

신체 **Body**

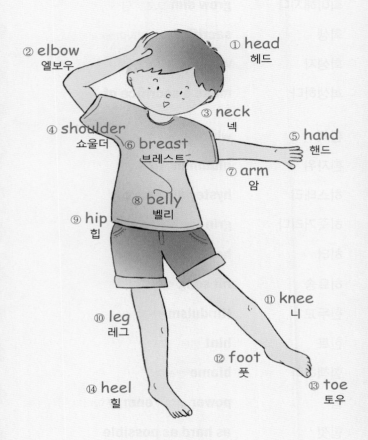

② elbow
엘보우

① head
헤드

③ neck
넥

④ shoulder
쇼울더

⑥ breast
브레스트

⑤ hand
핸드

⑦ arm
암

⑧ belly
벨리

⑨ hip
힙

⑪ knee
니

⑩ leg
레그

⑫ foot
풋

⑬ toe
토우

⑭ heel
힐

---

① 머리 ② 팔꿈치 ③ 목 ④ 어깨 ⑤ 손 ⑥ 가슴 ⑦ 팔 ⑧ 배
⑨ 엉덩이 ⑩ 다리 ⑪ 무릎 ⑫ 발 ⑬ 발가락 ⑭ 발뒤꿈치

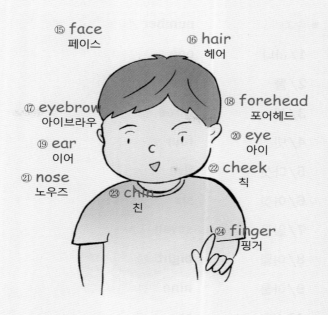

⑮ face
페이스

⑯ hair
헤어

⑰ eyebrow
아이브라우

⑱ forehead
포어헤드

⑲ ear
이어

⑳ eye
아이

㉑ nose
노우즈

㉒ cheek
칙

㉓ chin
친

㉔ finger
핑거

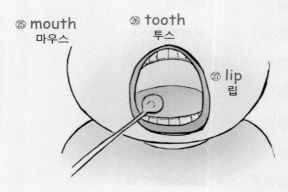

㉕ mouth
마우스

㉖ tooth
투스

㉗ lip
립

---

⑮ 얼굴 ⑯ 머리카락 ⑰ 눈썹 ⑱ 이마 ⑲ 귀 ⑳ 눈 ㉑ 코
㉒ 볼 ㉓ 턱 ㉔ 손가락 ㉕ 입 ㉖ 치아 ㉗ 입술

■ 숫자	**number** 넘버
□ **1**/하나	**one** 원
□ **2**/둘	**two** 투
□ **3**/셋	**three** 쓰리
□ **4**/넷	**four** 포어
□ **5**/다섯	**five** 파이브
□ **6**/여섯	**six** 씩스
□ **7**/일곱	**seven** 쎄븐
□ **8**/여덟	**eight** 에잇
□ **9**/아홉	**nine** 나인
□ **10**/열	**ten** 텐
□ **11**/열하나	**eleven** 일레븐
□ **12**/열둘	**twelve** 트웰브
□ **13**/열셋	**thirteen** 써어티인
□ **14**/열넷	**fourteen** 포어티인
□ **15**/열다섯	**fifteen** 피프티인
□ **16**/열여섯	**sixteen** 씩스티인
□ **17**/열일곱	**seventeen** 쎄븐티인
□ **18**/열여덟	**eighteen** 에이티인
□ **19**/열아홉	**nineteen** 나인티인

☐ **20/스물**	**twenty** 트웬티	
☐ **30/서른**	**thirty** 써어티	
☐ **40/마흔**	**forty** 포어티	
☐ **100/백**	**hundred** 헌드뤠드	
☐ **1000/천**	**thousand** 싸우전드	
☐ **10000/만**	**ten thousand** 텐 싸우전드	
☐ **백만**	**million** 밀리언	
☐ **십억**	**billion** 빌리언	
■ 월	**month** 먼쓰	
☐ **1월**	**January** 제뉴웨리	
☐ **2월**	**February** 페뷰웨리	
☐ **3월**	**March** 마아취	
☐ **4월**	**April** 에이프럴	
☐ **5월**	**May** 메이	
☐ **6월**	**June** 주운	
☐ **7월**	**July** 줄라이	
☐ **8월**	**August** 어거스트	
☐ **9월**	**September** 쎕템버	
☐ **10월**	**October** 악토우버	

| □ **11월** | **November** 노우벰버 |
| □ **12월** | **December** 디쎔버 |

■ 요일	**week** 위크
□ 일요일	**Sunday** 썬데이
□ 월요일	**Monday** 먼데이
□ 화요일	**Tuesday** 튜우즈데이
□ 수요일	**Wednesday** 웬즈데이
□ 목요일	**Thursday** 써스데이
□ 금요일	**Friday** 프라이데이
□ 토요일	**Saturday** 쎄터데이

■ 계절	**season** 시즌
□ 봄	**spring** 스프링
□ 여름	**summer** 써머
□ 가을	**autumn** 어텀
□ 겨울	**winter** 윈터